KB233958

왜 다시

친하나 반하나

전후 일본의 정치적 무의식

왜 다시

친미냐 반미냐

요시미 순야 지음 | 오석철 옮김

산처럼

한국어판 머리말

20세기 특히 제2차 세계대전 후 세계에서, 동아시아인들의 일상의식 안에 '미국'은 어떤 존재였을까. 또 지금은 어떤 존재로 남아 있을까. 특히 냉전체제 속에서 형성된 '미국'과의 관계를 사람들의 일상의식이나 문화소비 수준에서부터 군사적 또는 정치경제적인 여러 작용의 수준까지를 시야에 두면서 일본, 한국, 대만, 필리핀, 베트남 등지를 횡단하는 공간의 폭에서 고찰하는 일은 가능할까. 그리고 이러한 문제 구성의 연장선상에서 지역연구로서의 미국연구가 아니라 오히려 문화연구(Cultural Studies) 혹은 글로벌리제이션 연구로서의 미국연구의 가능성을 어떻게 생각해나갈 수 있을까.

냉전기를 통해 동아시아에서 '미국'은 유럽과 함께 중근동이나 중남미와도 다른 독특한 위상에서 작용해왔다. 특히 동아시아에서의 '미국'의 위상은 일찍이 이들 지역들 대부분이 일본에 군사침략과 지배를 당했고, 전후에는 대부분이 미군 기지와 다국적 기업을 기반으로 미국의 영향권에 들어간 것과 무관하지 않다. 찰머스 존슨은 냉전기에 소비에트가 동유럽을 산하에 두고 제국화한 것과 마찬가지로, 미국은 동아시아를 산하에 두고 아시아·태평양지역에 제국적 질서를 구축했다고 한다. 1945년에 일본의 군사체제가 붕괴한 뒤 일본이 침략해서 쌓아올린 제국의 일부가 미국의 군사-경제적인 헤게모니 아래에 놓이게 됐다. 동아시아에서 '미국'은 이러한 옛 일본 제국주의와 이어진 연속성을 시야에 두면서 재검증할 필요가 있다.

그럴 경우 이들 아시아지역에 살고 있는 사람들은 일상에서 '미국'을 어떻게 경험해왔을까. 전후세계에서 동아시아의 사람들은 예컨대 미군 기지 혹은 미국의 소비재나 미디어의 이미지와 어떻게 만나왔을까. 이러한 횡단적이고 복합적인 물음은 분명 중요함에도 불구하고 제2차 세계대전 후 아시아에서의 '미국'을 일본, 한국, 대만, 필리핀 등지에서 확산되고 있는 사람들의 일상의식과 문화의 차원에서부터 정치나 군사 문제도 시야에 두고 검토하는 연구는 최근까지 거의 이루어지지 않았다. 특히 넓은 의미에서의 문화의 정치학, 즉 일상의식의 정치에 대하여 이런 관점에서 분석하는 작업은 여전히 부족한 상태이다.

예컨대 일본, 한국, 대만, 필리핀에서 미군 기지가 도시의 음악문화나 섹슈얼리티, 젊은이들의 하위문화에 어떠한 영향을 미쳤는가를 비교 검토하는 작업은 매우 흥미로운 테마일 것이다. 음악이나 성(性), 기지의 네트워크 속에서 이루어지는 사람들의 이동도 포함해 일본과 한국, 필리핀의 상호연관된 문화사를 파악할 필요도 있을 것이다. 또한 한국이나 대만에서 어떻게 '일본'을 부정하면서도 '미국'이 사람들의 의식 속에 자리 잡게 됐는가를 검증할 필요도 있다. 한국전쟁에서 베트남전쟁으로 이어지는 흐름을 동아시아에서의 '미국'이라는 시점에서 새롭게 파악하는 작업도 중요하다. 물론 고도경제성장 이후 일본 기업들이 아시아에 진출하는 가운데 동남아시아의 '반일'과 '친일'이라는 사회의식과 문화소비, 혹은 일본화(Japanization)를 전후 미국화와의 연속성 안에서 생각할 필요도 있다. 이러한 방대한 연구 영역이 바로 지금 부상하고 있는 것이다.

이 책은 이러한 방대한 연구 영역을 향한 아주 작은 시도에 불과하다. 나는 이 책에 이어 많은 아시아의 연구자들이 한국에서의 '미국'이나 대만에서의 '미국', 필리핀에서의 '미국'에 대한 역사적인 분석을 진행하길 바라는 마음이다. 또한 이러한 사람들의 공동전선을 구축해 동아시아에서의 '미국', 특히 일본의 식민지지배에서부터 냉전체제까지 동아시아의 역사 속에서 '미국'이라는 타자가 담당한 역할을 횡단적으로 분석해나가고 싶다.

사실 이 책에서 다루고 있는 미군이나 맥아더의 표상에 대한 논의는 전전(戰前)의 필리핀이나 한국전쟁 시기 한국에서 나타난 미군과 맥아더의 표상에 관한 연구와 결부시킬 필요가 있다. 미군 기지와 도시의 청년문화에 관한 논의만 해도 서울과 타이베이와 마닐라의 사례와 연속적인 측면이 있을 것이다. 물론 가전화(家電化)와 미국적 생활의식의 침투는 일본과 한국, 필리핀에서는 서로 다른 길을 걸어왔을 터이다. 하지만 이러한 분석들은 결국 전체적으로 동아시아에서의 두 개의 폭력적 타자, 즉 '일본'과 '미국'의 연속성을 각 사회의 역사적 맥락 속에서 그려내는 작업이 될 것이다.

나는 이번 한국어판 출판이 한국에서 이러한 연구에 뜻을 두고 있는 사람들에게 다소나마 자극제가 됐으면 한다. 나는 한국에 많은 친구들이 있고, 그중 몇 명과는 벌써 15년 이상 문화연구나 대학원 교육 등으로 유익한 교류를 해왔다. 또한 내가 교육을 담당하고 있는 대학원 세미나에는 뛰어난 한국 유학생들이 참여하고 있으며, 이 책에서 내가 전후 일본을 대상으로 시도한 것과 같은 연구를 한일 비교 시점에서 진행하고 있는 젊은 연구자들도 있다. 나는 이 책에서 다루고 있는 테마에 대해 많은 한국 친구들과 함께 머리를 맞대고 고민할 필요가 있다고 생각한다. 뿐만 아니라 함께 고민할 만한 충분한 가치가 있다고도 믿고 있다. 이 책을 하나의 자극제로 삼아 그러한 연구의 공동 전선이 다양한 수준에서 형성되길 바란다.

끝으로 이 책의 한국어판 출판 기회를 만들어주고 번역의 수고를 마다하지 않은 오석철 군과 도서출판 산처럼에 진심으로 감사의 말을 전하고 싶다.

2008년 2월 26일
요시미 슌야

머리말

　일본 안의 '미국'에 대해 살펴볼 필요가 있다는 생각을 시작한 것은 일본이 아직 거품경제로 들떠 있던 1980년대 말이었다. 1983년 개장한 도쿄 디즈니랜드가 대성공을 거두면서 일본 각지에서 테마파크 붐이 일어났다. 나는 일본에서 디즈니랜드의 소비에 대한 논문 몇 편을 쓰면서 '미국'이 이미 바다 건너편의 타자라기보다 일본 사회의 문화소비를 가동시키는 내부적인 심급임을 제시하려 했다.

　이 작업의 연장선상에서 내가 마주할 필요가 있었던 세 가지 과제. 첫째는 소비와 폭력, 테마파크의 '미국'과 군사기지의 '미국'을 따로 구별하는 것이 아니라 양자의 구조적인 결부를 발견하는 일이다. 둘째는 제2차 세계대전 후 일본에서 '미국'의 수용과 반발을 한국, 대만, 필리핀, 태평양의 여러 섬들 등 동아시아의 횡단성 안에서 생각하는 일이다. 셋째는 이러한 아시아에서의 '미국'의 문제를 패전 이전 시기까지 아시아에서 '일본'의 식민지주의로부터 이어져온 연속성에서 살펴보는 일이었다.

이러한 조감도를 머릿속에 그리면서 나는 전후 일본에서의 '미국'의 수용을 둘러싸고 미디어의 표상이나 도시와 리조트, 주거공간 등 몇 가지 차원에 대해서 살펴봤다.

이 작업은 순조롭게 진행되지 않았다. 1990년대 중반부터 나는 문화연구에 깊이 관여하면서 특히 아시아 연구자들과 교류를 심화시켰다. 다른 한편으로 가와라판(瓦版)·신문 니시키에(錦繪)를 비롯해 전쟁시기 프로파간다 자료 등 디지털 아카이브화에 관여하기도 했다. 작업 범위가 확대되면서 아메리카니즘에 관한 연구는 몇 차례 좌절됐다.

이윽고 9·11이 일어나 세계정세는 크게 변했다. 폭력적인 미국이 돌출하는 가운데 소비적인 미국과의 관계를 전후 일본에 한정해서만이라도 밝힐 필요가 있다고 느끼게 됐다. 그것은 예를 들어 리조트로서 하와이나 괌, 오키나와와 군사기지의 관계이고, 전후 텔레비전 문화와 점령군의 관계이며, 점령군 주택에서 모던 리빙으로의 흐름이었다.

그러나 여기서도 연구는 또다시 갈피를 잡지 못하게 됐다. 국립대학이 법인화되면서 내가 속한 도쿄대학 사회정보연구소가 정보학환과 합병해서 대학원 체제가 됐다. 합병한 뒤 정보학환에는 약 300명의 대학원생이 있어서 커리큘럼 재편이나 학사 관련 업무에 전념해야 했다. 2006년 4월부터 정보학환장이라 중책을 맡으면서 나는 시간과 에너지를 80퍼센트 이상 연구와 관계없는 일을 하며 하루하루를 보내고 있다.

그런 상황 속에서 많은 분들의 도움을 받으면서 겨우 이 책을 마무리했다. 참고로 첫 구상을 한 이래 몇 개의 장의 원형을 이루는 논문들은 다른 곳에서 발표한 것인데 이는 다음과 같다.

먼저 서장의 논점은 〈글로벌리제이션과 아메리칸 헤게모니〉(테사-모리스 스즈키, 요시미 순야 편, 《글로벌리제이션 스터디즈 2, 글로벌리제이션의 문화정치》, 헤이본샤, 2004)에서 상세하게 논의하고 있다.

제2장의 논의 중 점령기의 천황 표상에 관한 기술은 〈미디어로서의 천황제〉(아미노 요시히코(網野善彦) 외 편, 《이와나미 강좌—천황과 왕권을 생각하다 10, 왕을 둘러싼 시선》, 이와나미서점, 2002)에서도 논의한 것이다.

제3장은 〈'미국'을 욕망/망각하는 전후〉(《겐다이시소우(現代思想)》, 제29권 제9호, 2001)와 〈냉전체제와 아메리카니즘의 소비〉(고모리 요이치(小森陽一) 외 편, 《이와나미 강좌—근대일본의 문화사 9, 냉전체제와 자본의 문화》, 이와나미서점, 2002) 및 〈베이스와 비치〉(요시미 순야·와카바야시 미키오(若林幹夫) 편저), 《도쿄 스터디즈》, (기노쿠니야서점, 2005) 등에서 논의한 것을 바탕으로 한 것이며, 이는 영문으로도 "'America' as Desire and Violence : Americanization in Postwar Japan and Asia during the Cold War"(*Inter-Asia Cultural Studies*, Vol. 4, No. 3, Routledge, 2003) 등에서 발표한 것이다.

제4장에 관해서는 〈아메리카나이제이션과 문화의 정치학〉(미타 무네스게(見田宗介) 외 편, 《이와나미 강좌—현대사회학 1, 현대사회의 사회학》, 이와나미서점, 1997)과 〈메이드 인 저팬〉(시마다 아쓰시(嶋田厚) 외 편, 《정보사회의 문화 3—디자인·테크놀로지·시장》, 도쿄대학출판회, 1998)에서 가전에 관한 논의를 중심으로 논하고 있다. 영문으로도 "Made in Japan : the Cultural Politics of 'Home Electrification' in Postwar Japan"(*Media, Culture and Society*, Vol 21. 2, Sage, 1999)에 발표했다.

마지막 장의 쓰루미 요시유키에 대한 언급은 〈쓰루미 요시유키와 미국〉(《시소우(思想)》, 〈특집 전후 60년〉, 제980호, 이와나미서점, 2005)에서 상세한 논의를 하고 있다.

이 책에서 제기한 과제는 앞으로 고찰을 더욱 심화시킬 필요가 있다. 그것은 이를테면 '일본'이라는 포스트 제국적 질서 내부에서 포스트콜로니얼을 살펴보는 작업이며, 이를 위해서는 '미국'에 대해 고찰하지 않을 수 없다. 나는 이 책의 연장선상에서 동아시아의 여러 개의 역사를 결부시키면서 '미국/글로벌'에 대해 살펴볼 생각이다.

이 책은 첫 구상을 한 이후 상당한 시간이 흐르는 동안 많은 분들의 조언을 들을 수 있었다. 그분들에게 깊이 감사하는 동시에 모든 사람의 이름을 여기에 다 거론할 수 없음을 용서해주길 바란다. 그리고 이 책의 집필을 마지막까지 친절하게 지원해준 이와나미신서 편집부의 우에다 마리 씨에게도 진심으로 감사의 말을 전하고 싶다.

2008년 2월 26일

요시미 순야

옮긴이의 말

아직도 기억에 생생하다. 2002년 월드컵으로 나라 전체가 축제 분위기에 휩싸여 있을 때 파주에서 여중생 두 명이 미군의 장갑차에 깔려죽는 끔찍한 사고. 숨진 여중생들을 위한 대규모 촛불추모행사가 광화문에서 열렸고 전국이 '반미' 분위기로 기우는 듯했다. 그런데 이런 분위기에 위기감을 느낀 탓인지, 얼마 뒤 시청 앞에는 또 다른 군중들이 모여 태극기와 성조기를 흔들며 '친미' 분위기를 조성한다. '친미'와 '반미'의 극한 대립. 해방 이후, 아니 한국 사회가 미국이라는 나라와 처음 접촉한 이래로 '친미'와 '반미'가 이토록 극한 대립 양상을 드러낸 적이 있었던가. 우리에게 대체 '미국'이란 존재는 무엇인가.

돌이켜보면 한국 사회에서 '친미'와 '반미'는 늘 공존해왔다고 할 수 있다. 미국과 처음 접촉했을 때는 '자유의 나라'로 이상화했고 식민지시대에는 일본제국이 강제하는 거짓 근대가 아닌 진정한 근대의 모습을 미국에서 찾고자 욕망했다. 그러나 이와 동시에 미국 문화에 대한 거부감 또한 적나라하게 드러냈다. 이른바 모던보이와 모던걸을 바라보는 냉소적인 시선을 통해 미국 양키문화에 대한 거부감을 드러내면서 자신의 정체성을 찾아가기도 했다. 해방과 한국전쟁 이후에도 전체적으로는 '친미' 사회이긴 했으나 운동권 학생들과 기지촌 주변에서 일상적으로 미군의 폭력과 직접 마주하는 이들에게 비쳐지는 미국의 모습은 일반인들의 인식과는 전혀 다른 것이었다.

오랜 세월 동안 상식처럼 간주된 것이지만, 해방 이후로 한정한다면 '미국'은 분명 우리에게 자유를 안겨준 '해방자'였다. 풍요로움과 자유의 나라였다. 공산주의로부터 지켜주는 '보호자'였다. 그러나 한편으로는 일본 제국주의자를 대신한 새로운 '지배자'이기도 했다. 두려움의 대상이었고 통일을 막는 '장애물'이었다. 각자의 입장에 따라, 세대와 젠더 그리고 지역에 따라 우리 안에 다양한 미국이 존재한 것이다. 그렇다면 우리 안의 '미국'의 역사적 형성과정이나 아메리카니즘이 어떻게 침투했고 또 어떻게 표상됐는지는 단순히 '친미'와 '반미'의 이항대립적인 시각으로는 파악할 수 없다. 뿐만 아니라 정치적 구도 속에서 파악하는 것만으로도 부족하다. 왜냐하면 '미국'은 구체적이고 일상적인 현실 속에서 접하는 미군 병사들과 기지 문제, 혹은 기지촌의 여성들을 통해 경험하는 존재이기 때문이다. 필요한 것은 일상의식 속에서 수용되고 있는 '미국'의 다양한 장면들을 그려내는 일이다. 또한 그렇게 해서 드러나는 갖가지 모습의 '미국'을 아메리카니즘의 세계적인 확산과 결부시켜 살펴볼 필요도 있다.

저자 요시미 슌야는 아메리카니즘의 세계적인 확산과 일상적인 수준에서의 '미국' 수용을 일본의 미국적인 문화의 대중소비(일본 안의 아메리카니즘)를 통해 분석하고 있다. 주목할 만한 것은 이를 전전(戰

前)의 일본 제국주의에서 전후 미국의 헤게모니로 이어지는 구조적인 연속성 속에서 파악하고 있다는 점이다. 천황과 맥아더의 표상방식과 대중적인 차원에서의 수용과 해석, 미군 기지 주변에서 형성되는 가요문화와 미국식 생활방식, 가정의 가전화를 통한 주부의 주체화 등 구체적인 일상 속에서 수용되고 표상되는 '미국'에 대한 분석은 한국 안의 '미국'을 바라볼 경우에도 유효한 시각을 제공해준다.

물론 일본과 한국은 '미국'과의 조우 형태가 다르다. 식민지로서의 한국과 제국으로서의 일본이 만나는 '미국'이 다를 것이고, 해방 이후 특히 1950년대 중반 이후 미군 기지가 대부분 오키나와에 집중되면서 본토에서는 '미국'이 비가시화된 일본과 여전히 수도 한가운데에 미군 기지가 있는 한국이 경험하는 '미국'과도 다를 것이다. 또한 천황과 최고사령관 맥아더의 '포옹'으로 전후 미·일 안보체제를 바탕으로 사회의 기본구조가 형성된 일본과 군사독재 시대의 강제된 '반공＝친미' 사회였던 한국의 '미국'이 분명 다를 것이다.

하지만 그렇다 해도 단순히 두 나라에서 나타나는 '미국'의 차이를 확인하는 차원에 머물러서는 안 된다. 일본 제국주의의 시선에서 바라보면 차이나 단절보다는 연속적인 측면이 더 강하다. 왜냐하면 일본 제국주의가 구축한 질서를 전후 미국이 대부분 그대로 물려받았기 때문이다. '친미'냐 '반미'냐를 넘어서기 위한, 우리 안의 '미국'을 똑바로 응시하기 위한 출발점을 이 책이 제공해주리라 믿는다.

2008년 2월 28일

옮긴이 오석철

왜 다시 친미냐 반미냐 · 차례
전후 일본의 정치적 무의식

일러두기

1. 이 책은 요시미 순야(吉見俊哉)의 《親米と反米—戰後日本の政治的無意識》(岩波書店, 2007)을 완역한 것이다.
2. 원서에서는 지은이 주가 본문 안에 들어가 있으나 번역을 하면서 미주로 처리했으며, 옮긴이 주를 본문 안에 괄호로 처리했다.
3. 인명과 지명은 외래어표기법에 맞추어 표기했다.
4. 인명과 지명은 중요한 것만 처음 나올 때 괄호 안에 원표기를 병기했다.
5. 인용문 중에서 차별적인 표현이라고 할 수 있는 용어가 일부 있지만 역사적 배경을 감안해 원문 그대로 두었다. (이와나미신서 편집부)

전후 일본은 친미사회인가

증식하는 ‘반미’ 속에서

‘반미’로서의 9 · 11

미국은 2001년 9월 11일 뉴욕과 워싱턴에서 일어난 사건 이래로 분출하는 두려움과 노골적인 보복의지가 짜놓은 줄거리 속으로 스스로 휘말려 들어갔다. 거의 강요하다시피 인접 국가들의 협력을 얻어서 ‘대(對)테러 전쟁’이라는 단락적인 도식으로 새로운 세계질서와 자신의 우월성을 재획인한 아프가니스탄 공격. 그것은 마치 자신에게 깃는 병마를 바닐하고 온전히 건강한 뮤음 회복히지 못하면 불안해서 어찌할 바를 모르는 환자와 같았다.

더구나 아프가니스탄에서 탈레반 정권을 무너뜨리고 신정권을 탄생시키는 것만으로 이 환자의 강박관념은 사라지지 않았다. 세계 상당수 국가들의 반대와 일부 국가들의 마지못한 추종 그리고 무수한 시민들의 반전운동에도 아랑곳하지 않고, 마침내 이 나라는 대량파괴무기를 구실로 이라크에 대한 일방적인 ‘전쟁’에 돌입했다. 보도에 따르면 이 나라의 대통령은 아프가니스탄에서 탈레반이 붕괴될 전망이 보이자, "그래 이라크를 치자"라며 "마치 전구가 머릿속에서 갑자기 명멸한 것처럼" 생각했다고 한다.[1] 그는 이미 그 전년도 연말 기자회견에서 "내년에는 전쟁의 해가 될 것"이라고 예고했다. '자유'와 '이성'의 나라 미국은 '불량국가'를 때려잡겠다는 마녀사냥의 시나리오에 몰두했다.

이윽고 9·11이라 불리는 사건이 일어나고 거의 4년이 지났다. 이라크에서는 이미 후세인 정권이 붕괴했고 미국의 강력한 간섭으로 신정권이 어쨌든 발족됐음에도 불구하고 여전히 각지에서 내전이 끊이지 않고 있다. 부시 정권의 일방적인 대외정책은 미국 국내를 일시적인 자기만족에 빠져들게 한 반면 세계 각지에 수많은 혼란을 가져왔다. 1989년 베를린 장벽이 붕괴하면서 희망과 함께 시작된 포스트 냉전시대의 세계는 9·11 이후 몇몇 최악의 시나리오를 선택해왔다고 할 수 있다.

그러나 9·11은 미국의 일반 대중에게는 청천벽력일 수 있겠지만 전문가들에게는 예측할 수 없었던 대참사가 아니었다. 참사 이틀 후 수잔 손택(Susan Sontag)이 정당하게 주장한 것처럼, 테러는 '문명'이나 '자유'에 대한 '겁쟁이'들의 공격이 아니라, 세계 초강국을 자칭하는 미국이 취해온 구체적인 행동에 대해서 그들 나름의 목숨을 건 반격에 다름 아니었다.[2] 그렇기 때문에 몇 년 전부터 미국 본국에서 엄청난 테러가 일어날 가능성이 있음을 몇몇 논자들이 지적하고 있었다. 1990년대 들어 세계 각지에서 반미테러가 빈발하고 있었고, 무엇보다 미국의 대외정책이 그러한 반미테러에 대한 동기를 전세계에 증식시키고 있었다.

예컨대 찰머스 존슨(Chalmers Johnson)은 2000년 그의 저서에서 1990년대에 "아메리카제국에 대한 블로우백(blowback)"이 확대되고 있는 상황에 주목하고 있었다. '블로우백'이란 비밀정보부원이 외국에서 흘린 유언비어가 본국으로 역류되어 의도치 못한 효과를 초래하는 것을 의미하는데, 그 뜻이 확장되어 국제관계 용어가 됐다.

존슨에 따르면 미군의 폭격에 대한 보복으로 비행기나 대사관이 폭파되는 경우, "어떤 사람의 입장에서 보면 테러리스트일지 몰라도 다른 사람의 입장에서 보면 당연히 자유의 투사이다. 갑작스런 테러 공격으로 죄 없는 시민들이 희생당했다며 미국 정부 당국자가 아무리 비난하더라도, 이는 미국이 일찍이 제국주의적인 행동을 취한 데 대한 보복일 경우가 많다." 테러리스트가 무방비의 미국 시민을 표적으로 삼는 것은 그들이 해상에서 순항 미사일을 발사하는 미 함대나 고성능 폭격기에 탄 미군을 노리는 것이 불가능하다는 것을 알고 있기 때문이다.[3]

그와 마찬가지로 니콜라스 가이앗(Nicholas Guyatt)은 2000년에 출판된 저서에서 1990년대 미국 정부의 대외적 경제정책이나 군사정책, 유엔에 대한 관여방식을 통해 세계 각지에 "미국에 대한 적의에 찬 위험하고 광대한 고립지대"가 증식하고 있음을 지적했다. 가이앗에 따르면 1971년 고정환율제도가 붕괴하면서 서구 쪽 경제질서를 지탱하고 있던 규제 틀에 커다란 구멍이 생긴다. 1970년대 중반, 그간의 자금이동의 규제 대부분이 폐지되고 몇 년 지나지 않아 각국 정부의 관리가 미치지 않는 곳에서 거액의 자금이 전세계를 유동하게 됐다. 이러한 규제 완화의 흐름을 타고 해외에서 융자와 투기, 신규 사업을 확대시킨 것이 바로 미국의 금융자본이었다. 이윽고 선진국의 금융기관은 고인플레가 계속되는 개발도상국에서 비즈니스의 기회를 찾게 되면서 민간은행에서 개발도상국으로 대상을 바꾸어 고금리의 융자를 높여갔다.

당연히 이러한 글로벌한 거품경제는 결국 파탄이 났다. 1982년에 일어난 멕시코 위기가 그 첫 신호였으며, 그 후에도 경제발전을 서두르는 국가들이 거액의 채무를 떠안고 안절부절하는 사태가 이어졌다. 미국 정부는 이러한 위기에 직면해 "많은 개발도상국이 파산하고 있다는 기본적인 사실을 부정"하는 책략을 짜내게 된다. 즉 채무국으로 하여금 스스로 지불 능력이 있는 것으로 여기게끔 기간을 연장하도록 국제통화기금(IMF)이 개입해 채무국에서 채권자로 자금 흐름을 확보하는 동시에, 개발도상국의 '구조조정'을 감시하는 것이다.

이리하여 세계 각지에서 국유자산의 민간 양도나 규제완화에 따른 새로운 시장의 출현과 더불어 극빈층을 외면한 채 엘리트가 부유화(富裕化)됐으며, 기존의 관료주의적인 국가체제가 붕괴됐다. 미국 정부와 IMF를 중심으로 진행된 국제적인 구조조정은 세계의 유수 은행이나 기업이 글로벌 시장에서 이익을 획득하는 기반을 확립했고, 개발도상국의 상층부를 시스템에 편입시킴으로써 국내의 빈부 격차를 확대시켰다. 미국에서는 "이리하여 모든 흐름의 최전선에 있고 대외정책에서 공감대 형성을 추진해 지적 분야에서도 지배력을 강화"해나갔다.[4]

경제 분야의 체제 재편은 정치나 군사 영역의 변동과도 대응하고 있다. 1970년대 말 이후에 드러난 대처 정권과 레이건 정권으로 대표되는 신자유주의의 헤게모니, 다른 한편으로 이란혁명과 이슬람 원리주의의 대두는 앞서 언급한 경제변동의 정치적 대응물이었다. 이런 점에서 이슬람 원리주의가 글로벌하게 확대되는 배경에 있는, 경제격차의 확대와 빈곤층, 차별받는 사람들 사이에서 절망감의 확대 그리고 이러한 사람들을 원리주의 세력이 호혜적인 네트워크로 끌어들인 과정을 간과할 수 없다. 1980년대 시장주의가 목소리를 높여가는 가운데 글로벌한 규모의 부의 불균형과 더불어 정치의식의 분리와 괴리가 그동안 동서 냉전구도와는 완전히 다른 방식으로 진행되어간 것이다. 이는 결코 '문명의 충돌'이 아니라 그야말로 글로벌 자본주의의 내부 '충돌'의 증식이었다.

이러한 상황 속에서 미국은 자국의 이익을 위해 국제사회를 이용하면서 미국을 제외한 효과적인 국제 네트워크가 만들어질 가능성을 짓밟아왔다. 이 나라 대통령은 대인지뢰의 전면금지조약의 체결이나 국제형사재판소의 창설 등 유엔 가맹국 대다수가 찬성하는 움직임에 대해 당초에는 아이디어를 지지하다가도 나중에는 손바닥을 뒤집듯 그러한 움직임을 견제하고, 결국에는 모든 국가가 합의한 협정에 서명하지 않았다. 걸프전쟁에서 유엔을 최대한 이용한 뒤 미국은 세계가 도달한 합의에 종종 등을 돌리고 스스로가 '불량국가'를 비난할 때 근거로 삼은 국제사회의 합의를 아무렇지도 않게 거부해왔다.

결국 9 · 11로 이어지는 '미국에 대한 증오'는 미국에 의해 주도된 글로벌 경제가 초래한 격차와 모순의 확대 속에서 세계 각지에 침투됐다. 하지만 미국 정부는 걸프전쟁 이후 일찍이 소비에트를 '악의 제국'이라 하는 것과 동일한 레토릭으로, 자신의 뜻에 따르지 않는 국가를 '불량국가'라 부르며 힘으로 봉쇄하려 했다. 이 정책은 도리어 '공통의 적'으로서 미국의 모습을 분명히 드러냈으며 압도적으로 우세한 세력에 대항하는 유일한 수단은 테러리즘밖에 없다는 생각을 조장한다. 그 근저에 있는 것은 "힘의 불균형에 대한 인식, 그리고 변화를 가져올 수 있는 정치적 수단의 결여에 대한 깊은 좌절감"이다. 따라서 이 좌절감에 탈출구를 찾는 세계적인 노력이 이루어지지 않는다면 "수많은 사람들이 더욱 급진적이고 과격한 수단으로 내몰릴 가능성이 있다."[5]

'반미'로 기우는 세계

문제는 이러한 상황이 오늘날에도 여전히 변하지 않았다는 것, 아니 오히려 더욱더 심각해졌다는 데 있다. 실제로 이라크전쟁에 대한 움직임 속에서 미국 국내와 외국의 의식의 격차는 극단적으로 벌어져 갔다. 미국의 여론조사기관인 퓨 리서치 센터가 2002년 가을 44개국에서 실시한 여론조사에 따르면, 이라크에 대한 무력행사에 찬성하는 사람은 미국에서는 62퍼센트를 차지해 반대 26퍼센트를 크게 웃돌았다. 하지만 프랑스에서는 찬성 33퍼센트, 반대 64퍼센트, 독일에서는 찬성 26퍼센트, 반대 71퍼센트, 러시아에서는 찬성 12퍼센트, 반대 70퍼센트로 모든 나라에서 반대가 찬성을 크게 웃돌았다.[6]

그 후 2003년 2, 3월 《뉴욕 타임스》 조사에서 미국인 74퍼센트가 '부시의 전쟁'을 지지한 데 반해, 프랑스 국영 TV의 조사에서는 87퍼센트가 이라크 공격에 반대하고 독일의 《슈테른》의 조사에서는 84퍼센트가 이라크전쟁은 "정당화할 수 없다"라고 대답했다. 이라크 공격이 석유 이권 확보라는 불순한 목적 때문이라고 생각하는 사람은 미국에서는 22퍼센트에 불과했지만, 독일은 54퍼센트, 프랑스는 75퍼센트, 영국에서조차 44퍼센트였다.

요컨대 미국 국내에서는 '정의'의 전쟁으로 보이는 것도 밖에서 보면 매우 '이기적'인 전쟁으로밖에 보이지 않았던 것이다. 따라서 이라크 개전까지 반복된 대통령의 호전적인 선언과는 반대로 세계 각국에서 반미 감정의 물결이 퍼져나가, 초강대국 미국은 반세기 동안 쌓아올린 국제적 권위를 크게 실추시키는 꼴이 됐다.

앞서 언급한 2002년 가을 퓨 리서치 센터 조사에서도 미국을 '좋아한다'고 대답한 사람의 비율이 2년 전 같은 질문을 했을 때에 비해 독일에서는 78퍼센트에서 61퍼센트로, 터키에서는 52퍼센트에서 30퍼센트로, 일본에서도 77퍼센트에서 72퍼센트로, 한국에서는 58퍼센트에서 53퍼센트로 줄었다. 이와 같이 정도의 차이는 있으나 모두 감소했다. 미국을 '매우 좋아한다'는 사람은 캐나다, 멕시코, 영국, 독일에서도 거의 없었고 심지어 이집트에서는 '좋아한다'는 사람이 6퍼센트였다. 제2차 세계대전 이래 미국이 이 정도로 세계 곳곳에서 인기가 없었던 적은 없다.

예를 들어 한국에서는 2002년에서 2003년에 걸쳐 주한미군에 의한 여중생 사망사고를 계기로 미군에 대한 항의 열기가 뜨거웠다. 이런 움직임은 직접적으로는 계속되는 미군의 범죄에 대한 분노가 폭발한 결과였지만, 그와 동시에 부시 정권이 북한을 향해 적대적인 발언을

하여 남북 화해 무드에 찬물을 끼얹고 있다는 점과 솔트레이크 동계
올림픽 쇼트트랙 스케이트 경기에서 한국 선수가 실격되어 미국 선수
가 금메달을 차지했다는 점, 한국의 차기 전투기 도입계획을 둘러싼
의혹 등 일련의 '미국의 횡포'에 대한 불신감이 팽배했다는 배경이 있
었다. 수많은 한국인의 의식 속에서 미국은 '북'으로부터 자신들을 지
켜주는 존재라기보다 남북통일의 장애로 비치게 됐던 것이다.

'친미' 일본의 역사적 형성

돌출하는 일본의 친미의식

이러한 상황 속에서 일본인은 특이할 정도로 꾸준히 친미적이었다. 이라크전쟁 직전인 2002년 미국을 '좋아한다'는 사람이 한국의 53퍼센트인 데에 비해 일본은 72퍼센트였다.[7] 그 후로도 미국에 대한 호감도는 전세계적으로 하락세를 보였지만, 일본에서는 상대적으로 높은 수치를 유지하고 있다. 2006년 봄 미국의 여론조사기관이 세계 14개국에서 실시한 조사에서는 미국에 호감을 갖고 있는 사람의 비율이 영국 56퍼센트, 프랑스 39퍼센트, 독일 37퍼센트, 터키 12퍼센트였다. 하지만 일본에서는 63퍼센트가 여전히 미국에 호감을 갖고 있어서 이 비율은 조사대상 중에서 가장 높았다.[8]

물론 일본의 여론도 이라크전쟁에 반응하지 않았던 것은 아니다. 요미우리신문사(讀賣新聞社)와 갤럽이 해마다 연말에 실시하고 있는 미·일 공동여론조사에서 나타난 바와 같이, 일본인의 대미(對美) 호감도는 이라크전쟁 후에 점차 감소하다가 2006년이 되어서야 겨우 회복됐다. 이 조사에 따르면 2001년에는 일본에서 미국을 '신뢰하고 있다'고 대답한 사람은 51퍼센트에 달해, '신뢰하지 않는다'고 대답한 35퍼센트를 크게 웃돌았다. 하지만 이라크전쟁 이후에는 신뢰도가 떨어져 2003년 조사에서는 처음으로 '신뢰하고 있다'는 사람이 41퍼센트, '신뢰하지 않는다'는 사람이 45퍼센트였다. 이런 경향은 2005년 '신뢰하지 않는다'는 사람이 53퍼센트, '신뢰하고 있다'는 사람이 37퍼센트로 감소하는 데까지 이어졌지만, 2006년이 되면 '신뢰하고 있다'는 사람은 41퍼센트로 다시 회복세를 보이고 있다.

여기서 추측할 수 있는 것은 다음과 같은 것이다. 즉 부시 정권의 억지스러운 이라크정책에는 다른 국가들과 마찬가지로 일본에서도 반발이 있었다. 따라서 일본의 여론도 2003년부터 2005년 무렵까지 친미에서 반미·혐미로 다소 흔들리지만 전반적인 친미 기조를 전환시키지는 못했다. 오히려 그 후 중국이나 북한에 대한 위협감이 강화되는 가운데 "역시 의지할 만한 곳은 미국"이라는 의식이 새삼 확산된다. 부시 정권의 횡포가 일시적으로 반미 감정을 야기했으나 그것이 사회의 커다란 흐름이 되지는 못한 셈이다.

더구나 이러한 일본인의 친미의식은 근래 형성된 것이 아니라 적어도 전후를 통해 반세기 이상에 걸쳐 구조화되어온 것이다. 예컨대 지지통신사(時事通信社)가 1960년부터 거의 매달 실시해온 〈좋아하는 나라·싫어하는 나라〉에 대한 여론조사에서 미국이 얼마나 일관되게 전후 일본인에게 사랑받아왔는가를 확인할 수 있다.

이 조사에 따르면 심지어 1960년 안보투쟁(1959~60년과 1970년에

미 · 일 안전보장조약에 반대하며 노동자 · 학생 · 시민이 참가한 대규모 반전 · 평화운동—옮긴이)으로 혼란스러운 상황 속에서도 '좋아하는 나라'로 미국을 든 사람이 47.4퍼센트로, '싫어하는 나라' 5.4퍼센트를 훨씬 웃돌았다. 이는 소련을 '좋아하는 나라'로 든 사람이 3.3퍼센트에 지나지 않고 '싫어하는 나라'가 50.4퍼센트에 이른 것과는 좋은 대조를 보이고 있었다. 안보반대운동이 물결처럼 확산되면서 사회주의의 꿈이 아직 진지하게 언급되던 시절에도 여전히 전국적으로는 친미가 반미를 훨씬 넘어섰고, 친소련은 혐소련에 비해 훨씬 낮았던 것이다.[9]

그 후 미국에 대한 호감도는 베트남전쟁의 영향으로 1960년대 후반에 약 36퍼센트, 1970년대 전반에는 약 24퍼센트로 감소하지만, 그렇더라도 다른 국가들에 비하면 훨씬 높았다. 이윽고 전쟁 종결과 더불어 다시금 친미의식이 상승해 1970년대 후반에는 약 30퍼센트, 1980년대에는 약 40퍼센트, 1990년대 후반에는 또다시 약 45퍼센트를 넘어선다. 그리고 이라크전쟁 이후 한때 47퍼센트까지 달했던 호감도가 약 10퍼센트 낮아져 35퍼센트 정도에 머물게 된다.

총리부(현 내각부)의 〈외교에 관한 여론조사〉에서도 1978년부터 매년 미국에 대한 친근감을 묻고 있는데, 거의 매년 70퍼센트를 넘는 사람들이 미국에 '친근감을 느낀다'고 대답하고 있다. 다시 말해 미국에 '친근감을 느낀다'고 대답한 사람의 비율은 1978년 72.7퍼센트, 1980년 77.2퍼센트, 1985년 75.6퍼센트, 1990년 74.2퍼센트, 1995년 71.2퍼센트, 2000년 73.8퍼센트라는 사실에서 볼 수 있듯이 거의 변화가 없다.

이런 안정성은 같은 조사에서 나타난, 중국에 대한 호감도의 뚜렷한 변화와는 대조적이다. 1980년대 중반까지 중국에게 '친근감을 느낀다'는 사람은 거의 70퍼센트를 넘어섰지만, 1980년대 말부터 감소하여 1990년에는 52.3퍼센트, 2000년에는 48.8퍼센트, 2004년에는 37.6퍼센트, 2005년에는 32.4퍼센트로 격감하고 있다. 친미의식의 장기적인 안정과는 대조적으로 근래 20년 동안 일본인의 중국에 대한 의식은 친중에서 혐중으로 불안정하게 바뀌었다.

전후 일본의 번영은 미국 덕분?

이러한 안정적인 친미의식은 얼마간 미·일 안보체제와 장기적인 자민당 정권 아래 고도경제성장을 거치면서 이루어진 것이다. 전후 일본인에게는 고도경제성장 이후의 풍요로움이 미국의 비호 아래 달성했다는 인식이 있으며 그것이 강고한 친미의식을 지탱해왔다. 물론 전후 미·일의 경제마찰도 있었고 1960년대 무렵까지는 반기지투쟁이나 안보투쟁이 뜨거웠기 때문에 모든 시대를 통해 일본인이 친미적이었던 것은 아니다. 그럼에도 불구하고 일본인 대다수는 전후 일본의 경제적 번영은 미국 덕분이며 미국 같은 '풍요로움'을 이상으로 삼고 싶다는 감정을 품어온 것이다.

그러나 전후 일본의 경제발전을 미국이 비호한 이유는 동시대 미국의 세계전략적인 측면에서 그렇게 할 필요가 있었기 때문이다. 냉전의 움직임이 본격화하는 1947년 무렵부터 미국 정부는 민주화를 가장 중시하는 대일 점령정책을 변경해 일본을 아시아에서 서구 진영의 중추세력으로 삼으려는 정책을 추진한다. 이 방침을 결정하게 된 가장 큰 요인은 물론 중화인민공화국의 성립이었다. 중국에 친미적인 정권이 성립됐다면 소련의 남하를 막는 데 동아시아에서 일본의 지정학적 중요성은 그리 결정적이지 않았을 것이다. 그러나 공산주의 중국이 탄생함으로써 미국의 아시아정책에서 일본이 요석의 위치를 차지하게 된다.

당시 미국에는 공산주의의 침공을 막을 군사적인 방파제를 동아시아에 구축하는 것과 전후 일본의 경제를 부흥·발전시켜 아시아의 개발경제를 지탱하는 중추로 삼겠다는 두 가지 요건을 충족시킬 필요가 있었다. 이 두 가지 요건을 하나로 묶어 일본에 무거운 군사 부담을 떠넘기는 것은 일본의 경제부흥 속도를 대폭 지체시킬 위험이 있었다. 이는 트루먼과 아이젠하워가 피하고 싶었던 것이고, 이 딜레마를 해결하기 위해 방파제로서 군사적 역할은 오키나와(沖繩)나 주변 국가들에게 맡기고 일본은 경제부흥에 전념하게끔 한다는 분할이 이루어졌다. 맥아더는 특히 이 전략에 심혈을 기울이면서 동아시아의 군사적 안정은 일본 본토를 비무장화하더라도 오키나와를 요새화하면 충분히 확보할 수 있다고 주장했다.

이러한 분할의 의미는 동시대의 동아시아에서 분업체제의 성립을 시야에 두면서 분명한 윤곽을 드러내기 시작한다. 이종원은 아이젠하워 정권기의 한·미·일의 군사정책과 경제정책의 국제적인 굴절을 파악한 연구에서 1950년대 한국과 일본이 미국의 아시아정책 속에서 군사-경제적인 분업체제에 편입되어간 것을 밝히고 있다. 즉 재정적자의 대폭 삭감과 글로벌한 군사적 패권의 유지라는, 이율배반적인

(trade off) 관계에 있는 두 가지 요건을 동시에 충족시키려 한 아이젠하워 정권은 아시아에서 경제 중시와 군사 우선이라는 두 가지 요청을 일본과 한국, 대만, 필리핀 등의 국가들이 역할을 분담함으로써 양립시키려 했다. 이리하여 1950년대 "아시아정책이 전반적으로 군사 우선이라는 경향을 강화하는 가운데 대일정책은 경제를 중시하는 방향으로 전환했다. 이와 동시에 부분적으로는 그 영향을 받은 형태로 한국 등 다른 아시아의 '전초국가'에서는 군사 우선이라는 정책이 한층 더 강화되어 경제발전에 대한 제약 요인으로 작용"한 것이다.[10]

이리하여 1950년대 중반 이후 동아시아에서는 사회주의권에 대한 군사적 기지의 역할을 한국과 대만, 그리고 오키나와가 짊어지고 일본은 오로지 경제발전의 중추로서의 역할을 담당하게 됐다. 1950년대 중반은 이른바 55년 체제(1955년에 성립된 체제로, 여당인 자유민주당과 일본사회당이 양대 정당으로 군림한 시기이며, 일반적으로 1993년까지 이어졌다고 본다—옮긴이)와 고도경제성장이 시작된 시기이며, 이윽고 본토 일본인들은 황태자 결혼과 가전 붐, 진무 경기(神武景氣. 1955~57년의 경기 호황. 초대 천황으로 일컬어지는 진무천황이 즉위한 이래 최대 호황이라는 의미—옮긴이)나 이와토 경기(岩戸景氣. 1958~61년의 경기 호황. 진무 경기를 웃도는 호황이라서 진무천황보다 더 거슬러 올라가 일본신화에 등장하는 태양신 '아마데라스 오오미카미(天照大神)'가 바위로 된 동굴 '아마노이와토(天岩戸)'에 숨은 이래 최대 호황이라는 의미—옮긴이), 동경올림픽에서 오사카박람회로 이어지는 고도성장의 꿈으로 들뜨게 된다. 이때 일본 안의 '미국'은 어떤 구조적인 변질과 은폐의 구조를 내포하고 있었다. 다시 말해 군사적인 폭력과 소비적인 욕망이 표리일체를 이루면서 점령자로서의 미국이 내셔널한 소비생활의 이미지를 전면에 내세우면서 일상의 의식에 깊숙이 침투해들어가는 미국으로 변용되어간 것이다.

결국 1950년대 중반 이후 일본 안의 미국은 기지나 폭력과 직접적으로 조우하는 경험과 기억에서 분리됨으로써 오키나와, 한국, 대만 등에서 나타나는 미국의 리얼리티와는 매우 다른 길을 걷게 된다. 그것은 오히려 미디어를 통해 소비되는 풍요의 이미지로 순화됨으로써 본토의 모든 일본인들에게 유혹적인 힘을 발휘하게 된다.

일찍이 점령기의 '미국'은 어떤 이에게는 '해방자'였고 또 어떤 이에게는 '정복자'였으며, 욕망의 대상인 동시에 두려움의 이유였고 풍요로움인 동시에 퇴폐였다. 서로 다른 계급과 세대, 젠더, 지역, 개인적인 우연에 따라 무수히 다른 미국이 존재했다. 왜냐하면 미국은 단순한 이미지라기보다 사람들이 일상적으로 조우한 현실이었으며 구체적인 미군 병사나 제도, 변화의 직접적인 경험으로서 존재했기 때문이다.

그러나 1950년대 중반 이후 군사적인 폭력으로서의 '미국'이 일본인의 일상 풍경에서 멀어지면서 오히려 이미지 수준에서의 '미국'은 이전보다 더욱 강렬하게 사람들의 마음을 사로잡기 시작한다. 다시 말해 1950년대 중반 이후 '미국'에 대한 이미지는 일상적인 현실 속에서는 '미국'과의 직접적인 조우가 구체성을 잃어갔지만, 마치 이와는 반비례하는 것처럼, 보다 구체적으로 그 이미지 속에 일본인 자신의 역할이나 정체성이 각인된 것으로 변해갔다. 전후 일본 안의 미국은 간접화, 미디어화, 이미지화됨으로써 거꾸로 일상의식과 정체성을 내부에서 강력하게 재편해가는 초월적인 심급으로 바뀌어간 것이다.

'미국'을 둘러싼 시선의 중층

포옹하는 제국의 시선

하지만 전후 일본에서 친미의식의 매우 안정적인 정착을 이처럼 군사-경제적인 외부 요인으로만 설명하는 것으로는 충분하지 않다. 전후 일본 사회의 친미 지향이 분명 군사적으로는 미 · 일 안보에 의거하고 있고, 또한 일본이 고도경제성장을 통해 향유한 '풍요로움'에 대한 욕망에 뒷받침되면서 유지되어왔다. 그렇다고 하더라도 이를 재확인하는 것만으로는 불충분하다. 오히려 이러한 '미국'에 대한 시선에는 보다 깊은 구조적인 동기가 내포되어왔음을 이 책에서 밝히고자 한다. 그 목표를 요약한다면, 전쟁시기까지 동아시아에서 일본 제국주의에서부터 전후 미국의 헤게모니로 이어지는 구조적인 연속성을 대중적인 시선의 차원에서 해명하는 일이다. 나는 이 책에서 전후 일본의 포스트 제국적 영위라는 문제를 미국적인 문화의 대중소비(일본 안의 아메리카니즘)의 분석을 통해 밝히고자 한다.

이미 잘 알려진 바와 같이, 존 다우어(John W. Dower)는 전쟁시기까지 천황제와 점령기 미군지배의 구조적인 연속성을 설득력 있게 밝혔다. 그는 점령을 외래 권력에 대한 구 권력의 일방적인 복종으로 보는 것이 아니라 "패자가 승자들과 그 계획에 대해 어떤 영향을 주었나"를 살펴봄으로써 점령체제에 천황이나 일본의 구 지배층이 어떻게 대응했고 또 외래자를 회유했는가를 상세히 보여주었다.[11]

특히 그는 천황의 전쟁책임 회피가 미·일 합작으로 점령군과 일본 지배층의 이해관계가 일치한 결과 얼마나 교묘하게 달성됐는가를 정확하게 파악했다. 그러한 '포옹'의 결과 중대한 문제는 외면한 채 전후 사회의 기본구조가 형성됐다는 점에 대해서도 의미 있는 주의를 환기시켰다. 점령체제가 전쟁의 총동원을 뒷받침한 천황제와 '포옹'했기 때문에 전후 일본에서 "제국일본의 침략행위로 가장 큰 피해를 입은 아시아인들은 이 패전국에서 적절한 역할, 영향력 있는 입장을 전혀 획득"할 수 없게 됐다.

다우어의 노작이 갖는 의의는 인정하지만 간과할 수 없는 사각지대도 있다. 그가 간파한 전시에서 전후로 이어지는 연속성에 패전국 민중들의 다양한 욕망은 어떻게 결부되어 있었을까. 다우어는 "나는 일본 사회의 모든 계층 사람들이 패배의 고난과 재출발의 좋은 기회 속에서 경험한 것, 그리고 그들의 '목소리'를 가능한 한 담아내기" 위해 노력했다고 한다. 그래서 그는 점령기에 일본인이 보여준 "다양하고 에너지 넘치고 모순으로 가득한" 반응을 상세히 그렸다.

그러나 전체적인 인상을 말한다면, 다우어의 서술은 정책입안자에 대해서는 때론 날카롭게 배후의 맥락을 이끌어내는 데 반해 보통 사람들인 빈곤층, 중간층, 농민 등에 대해서는 서술이 느슨해지면서 과거로부터 이어지는 연속성보다 '패전'에 따른 해방의 계기를 강조하고 있다. 거기서는 민중들이 보여준 반응의 다양성이 강조되고 있지만, 그러한 다양성의 기반에 있었던 복잡한 맥락이나 국민국가를 뛰어넘는 상호성이 충분히 해명되지 않은 채 사람들의 강인함이나 능동성의 발로가 언급되고 있을 뿐, 보다 심각한 물음이 막혀 있는 듯 보이기도 한다.

이러한 물음을 제기하는 까닭은 전후 일본의 대중에 대해서도 일찍이 일본이 아시아에 구축하고자 한 제국의 시선과의 연속성을 문제 삼아야 한다고 생각하기 때문이다. 다우어에 비하면 다소 거친 논의로 보이지만, 찰머스 존슨은 냉전기에 소련이 동유럽을 산하에 두고 제국화한 것과 마찬가지로 미국은 동아시아를 산하에 두면서 아시아·태평양지역에 포스트 제국적 질서를 구축했다고 한다. 여기에 포섭된 것은 일본, 한국, 타이, 남베트남, 라오스, 캄보디아, 필리핀, 대만 등의 정치체제였다.[12] 분명 이런 포스트 제국적 질서의 형성은 일본의 식민지 지배가 붕괴한 뒤 일본이 극동이나 남방을 침략하면서 구축한 제국의 상당 부분을 미국이 이어받은 결과였다.

실제로 조지 케넌 등 국무성 그룹이 입안한 아시아전략의 목표는 미국의 패권 아래에서 일본을 아시아의 경제대국으로 부활시킨 뒤 대륙의 공산권에 대항하는 구도를 그려서 자유주의 경제권의 중심에 두는 것이었다. 이런 구상은 어떤 의미에서 군사적인 면을 미국이 대신한 '대동아공영권'의 부활이라고도 할 수 있다. 그리고 중국혁명과 한국전쟁으로 인해 동북아시아를 일본경제의 배후지로 삼으려는 구상이 좌절한 뒤에는 동남아시아가 배후지 역할을 떠맡게 된다. 이리하여 1940년대에 설정된 미국의 아시아전략은 1980년대 말까지 장기간 일본이나 한국, 대만에서 벌어지는 사건들을 결정짓게 된다.[13]

이러한 전후 질서 속에서 전후 일본의 대중은 미국과 어떠한 '포옹' 관계를 맺게 되는가. 전쟁시기까지 일본 제국주의가 전후 미국에 의한 포스트 제국적인 질서로 이어지게 됐다고 한다면, 전후 일본은 미국으로 인해 군사적인 부담을 해제당하면서도 여전히 준중심, 경제 발전의 중심 역할을 맡고 있었다. 바꾸어 말하자면 그러한 포스트 제국의 중심부(로서의 일본 본토)에서 살아가는 대중들은 이전에 자신들이 누린 지위를 완전히 잃지는 않았다. 오히려 전후 일본인은 '미국'이라는 우월적인 타자의 시선과 결부됨으로써 아시아와의 관계를 망각하는 동시에 새로운 자신을 형성해나갔다.

타자의식으로서의 아메리카니즘

이러한 문제의 관심을 배경 삼아 이 책에서는 근현대 일본의 일상의식 속 아메리카니즘에 대해 살펴보고자 한다. 이러한 접근방식에서 가장 중요한 것은 '미국'이 합중국 안의 존재인 동시에 그것을 뛰어넘어 세계적인 존재이기도 하다는 이중성을 구조적으로 내포하고 있다는 사실이다. 미국이란 하나의 국가인 동시에 세계이다. 이러한 모순과 연동이라는 구조 속에서 우리는 미국화나 아메리카니즘을 미국 사회를 통합해가는 문화과정이나 원리로서 이해하는 동시에, 그러한 미

국 사회를 향해 외부에서 쏟아지는 시선이나 수용의 과정으로서 살펴
볼 수도 있다.

　20세기 세계에서 '미국'은 언제나 타자인 동시에 자신이었다. 아메
리카니즘은 미국이라는 네이션에 내재하는 가치체계(대자적 아메리카
니즘)일 뿐만 아니라 에드워드 사이드(Edward W. Said)의 오리엔탈리
즘, 혹은 다른 논자들의 옥시덴탈리즘이 그랬던 것과 마찬가지 의미
에서 '타자로서의 미국'을 향하고 있는 시선의 관계구조(대타적 아메리
카니즘)이다. 그리고 이 두 가지 아메리카니즘은 모순을 내포하면서
복잡하게 상호작용해왔다. 우리는 세계 여러 지역에서 이러한 아메리
카니즘의 이중성이 어떻게 작용해왔는가를 되물을 수 있다.

　미국화나 아메리카니즘이 딱히 북아메리카대륙의 현상에 국한되지
않고 오히려 세계 여러 지역에서 재구성되어가는 것이라고 한다면,
그러한 수많은 아메리카니즘의 편성을 세계사적인 확산 속에서 비교
검토할 필요가 생긴다. 과거 한 세기 동안 '미국'은 합중국 사람들이
든 세계의 다양한 지역의 사람들이든 간에 자기 자신인 동시에 타자
이기도 한 이중성을 띠고 있었고, 그것은 현실의 문화실천이나 표상
으로 끊임없이 표명됐다. 우리는 20세기 아메리카니즘의 문화지정학
을 저 무수한 분신, 세계 각지에서 수용되고 변용되고 있는 '미국'을
통해 밝힐 수 있다.

　그중에는 예컨대 프랑스처럼 미국을 대항적인 타자로 바라보면서
자신의 정체성을 재구축해온 경우도 있다. 리차드 쿠이젤(Richard F.
Kuisel)은 제2차 세계대전 후 프랑스에서 프랑스인이란 본디 누구인가
하는 것을 발견해가기 위한 매개체 역할을 한 것이 바로 미국이었다

고 한다. 전후 프랑스인 입장에서 ‘미국’은 단순히 코닥이나 청바지 같은 표준적인 미국제품을 구매하는 것뿐만 아니라 고임금이나 사회이동, 새로운 산업조직과 경영기법, 마케팅전략 그리고 대중소비를 기축으로 한 라이프스타일까지를 포함하고 있었다. 다시 말해 그것은 문화가치나 사회 모델 수준에서 프랑스인이 무시할 수 없는 존재가 됐다. 전후 프랑스인은 이러한 ‘미국’에 대해 매혹적인 동시에 위협적이기도 한 타자의 역할을 하도록 함으로써 고유한 존재인 자신을 집합적으로 다시금 상기했다. 그리고 이러한 회로가 일단 형성되면 종종 “미국을 싫어하는 프랑스인”이라는 스테레오타입으로 거론되는 것처럼, 미국을 타자로 외부화함으로써 자신의 정체성을 강화해나가는 의식구조도 고정되어간 것이다.[14]

한편 필리핀인의 경우 포스트 식민지시대를 통해 미국의 대중문화를 미국인보다도 더 완벽하게 연출할 수 있게 되지만(그야말로 일본인이 미국에서 고안된 가전제품을 미국인보다 더 정교하게 제조할 수 있었던 것처럼), 그들의 생활 자체는 미국인의 그것과는 격리된 상황에 놓여 있었다. 카를로스 불로산(Carlos Bulosan)은 제1차 세계대전 이후 수많은 고뇌을 딛하면서도 필리핀인들이 ‘미국’을 어떻게 내면화했는가를 증언하고 있다.

그는 20세기 초 독립운동이 좌절되고 정부가 친미적인 특권지배층에 좌지우지되면서 “서서히, 그렇지만 확실히 필리핀이 경제적인 파국으로 내몰리게” 되는 시대에 이로카노 지방에서 농민의 아들로 태어나 자랐다. 이 시대에 “어른들은 미국에 물든 젊은 세대들을 전혀 이해할 수 없게 됐다. 가난한 백성이 지주를 위해 몸이 부서지도록 일하고 있는 시골에서도 젊은이들은 시대의 풍조에 따라 전통에 반항”
하게 된다. 그리고 그 자신도 영어를 배우고 가난한 소년 ‘링컨’에 자
신을 중첩시키면서 미국으로 건너갈 것을 진지하게 생각하게 된다.

하지만 실제로 미국에서 그가 직면한 것은 노골적이고 폭력적인 인
종차별과 착취, 부패, 필리핀에서는 결코 겪을 수 없는 잔혹하고 야만
적인 행위들이었다. 도박장을 전전하다가 이윽고 그는 글을 쓰면서
자기 자신을 회복한다. 그는 문학을 통해 ‘미국’을 재발견하면서 현실
의 미국이 아무리 부패로 가득 차 있더라도 여전히 “이 땅에서 태어난
사람이든 이방인이든 간에, 교육을 받았든 무학이든 간에 우리 자체
가 미국”이라는 생각을 하게 된다.[15]

앞서 언급한 프랑스와 필리핀에서는 사회의 성립이나 경제 상태가
전혀 다를 뿐만 아니라 아메리카니즘의 구조라는 점에서도 큰 차이가
있다. 대략적으로 말하자면, 프랑스는 ‘미국’을 외부의 타자로 표상함
으로써 대항적으로 자신을 확립하지만 필리핀은 오히려 ‘미국’ 속에
스스로를 내포시킴으로써 자신을 확립한다. 하지만 이러한 차이에도
불구하고 이는 제2차 세계대전 후 세계 여러 나라에서 그 사회가 자
기 자신을 상상하기 위한 중요한 매개체로 ‘미국’을 상정하고 있었음
을 보여주고 있다. 우리는 전후 세계에 군림한 ‘미국’이라는 타자가
각 사회의 자기구성에 끼친 작용에 대해 구체적으로 다시 해독할 수
있다.

이에 반해 전후 일본 사회에서는 세계적으로도 예가 없을 정도로
지속적으로 아메리카니즘의 소비가 촉진되어갔다. 이때 냉전기의 미
국은 일찍이 자신들에게 종속되는 귀감이 될 조건을 제국 일본의 후

예들이 갖추고 있음을 발견하고, 또 일본은 사회 전체가 '미국'을 우월적인 귀감으로 삼으면서 자신을 재구축할 가능성을 발견한다. 1950년대 이후 일본에 확산된 '미국'을 소비하는 시스템은 애니메이션과 텔레비전 드라마, 가요에서 디즈니랜드까지 리메이크된 무수한 '미국＝일본적인 것'을 산출하기 시작한다. 그와 동시에 이러한 아메리카니즘에 매개됨으로써 전후적(戰後的)인 자신을 재구축하기도 한다.

이 책의 각 장에서는 이와 같이 일본 사회가 타자-자신으로서의 '미국'에 시선을 돌리고 그러한 타자의 이미지와 교섭하면서 어떠한 자신을 구축해왔는가를 검증한다. 이 작업을 위해 우선 제1장에서는 막말(幕末)에서부터 전쟁시기까지 근대일본의 '미국'의 수용을 개관한다. '자유'의 성지라는 이미지를 시작으로 대중문화 차원에서 아메리카니즘의 수용, 그리고 모더니즘의 젠더 차원까지를 간략하게 논할 생각이다.

이어지는 세 장에서는 전후 일본의 '미국' 수용을 맥아더와 천황(국토 공간), 번화가와 비치(도시 공간), 점령군 주택과 가전(거주 공간)이라는 세 가지 수준에서 검토한다. 시대적으로는 제2장에서 점령기, 제3장에서 1940~50년대까지, 제4장에서 1940~60년대까지가 중심이다. 전체석으로 이 책이 초점을 맞추고 있는 것은 점령기에서부터 1960년대까지 일본에서의 '아메리카니즘'의 중층적인 작용이다. 전후 일본의 시선의 중층적 변용에서 무엇이 단절되고 망각됐는가. 또 이로써 어떠한 전후적 주체가 구축됐는가. 그것은 전체로서 어떻게 포스트 제국적 질서를 전전(戰前)으로부터 연속적인 방식으로 지탱했는가. 이러한 물음에 대답하는 것이 여기서의 과제이다.

마지막으로 이 책의 부제인 '정치적 무의식'에 대해 언급하도록 하자. 이 용어는 원래 프레드릭 제임슨(Fredric Jameson)의 《정치적 무의식》[16]에서 시사받은 것인데, 여기서는 일단 전후 일본인들의 일상의식 속에 있는 역사적으로 구성된 무의식적인 차원이라는 정도로 이해하고자 한다. 제임슨이 지적한 바와 같이 이러한 무의식은 철저하게 정치적이다. 나는 이 책에서 역사는 단순한 이야기나 텍스트가 아니지만 "부재의 원인으로서의 역사는 텍스트 형식 이외의 형태로 우리들에게 전해지지 않는 이상,……정치적 무의식 속에서 최초로 이루어지는 텍스트화와 이야기화를 경유하지 않으면 안 된다"는 그의 제안을 받아들이고 있다.

다시 말해 우리는 역사 속에서 발생한 무수한 사건들을 모두 서로 연결되는 텍스트의 복합체로서 경험하는데, 그러한 텍스트의 집적에서 중요한 것은 거기서 작용하는 텍스트화의 실천, 어떤 한 종류의 가능성이 부각되고 다른 가능성이 망각되면서 우리가 우리 자신의 사회를 어떤 방식으로 바라보고 거기에 있는 실체성을 부여하게 되는 정치적 과정이다. 앞으로 이 책에 등장하게 되는 맥아더와 천황의 표상, 미군 기지와 미군, 라이프스타일 측면에서의 가전화(家電化) 이미지는 이처럼 무수하게 얻을 수 있는 텍스트 안에서 극히 일부분의 가능성에 지나지 않는다. 이러한 몇 가지 문화표상에 주목함으로써 이 책은 특히 전후 일본이라는 장에서 '미국'이 어떻게 사람들의 정치적 무의식에 개입하는 특별한 심급으로서 작동했는가를 밝히려는 것이다.

따라서 이 책이 목표로 삼는 것은 일본의 '친미'와 '반미'의 다양한 배치를 이항대립적으로 도식화하려는 것이 아니다. 그게 아니라 '친미'와 '반미'라는 해석을 발생시키는 다양한 텍스트화의 실천, 단순한 이항대립 도식으로는 수렴되지 않는 해석의 연쇄와 충돌, 여러 수준의 텍스트가 서로 교섭하는 일종의 무의식적인 실천들 속에서 근현대 일본인들이 어떻게 해서 '친미적' 또는 '반미적'이라 불리는 표상과 결부됐는가를 밝히는 것이다. 이러한 분석을 진행하면서 나는 20세기의 글로벌한 군사－정치적인 지정학과 사람들이 일상생활 속에서 경험하고 있는 의미나 욕망, 감정을 결코 하부구조와 상부구조, 미크로와 마크로, 텍스트와 콘텍스트라는 이원론이 아닌 형태로 결부시켜 이해하고자 한다.

제 1 장

미국이라는 모더니티

—'자유의 성지'와 '귀축미영'

미국은 흑선을 타고

표류민들의 미국

미국은 흑선(黑船)을 타고 왔다. 뿐만 아니라 그 이전 19세기 초기부터 네덜란드나 중국을 거쳐 미국에 대한 다양한 정보가 막부에 들어왔고, 세기 중반에는 나카하마 만지로(中浜萬次郎. 존 만지로)나 하마다 히코조(浜田彦藏. 조셉 히코)처럼 태평양에서 미국 선박의 보호를 받은 표류민들을 통해 직접 접촉하고도 있었다.

예컨내 노사라는 지방의 어부였던 만지로가 귀국한 것은 1853년의 페리(Mattheu C. Perry) 내항 직전인 1851년으로, 1853년에는 《표류기》가 출판됐다. 하리마의 선원인 히코조의 경우 귀국은 1859년, 《표류기》의 출판은 1863년이었다. 그들 외에도 대개 1830년대 무렵부터 일본 근해에서 조난을 당한 사람들이 표류해서 아메리카합중국과 직접 접촉하는 경우도 늘어나고 있었다. 1832년 지타반도(知多半島)에서 에도(江戸)로 향하는 도중에 조난을 당해 밴쿠버 부근에 표착한 뒤 미국

가와라판(瓦版)에 그려진 페리 제독의 초상
(태양 컬렉션 6, 《가와라판·신문 에도·메
이지 300사건Ⅱ》, 헤이본샤, 1978에서).

을 접하고 모리슨호로 귀국하려 했지만 막부에게 거부당한 오토키치(音吉)도 있었다. 1838년 하와이에 표착해서 1843년 오호츠크를 거쳐 귀국한 뒤 붙잡히게 되어 표류담으로 《번담(番談)》을 남긴 지로 기치(次郎吉) 역시 마찬가지이다.

이렇게 표류민들이 미국과의 접촉이 늘어난 데에는 태평양에서 포경선 등의 운항이 활발해지고 있었기 때문이었다. 당시 조명연료용 고래기름의 수요가 확대되면서 태평양에서 미국 국적 선박의 활동이 매우 활발했다. 그 선박들의 기항지가 각지에 형성되면서 1830년대에 이르러 무인도였던 오가사하라제도(小笠原諸島)에 미국인이나 영국인, 해상 선박을 노리는 해적 등의 입식도 시작됐다.[1] 19세기 중반 이미 지치지마(父島)는 서태평양을 운행하는 포경선의 유력한 기항지였다. 미국은 캘리포니아의 해안선을 넘어 태평양 서쪽으로 진출해 기슭에까지 도달했다.

일련의 표류민들은 '미국'을 어떠한 존재로 받아들이고 있었을까. 예를 들어 만지로는 《표류기》에서 미국은 "근래 네덜란드보다 서민적이면서 열린 나라"로, 이 "나라의 정치는 대개 일본과 마찬가지"라고 한다. 새와 짐승들은 "대개 일본과 같다"며 "크리스찬 부류는 그 나라에서도 싫어한다"고 한다. 만지로의 경우 미국에 어떤 혁신적인 새로움을 보지 못했고 일본과의 동질성이라는 인식 틀에서 벗어나지 못했다. 이에 반해 일본인 최초로 미국 시민권을 취득한 히코조의《표류기》에서는 대통령선거나 행정조직, 종교, 재판제도에서 가족의 일상까지 거의 정확하게 관찰하고 있었다. 가메이 슌스케(龜井俊介)는 만지로의《표류기》가 "표류 모험담 이상의 내용은 빈약"한 데 반해 히코조의 그것은 "체계적인 형태로 미국의 역사, 정치, 법률, 종교, 교육, 풍속 등을 거론하고 대담하게 이를 찬미"했다며 치켜세웠다.[2] 히코조는 나중에 일본에서 근대적인 의미의 신문사를 최초로 시작한 인물 중 한 명으로, 어떤 면에서는 후쿠자와 유키치(福澤諭吉)가 퍼뜨리는 아메리카니즘에 대한 심취를 선취하고 있었다.

제독의 초상

어쨌든 이리하여 페리가 온다. 페리 내항은 19세기를 통한 태평양의 지정학적 변화의 하나의 귀결이지, 돌연 발생한 접촉은 아니다. 페리 제독은 일본 내항 몇 해 전에 일어난 멕시코전쟁에서 함대 사령권을 받았고 일본에 올 때는 동인도함대사령 장관에 임명되는 등 미 해군에서 중심적 지위에 있던 군인이었다. 미국의 태평양전략은 맥아더가 아쓰기(厚木)에 내리기 거의 한 세기 전부터 일본열도를 인식하고 있었던 것이다.

게다가 페리는 카리브해에서 에스파냐 당국의 묵인 아래에 미국 국적의 선박을 습격하고 있던 해적선을 진압했고, 범선 중심이었던 미

해군을 본격적인 증기선 함대로 재편하여 미 해군에서 외국인 용병을 배제해 국민화를 추진하려 했던 인물이기도 하다. 페리는 군선이나 상선과 해적선의 경계가 애매했던 이전의 사태를 개선하여, '군'이 '상선'을 보호해서 '해적'을 진압하는 관계를 정착시켰다.[3] 페리 내항은 아메리카합중국의 패권이 태평양으로 확장되는 과정에서 발생했을 뿐만 아니라 바다 위에서도 근대국가의 논리가 관철되어가는 과정에서 발생한 것이다.

흑선 내항이 막말(幕末)의 정치의식에 초래한 심대한 영향에 대해서는 이미 방대한 연구가 있으며 이 책에서는 많은 것을 논할 여유가 없다. 더구나 페리 제독은 훗날 메이지(明治) 천황이나 사이고 다카모리(西鄕隆盛), 메이지 정부의 요인들보다 훨씬 이전에 아마 일본에서 최초로 대중적인 미디어 속에서 리얼하게 시각화된 공인이기도 했다. 실제로 막말의 니시키에(錦繪. 여러 가지 색채를 사용해 풍속을 그린 우키요에(浮世繪) 목판—옮긴이)나 가와라판(瓦版. 에도시대에 천재지변이나 화재, 동반자살 등의 사건을 속보 형태로 길거리에서 판매한 인쇄물—옮긴이)을 비롯한 목판 미디어 세계에서 '흑선'과 '페리'는 가장 빈번히 또 대대적으로 거론된 소재였다.[4] '원수의 초상'보다 훨씬 이전, '천황의 초상'보다도 더욱 이전에 '제독의 초상'이 존재한 것이다.

막말 일본에서는 이리하여 페리 이미지로 집약되는 타자 이미지가 유포되어가는 한편으로 표류민들의 《표류기》가 잇따라 출판됐고 아울러 요코하마 그림으로 대표되는 비주얼한 이미지에서도 이국으로서의 '미국'이 상상되고 있었다. 사실 막말 유신기 일본에서 '개화'의 이미지를 지배하고 있던 것은 영국이나 프랑스보다 미국이었다. 영국과 독일의 영향이 확대되는 것은 좀 더 나중으로 메이지 국가체제가 형성되면서 나온 것이다. 따라서 가메이 슌스케는 막말에서부터 메이지 초년까지는 '개화=미국화'가 1877(메이지 10)년대 이후 확산되는 '개화=유럽화'에 앞서 있었다고 주장한 것이다.[5]

미국과 자유민권사상

막말 일본인에게 대중적인 수준에서 '미국'과의 만남이 표류민들 이야기의 다양한 변주나 '흑선' 그리고 '페리 제독'의 이미지를 통해 이루어져 있었다고 한다면, 막부를 무너뜨린 지사나 사상가 수준에서는 미국의 '자유'라는 관념이 적지 않은 영향을 주었다. 가메이에 따르면, 요코이 쇼난(橫井小楠)이나 사카모토 료마(坂本龍馬), 나카오카 신타로(中岡愼太郎) 등 막부를 타도한 지사들의 공화정치적인 것에 대한 지향은 '자유의 나라'로서 미국을 모델로 해서 새로운 국가건설을 성취하려는 발상에서 온 것이다.

이러한 지향은 막부를 타도한 쪽뿐만 아니라 막부가 붕괴할 때 하코다테(箱館)의 고료카쿠(五稜郭)에 칩거한 에노모토 다케아키(榎本武揚, 1836~1908. 무사이자 정치가로 외국어에도 능통했던 그는 막부를 타도하려는 신정부군에 철저히 항전하고자 했다. 도쿄농업대학의 창설자이기도 하다—옮긴이) 등의 '홋카이도 공화국(메이지 원년인 1869년 1월에 성립해 단기간 존재한 막부 지지파 정권—옮긴이)'에도 현저하게 드러났다. 아울러 자유민권운동(메이지시대에 일어난 정치·사회운동으로 의회의 개설, 불평등조약의 개정, 언론과 집회의 자유 보장 등을 요구했다—옮긴이)의 바바 다츠이(馬場辰猪, 1850~88. 자유민권운동의 정치가—옮긴이)나 우에키 에모리(植木枝盛, 1857~92. 자유민권운동의 이론적 지도자. 저서로는《민권자유론》,《언론자유론》등이 있다—옮긴이) 등의 급진주의로 이어졌다. 사실 우에키에게 '자유의 나라' 미국의 모습은 극단적으로 이상화됐고 그 자신의 민권사상을 뒷받침하는 근거로 사용되고 있었다.[6]

막말에서 메이지 초기에 걸쳐 수많은 일본인들의 미국 이미지에 결정적인 영향을 준 것은 후쿠자와 유키치의 저작이다. 후쿠자와는 1860년에 미·일 수호통상조약 비준서 교환을 위해 막부의 사절단이 파견됐을 때 수행원 자격으로 처음 미국에 건너갔고 2년 후에도 역시 막부 사절단의 일원으로 유럽에 건너갔다. 이러한 경험과 서적에서 얻은 지식을 바탕으로 1866년에《서양사정(西洋事情)》을 출간한다. 후쿠자와의《서양사정》은 메이지 일본인들의 서양 이해에 막대한 영향을 주었다. 그리고 이 책에서 후쿠자와는 미국을 "순수한 공화정치로, 사실 인민의 대리인들이 서로 만나 국정을 논의하고 조금도 사사로움이 없는" 나라이며, 그가 이상으로 삼는 '자유방임'의 정치를 실현하고 있는 곳으로 자리매김했다.

후쿠자와는 1867년에는 다시 미국으로 건너가 그때의 관찰을《서양여행안내(西洋旅案內)》로 정리해 소개했고, 더불어 1869년에는 그림이 들어간 대중적인 계몽서《세계국진(世界國盡)》을 출간해 폭넓은 대중을 상대로 미국의 '자유'를 이상화했다. 이와 같이 초기 후쿠자와의 사상이 그의 미국 인식과 긴밀히 결부되어 있다는 것은《학문의 권유》에 나오는, "하늘은 사람 위에 사람을 만들지 않고, 사람 밑에 사

람을 만들지 않는다"는 저 유명한 구절이 실은 미국 독립선언을 후쿠
자와가 나름대로 해석한 데서 유래한 것에서도 알 수 있다. 메이지 초
기 일본인의 미국 이미지는 후쿠자와를 통해 '자유'의 개념으로 관통
되는 국가 이미지로 정리되어간 것이다.

'자유의 나라'에 대한 동경과 좌절

기독교와 미국의 '자유'

메이지 초기 일본에서 보다 깊은 관념으로 미국을 수용하게 된 것은 기독교 선교사나 교사들이 활동하면서였다. 당시 일본에 온 선교사들 대부분은 미국인이었다. 도쿄대학에서 교감을 맡은 베어벡, 구마모토 양학교(態本洋學校)의 제인스, 삿포로 농학교(札幌農學校)의 윌리엄 클라크, 요코하마의 브라운숙(塾)이나 헵번숙(＝明治學院), 키더 여사의 여학교(페리스 여학원), 니지마 조(新島襄)의 도시샤(同志社) 등 미국의 기독교는 메이지의 교육계에 커다란 영향을 주었다. 실제로 종교적 아메리카니즘의 영향은 막말에 미국의 기독교 코뮌에서 생활한 뒤 훗날 메이지 국가의 교육체제의 기초를 닦은 모리 아리노리(森有禮), 삿포로 농학교에서 클라크의 영향 아래에 기독교에 입신하여 미국으로 건너가게 되는 우치무라 간조(內村鑑三, 1861~1930. 기독교 사상가이자 문학자. 복음주의 신앙과 사회비판에 기초해 일본의 독자적인 이른바 무교

회주의를 주창했다. 저서로는 《대표적 일본인》, 《기독교 신도의 위안》 등이 있다
—옮긴이), 니토베 이나조(新渡戶稻造, 1862~1933. 농학자이자 교육자. 국제
연맹 사무차장을 지냈다. 저서로는 《무사도》 등이 있다—옮긴이) 등에게서 일
관되게 흐르고 있다.

우치무라 간조는 삿포로 농학교에서 감리교(Methodism) 교회의 열
렬한 신도이기도 했던 클라크에게 가르침을 받고 나중에 본인 역시
감리교 교회에서 세례를 받았는데, 특히 그에 의해 미국은 '자유의 성
지'로서 이념화된 존재가 됐다. 그러나 1884년 '성지'일 터인 미국에
건너간 우치무라는 세기말의 미국에서 횡행하는 '배금주의'의 생생한
현실에 직면하자 그 간극 때문에 고민하면서 미국의 이념을 보다 내
면적인 차원으로 심화시킨다. 이러한 우치무라의 양의적인 자세는
1895년 영어판이 나오고 이윽고 유럽 각국에 번역되어 명성을 떨친
《나는 어떻게 해서 기독교도가 됐는가》에서 명확히 드러난다.

이 책에서 "모든 고귀한 것, 유용한 것, 향상적인 것을 영어라는 운
반차를 통해 배운" 주인공은 "이교문명보다 뛰어난 기독교문명의 우
월성"을 믿고 '성지'로 마음에 새긴 미국으로 건너간다. 그러나 미국
에 건너간 뒤 이러한 '고결'한 미국의 이미지는 서서히, 하지만 뿌리
에서부터 붕괴되기 시작한다. 미국에서 경험한 것들은 주인공으로 하
여금 "미국에서는 돈이 만능"이라는 사실을 깨닫게 했다. 게다가 "인
민들 사이에 여전히 존재하고 있는 강한 인종적 편견"으로 인해 이 나
라는 그의 눈에 마치 이교도의 나라처럼 보이기 시작했다. 미국인의
감정은 "인디언과 아프리카인에 대해 강렬하게 비기독교적"이며, "중
국 아이들에 대해 그들이 품는 편견·증오·반감은 우리 이교국 사람

들이 일찍이 그 예를 찾아볼 수 없을" 정도로 오만한 차별의식으로 가득 차 있었다. 우치무라는 이러한 배금주의와 인종차별을 필두로 도박 경향이나 권투에 대한 열광, 대규모 럼주 거래, 정치적 유언비어, 자본가의 압제, 빈부의 격차 등 미국의 모순을 잇달아 비판한다. 세기말 미국에는 기독교적인 고결함은커녕 복잡한 사회와 혼란, 광기와 형무소, 방대한 빈곤층만이 넘쳐났던 것이다.

이념으로서 수용된 미국 이미지와 실제 미국 사회 사이의 현저한 격차로 고뇌하는 우치무라의 태도는 메이지 중기 이후 많은 지식인들의 미국 수용의 저변에 흐르고 있었다. 메이지 초기의 기독교 지식인들에게 미국은 우선 '자유'의 이념이 구현된 '성지'로 받아들여졌다. 그러나 이윽고 이러한 유토피아적인 미국 이미지는 실제 경험을 하면서 잇달아 배반당하게 된다. 거기서 볼 수 있는 것은 경쟁원리가 위세를 떨치고 부패나 빈곤, 인종적 편견이 충만한 병든 국가의 모습이다. 이러한 두 가지 미국은 서로 괴리, 모순되며 종종 충돌한다. 우치무라의 경우 후자의 기만적인 미국을 격렬히 비판하면서 전자의 미국을 보다 추상적인 차원에서 내면화하고 최종적으로는 무교회주의의 입장을 취하게 된다. 그런데 이러한 미국 이미지의 분열은 메이지 중기 이후 미국에 건너가는 문학자나 예술가들도 이어받게 된다.

나가이 가후와 아리시마 다케오

메이지 말 미국에 대한 분열된 의식을 자각적으로 파악한 대표적인 문학자를 든다면, 나가이 가후(永井荷風, 1879~1959. 본명 나가이 소키치. 탐미적인 작풍으로 메이지에서 쇼와에 걸쳐 활약한 소설가. 작품은《지옥의 꽃》, 《냉소》, 《솜씨 겨루기》 등이 있다—옮긴이)와 아리시마 다케오(有島武郎, 1878~1923. 백화파(白樺派)의 중심인물로서 소설과 평론활동을 했다. 작품은 《카인의 후예》,《개선》,《문화의 말로》 등이 있다—옮긴이)를 들 수 있다. 나가이 가후는 초기의《아메리카 이야기》(1908)에서, 아리시마 다케오는《어떤 여자의 글림프스》(1911~13)와 대표작으로 꼽히는《어떤 여자》(1919)를 통해 '미국'에 대한 일본인들의 의식적인 측면의 굴절을 예리하게 파악하고 있다.

한편 나가이 가후는 20대 후반 4년 동안 미국에서 지내며 그만의 독특한 문학적 스타일을 확립하면서 미국 사회의 양면성, 일본에서 건너간 사람들의 곤경과 절망을 냉정한 터치로 그렸다. 그는 지방대 학에서 기독교에 몸을 던진 일본의 젊은이들, 설령 '위선적'이었다 하 더라도 일본의 가부장제에 비하면 훨씬 더 여성들이 인생을 즐기고 있다는 점, 그리고 "자유의 나라에는 사랑의 복음 이외에는 인간의 자 연스런 정에 반(反)하는 귀찮은 교의는 존재하지 않는다"는 점을 말하 고 있다. 다른 한편으로 "미국만큼 도덕이 부패한 사회는 없다"는 작 중 인물의 대사나 이민의 비참한 운명, 어김없이 매춘 알선으로 살아 가는 일본인, 인종차별 등을 통해 미국의 '어두운 면'을 부각시켰다. 이 작품은 러일전쟁 뒤 이른바 '자연주의' 발흥 분위기와도 맞물리면 서 나가이 가후를 일약 문학계의 스타로 만들었다.

그러나 메이지 말 작가들 중에서 아마 그 누구보다 '미국'을 깊이 내면화해서 그 문학세계를 형성시킨 이는 아리시마 다케오일 것이다.

그의 《어떤 여자》에서는 주인공이 위선적인 기독교도였던 어머니의 영향을 강하게 받으며 성장해 '세상의 상식'에 공공연히 반기를 들어오다가 재혼 상대가 있는 미국으로 향하지만 결국 상륙하지 않고 귀국해버린다. 그녀는 배 안에서 미국에 대해 "여자들이 관습적인 굴레에서 해방되어 여자의 매력을 발산시킬 수 있고, 자신의 힘만으로 일할 수 있는 생활이 분명 거기에 있을 것이다. 재능과 역량만 있다면 여자라도 남자의 손을 빌리지 않고 주위 사람들에게 인정받을 수 있는 생활이 분명 거기에 있을 것이다. 비록 여자라 하더라도 가슴을 펴고 마음껏 호흡할 수 있는 생활이 분명 거기에 있을 것이다"라고 상상한다. 그리고 한 번은 그러한 "미국에서 여자인 자신이 어떤 위치에 앉을 수 있을지를 시험해보자"라고 결심하지만, 결국 건장한 육체를 지닌 선박의 사무장에게 끌려 사랑에 빠지자 일본으로 돌아와버린다. 이 귀환은 결국 그녀에게 비참한 결말을 가져온다.

아리시마는 이 작품에서 메이지 일본에서 "시대의 묘한 각성을 경험한" 주인공에게 두려운 적은 남자들이었다고 한다. 남자들은 "여자가 가만히 있는 동안에는 은근한 태도를 취하지만 여자가 조금이라도 스스로 일어서려고 하면 돌변해 엄청난 폭왕(暴王)이 되어버린다." 억압적인 남성 지배원리가 관철되는 일본에 반해 미국은 그러한 억압체제 밖에 있는 공간이었다. 그러나 이야기의 주인공은 미국에 도달하지 못한다. 주인공이 미국에 가지 못하는 것은 그녀 자신의 근본적인 불안정, 그 어디에도 자신의 몸을 의지할 장소가 없다는 존재감각에서 자신을 해방시키지 못하기 때문이다. 말할 것도 없이 이 여자 주인공은 아리시마 자신이 투영된 모습이다. 아리시마 역시 깨뜨릴 수 없는 가부장적인 권위 앞에서 두려움에 떨며 자신의 근본적인 불안을 가슴에 품은 채로 결국 정사(情死)했다.

헤테로토피로서의 미국

가라타니 고진(柄谷行人)은 혼다 슈고(本多秋五)의 아리시마론을 이어 받아, 아리시마 작품을 자리매김하기 어려운 까닭은 그의 문학이 "'일본문학사'의 공간 그 자체에서 어긋나 있기" 때문이라고 논했다. 하지만 가라타니는 아리시마가 '일본문학사'에서 어긋나 있다는 이유 를 단순히 그의 미국체류 경험이나 월트 휘트먼(Walt Whitman) 등 미 국 문학에 대한 깊은 심취에 근거해 설명하기를 거부한다. 오히려 아 리시마의 '일본문학사'에서의 어긋남은《어떤 여자》의 부권적인 일본 으로부터의 어긋남에 대응하고 '미국'에 결코 도달하지 못하는 자신 에게도 대응하고 있었다. 가라타니가 말하는 바와 같이 아리시마는 장소의 감각에 예민한 작가였다.《어떤 여자》는 '미국'도 아니고 '일 본'도 아닌 '바다' 위에 계속 떠다녔다. 어쩌면 "그것이 아리시마의 '장소'라고 할 수 있다. 그것은 실체적인 공간은 아니지만 허무도 아 니며 차이성으로서만 존재하는 장소"였다.7)

그러나 "차이성으로서의 장소"란 아리시마에게 미국 그 자체가 아 니었던가. 아리시마에게 '미국'은 자신을 "수용할 수 있는 또 하나의 공간을 발견하는 것도, 사물 각각의 아래에 있는 '공통의 장소'를 규 정하는 것도 모두 불가능"한 헤테로토피(heterotopy, 이소성(異所性))였

던 것은 아니었을까.[8]

여기에서 아리시마의 미국은 결국에는 일본이라는 자기동일성으로 회귀한 그의 스승 우치무라 간조의 미국과는 결정적으로 다르다. 구리타 히로미(栗田廣美)는 아리시마의 동일성 상실의 계기를 그의 미국 경험 안에서 발견한다. 다시 말해 "아리시마는 '미국'과의 만남이 발생시키는 리얼리티 속에서 자신의 아이덴티티를 지탱하는 것이—즉 '일본인이라는 것'도 '기독교 신자라는 것'도 포함하는 '정합적 세계상' 그 자체가—제거당한 것은 아닐까"라고 한다.[9]

아리시마의 자기의식의 형성요인에 대한 구리타의 가설에 대한 시비야 어찌됐든, 아리시마의 미국과의 만남이 일찍이 후쿠자와 유키치와 하마다 히코조의 경우와는 물론 우치무라 간조의 경우와도 전혀 다른 차원에서 발생했다는 점은 분명하다. 히코조나 초기의 후쿠자와의 경우 '미국'은 단순히 '자유의 나라'로서 이상화됐다. 우치무라의 경우 이러한 이상의 미국과 현실의 미국이 현저히 괴리되어 있음을 격렬히 고발하지 않을 수 없었다. 아리시마의 '미국'은 이러한 이상화와 고발을 모두 가능케 하는 동일성을 상실하고 있었다. 거기서 미국은 통합 불가능한 분열성을 띠고 아리시마 같은 인물의 감수성에 반항하고 있었다.

더이상 미국적이지 않은 일본이 어디에 있는가

다이쇼 데모크라시와 '미국'

이와 같이 막말 유신기에서부터 일본인들과 미국의 만남을 개관해 보면, 다이쇼 데모크라시(다이쇼(大正)시대에 나타난 정치, 사회, 문화 각 방면의 민주주의, 자유주의운동을 가리킨다. '다이쇼 데모크라시'에 대한 정의는 여러 가지 설이 있고 그 정의에 따라 기간도 1905~25년, 1918~31년, 1905~31년 등 여러 가지 설이 있지만, 모두 다이쇼 천황의 재위기간을 중심으로 삼고 있다 —옮긴이) 때 윌슨주의의 수용이 막말 이래의 미국에 대한 '자유'의 관념을 핵심으로 한 공화정치적 이미지의 연장선상에 있는 것이었음을 알 수 있다. 말할 것도 없이 다이쇼 시기 일본에서 윌슨주의를 주창한 이는 요시노 사쿠조(吉野作造, 1878~1933. 다이쇼 시기를 중심으로 활약한 사상가이자 정치학자. 일반적으로 민본주의 사상가로 알려져 있으며 다이쇼 데모크라시의 중심에 있었다 —옮긴이)였다. 그는 1916년 《주오코론(中央公論)》에 〈헌정의 본의를 설파하고 그 유종의 미를 거두는 길을 논하다〉를 발표해 내정의 민본주의와 외정의 국제평화주의를 논했다. 또한 윌슨이 국제연맹의 설립을 제창하자 그러한 국제주의야말로 세계대전 후의 세계와 일본의 공동이익이라고 주장했다.

원래 요시노는 제2고등학교 재학중에 세례를 받았고 도쿄제국대학 법과대학에 진학한 뒤 혼고교회에서 에비나 단조(海老名彈正, 1856~1937. 사상가이자 교육자. 기독교 목사이기도 하다—옮긴이)에게 깊은 감명을 받았는데, 기독교 신앙과 데모크라시의 사상을 강하게 연결시키고자 한 점에서 윌슨의 기독교적 인도주의와는 물론 우치무라 간조나 니토베 이나조 등과도 사상적 수맥을 공유하고 있었다. 다이쇼 시기에 이러한 요시노의 활동에 이끌려 데모크라시가 미국적인 이념의 근본으로 받아들여지면서 지지를 받았다. 그러나 러시아혁명과 미국 윌슨 시대의 종말, 제1차 세계대전이라는 역사적 변화 속에서 윌슨주의적인 아메리카니즘의 영향력은 결국 일본 국내에서도 급속히 쇠퇴했다.

이러한 다이쇼 시기 일본에서의 미국 수용은 막말 유신기보다 훨씬 복잡했다. 실제로 윌슨의 국제주의에 대해 보수적인 논자는 매우 회의적이었다. 예컨대 고노에 후미마로(近衛文麿, 1891~1945. 정치가로 제34, 38, 39대 내각 총리대신을 지냈다—옮긴이)는 1918년 《니혼 오요비 니혼진(日本及日本人)》에 〈영미 중심의 평화주의를 배척한다〉를 발표해, 영미에서 말하는 인도주의나 국제연맹에 대한 움직임이 기존의 제국주의 질서의 현상 유지를 배후에서 노리고 있으니 액면 그대로 받아들일 수는 없다고 했다. 고노에에 따르면, 영미가 독일을 "인도(人道)의 적"이라며 비난하는 것은 세계대전의 본질을 감추고 있다. 사실 이

대전은 "기성(旣成)의 강국"과 "미성(未成)의 강국", 즉 "현상 유지를 바라는 국가"와 "현상 타파를 바라는 국가"의 싸움이었다. 일본이 독일과 마찬가지로 "현상 타파를 바라는" 입장에 있으면서 영미의 평화주의를 마치 복음처럼 받드는 것은 국제정치의 현실을 간과하는 셈이다. 오히려 전후 질서의 구축에 있어서는 "경제적 제국주의의 배척"과 "황백인의 무차별적 대우"를 주장하고 영미의 평화주의의 기만을 따져야 한다고 했다.

고노에와 마찬가지로 도쿠토미 소호(德富蘇峰, 1863~1957. 메이지 시대부터 쇼와 시대에 걸쳐 활동한 저널리스트—옮긴이)도 윌슨주의에 대해서는 부정적이었다. 도쿠토미는 원래 미국을 배워야 할 스승, 경모해야 할 기독교 국가, 영걸의 대통령을 갖고 있는 국가로서 친애의 감정을 갖고 있었다. 하지만 러일전쟁 후 이민 문제와 만주 문제, 황화론(黃禍論, Yellow peril. 19~20세기 초에 미국, 독일, 캐나다 등지에서 황인종 그중에서도 주로 일본인과 중국인을 차별하는 현상—옮긴이) 등이 소용돌이치는 가운데 대미감정을 점차 악화시켜, 1913년 캘리포니아주에서 배일토지법(정식 명칭은 캘리포니아주 외국인토지법(California Alien Land Law). 캘리포니아주 의회에서 1913년 가결된 법안으로 시민권 획득 자격이 없는 외국인, 주로 아시아계 이민자들의 토지소유 및 3년 이상의 임차를 금지했다. 조문에 일본인을 지칭한 것은 아니었지만 일본계 이민자들이 늘어나 경제적 압박이 있자 제정됐기 때문에 일본계 이민자들을 몰아내기 위한 법률이라는 의미로 '배일(排日)토지법'이라고 불렸다—옮긴이)이 성립하자 '백벌타파(白閥打破)'를 내세우면서 서구 백인들 세계의 우월을 타파하여 유색인종과의 균형을 달성해야 한다고 주장한다. 이로써 초기의 친미의식은 결정적으로 반미의식으로 반전하게 된다. 도쿠토미 입장에서 보더라도 윌슨의 국제주의는 실제로 열강의 제국주의적 패권을 재확인하는 것에 지나지 않는다. 미국은 "정의와 인도라는 슬로건을 내걸고 있지만 그 실체는 사욕을 추구하는 에고이스틱한 국가"로 간주됐다.[10]

아사쿠사 오페라와 미국 대중문화

미국은 다이쇼 시기까지 지식인의 정치적 담론이나 문학 차원뿐만 아니라 보다 통속적이고 감각적인 대중문화에도 영향을 미치기 시작했다. 그러한 사례가 다이쇼 시기에 전성기를 맞이한 아사쿠사(淺草) 오페라이다. 일반적으로 아사쿠사 오페라는 1912년 데이코쿠극장(帝國劇場)이 이탈리아인 조반니 로시를 가극부(歌劇部)에 초대해 본격적인 오페라 상연을 시도하려 한 데서 그 시초를 찾을 수 있다고 한다. 하지만 몇 년 간 시도된 로시의 가극은 부진을 거듭하다가 결국 가극부는 해산하게 된다. 로시는 그 후 아카사카에 있는 활동사진관을 매입해 오페라 부흥을 시도하지만, 이 또한 2년도 채 지나지 않아 폐관한다. 이리하여 이탈리아식 오페라 직수입의 시도는 실패하지만, 이윽고 로시의 문하생들이 아사쿠사 6구(區)에 재결집해서 아사쿠사 오페라의 핵심을 이룬다.

그러나 이러한 통설은 아사쿠사 오페라의 중심을 담당한 가수들의 경력은 설명할 수 있을지언정, 어째서 다이쇼 시기 아사쿠사에서 오페라가 그렇게 열광적으로 받아들여졌는가를 설명하지는 못한다. 실은 다이쇼 시기까지 아사쿠사에서는 오페라와 같은 "뮤지컬을 받아들이는 소지"가 이미 형성되어 있었고, 이런 바탕이 없었더라면 한번 실패한 오페라가 다른 곳도 아닌 아사쿠사에서 활발하게 발전할 수는 없었을 것이다. 오사사 요시오(大笹吉雄)는 6구에서 오페라가 큰 인기를 누린 선구적인 사례의 하나로 쇼코쿠사이 덴카쓰 이치자(松旭齋天勝一座. 쇼코쿠사이 덴카쓰가 이끄는 가극 단체—옮긴이)의 버라이어티쇼 성공에 눈을 돌리고 있다.

쇼코쿠사이 덴이치의 공연 포스터(가와이 마사루 컬렉션, 《비주얼 와이드 메이지시대관》, 쇼가쿠칸, 2005에서)

덴카쓰(天勝)의 스승 쇼코쿠사이 덴이치(松旭齋天一)는 일본에서 최초로 '서양대기술(西洋大奇術)'이라고 명명한 마술계의 예능인으로, 메이지 말기에 미국으로 건너가 미국 각지를 돌며 수행했다. 당시 미국식 연출을 대담하게 받아들여 빠른 템포의 쇼 무대를 익혔다. 귀국 후 이들은 무대에서 대부분을 "트럼펫과 아코디언 등으로 이루어진 양악 중심으로 반주했고, 덴이치는 실크 모자에 연미복을 입고 '원, 투, 스리!'라며 구령을 붙였다. 그보다 더욱더 사람들의 이목을 끈 것은 미모의 여인 덴카쓰의 무대 동작이었다. 그녀의 '날개옷 댄스'는 스팽글을 장식한 엷은 비단의 날개옷을 걸치고, 아마 일본에서는 최초였던 도란(Dohran) 화장에 아이섀도를 칠하고 속눈썹을 붙이고, 회전 필

터를 사용해 일곱 색으로 바뀌는 조명 속에서 미국에서 익힌 댄스를
추는” 것이었다. 덴이치가 은퇴한 뒤 덴카쓰는 독립해 버라이어티쇼
형태를 더욱더 발전시켜 아사쿠사에 있는 데이코쿠칸(帝國館) 무대에
올린다. 이것이 크게 히트를 한 뒤 “덴카쓰 이치자는 어디를 가더라도
만원사례라는 백전백승의 장군 같은 모습”을 보였다.[11]

이렇듯 아사쿠사 오페라 역시 처음에는 덴이치와 덴카쓰가 배운 미
국의 대중문화와 연결된 예능으로서 모습을 드러낸다. 이러한 버라이
어티쇼에서 오페라로 이동하는 가운데 일약 스타 자리에 오른 이가
바로 다카기 노리코(高木德子)였다. 그녀 역시 1906년에 아버지 다카기
친페이(高木陳平)와 함께 미국으로 건너가 보드빌(vaudeville) 전성시대
의 미국에서 노래와 댄스, 마임 등을 배웠다. 처음에는 미국인을 상대
로 한 무대에서 끝마무리 쇼를 하면서 지방을 돌았다가 쇼 댄서 기술
을 익힌 뒤 미국을 돌며 공연했다. 이윽고 유럽에도 건너가지만 제1차
세계대전이 발발하여 일본에 돌아온다. 그 뒤 우여곡절을 거쳐 1917
년 아사쿠사에서 〈여군 출정〉을 상연해 대성공을 거두면서 아사쿠사
오페라 붐에 불을 붙인다.

〈여군 출정〉이 성공한 뒤의 오페라 융흥에 대해서는 이미 잘 알려
져 있다. 강조해둘 것은 다카기 등이 6구에서 일으키려고 한 ‘오페라’
가 유럽식 그랜드 오페라가 아니라 오히려 미국식 버라이어티쇼에 가
까웠다는 점이다. 다카기 노리코와 함께 아사쿠사 오페라를 창시한
이바 다카시(伊庭孝)는 오페라를 “한 작품에서 통일된 개성적 작곡을
하는 것이 아니라 유행가를 중간 중간에 삽입해 희극, 풍자에 음악적
색채를 가미한” 것으로 생각하고 있었고, 노리코가 지향한 것도 이른

바 오페라보다는 버라이어티쇼에 가까운 것이었다. 아사쿠사 오페라의 실태가 동시대 미국 대중문화와 연결된 것이었기에 6구의 대중은 이를 환호하면서 맞이한 것이다. 오사사 요시오는 이렇듯 다이쇼·쇼와 초기 아사쿠사에서 대중적 아메리카니즘이 개화한 데 대해 "아사쿠사 오페라든 리뷰식 희극이든 간에 이런 것들은 모두 도시형 문화였고, 그 뒤에는 '미국'이 있었다. 일본 문화의 아메리카니즘은 무대에 입각해보는 한 먼저 아사쿠사에서 일어난다"라고 해설하고 있다.[12]

미국적 도회주의의 범람

제1차 세계대전이 일어날 무렵 일본에서는 한편으로 지식인들의 정치적 모델로서 '자유'와 '데모크라시'의 미국이라는 이미지가 전개되고 있었고, 다른 한편으로 좀 더 버터 냄새가 나는 도시 민중오락의 세계 속에서 미국의 대중문화가 유입되고 있었다. 그러나 1920년대 이후 '미국'은 보다 더 일상적인 소비생활 속에서 널리 침투하는 이미지의 원천이 된다.

디시 밀해서 이 무렵부터 할리우드 영화나 재즈, 광고, 야구를 비롯한 다양한 대중소비재에 이르기까지 미국적 생활양식은 도쿄나 오사카 등 대도시의 중산계급을 매료시킨다. 1920년대 이후 '이국'으로서의 미국이 아니라 오히려 '우리 자신의 일부'로서의 미국이 논단에서도 여러 입장에서 논의되는 좋은 테마가 됐다. 실은 이 두 가지의 '미국'은 동일한 사항의 양면이었다. 막말에서부터 메이지 시기까지 이어지는 흐름과는 다른 20세기적인 '미국'을 둘러싼 자신-타자의식이 부상하고 있었던 것이다.

그렇기 때문에 1929년에 출판된 《아메리카》에서 무로후세 고신(室伏高信)은 더이상 "미국적이지 않은 일본이 어디에 있는가. 미국을 떠나서 일본이 존재하는가. 미국적이지 않은 생활이 우리들 어디에 남아 있는가. 나는 단언한다. 미국은 세계일 뿐만 아니라, 오늘날 일본 역시 미국 이외의 그 무엇도 아닌 것이 됐다"라고 했다. 무로후세에 따르면, 미국은 오늘날 그 문명을 전세계에 수출하고 있다. 이를테면 "세계는 이제 미국 문명의 시대에 들어선 것이다. 미국의 달러가 세계를 지배하고 있을 뿐만 아니라 미국 문명-달러에서 출발한 미국 문명, 곧 달러 시빌라이제이션이 세계를 지배한다."

비단 무로후세뿐만이 아니다. 그 무렵 많은 논자들이 미국론을 썼고 월간지는 몇 차례 미국 특집호를 냈다. 이것은 1920년대 후반에 미국은 이미 널리 일본의 대중의식에서 자리잡고 있었다는 것을 보여준다. 예컨대 니이 이타루(新居格)는 이제 세계는 "각 국가의 색과 냄새와 울림이 국제적으로 신속하게 용해되는 세기"에 들어섰고, 아메리카니즘이 이러한 "각테일시대"의 세계를 석권하고 있다고 했다. 일본에서도 재즈가 젊은 세대들의 마음을 사로잡고 할리우드 영화가 끊임없이 들어오고 있으며 머리 모양에서 화장, 복장까지 젊은이들은 영화의 세계를 모방하고 있다. 미국식 빌딩에 출근하고, 일요일 오후에는 야구 구경이나 드라이브를 하고, 저녁에는 댄스홀에서 재즈를 들으며 춤을 추든가 영화관에서 시간을 보내는 것이 도시의 유행이 됐다고 한다.

니이 이타루는 이러한 아메리카니즘의 생활이나 풍속의 유행이 사상에서 러시아니즘의 유행과 병행하고 있다는 사실을 지적하고 있다. 일본에서는 "러시아풍 이데올로기를 생각하면서 아메리카풍 취미를 갖는 경우가 적지 않으며, 또한 아메리카풍 생활양식으로 생활하고 있는 이른바 모던보이라 할지라도 사회주의에는 결코 무관심하지 않다." 더군다나 이러한 생활의 미국화와 사상의 러시아화는 대립적이라기보다 상호보완적인 관계에 있었다.[13]

비슷한 무렵 오오야 소이치(大宅壯一)는 요즘의 미국화가 도쿄보다 오사카에서 진행되고 있고 오사카는 "일본의 아메리카"가 됐다고 주장했다. 메이지 이후 일본의 근대화는 도쿄의 엘리트들이 주도해왔는데, 이렇듯 발달한 도쿄 문화의 대부분은 서구의 모방이었다. 그런데 제1차 세계대전은 이러한 세계인식을 완전히 뒤바꿔놓는다. 이런 변동 속에서 현대문화의 두 가지 유형으로서 부상한 것이 러시아와 미국이었다. 그중에서도 미국은 "가늠할 수 없는 자금력과 영화를 비롯한 그밖의 선전적 위력을 바탕으로, 일단 전쟁으로 인해 매우 피폐한 문화적 조국 유럽을 풍미했고, 다음으로 동양 여러 국가들과 전세계를 정복하고 있다."[14] 오오야는 이러한 세계대전 후의 유럽과 대지진 후의 도쿄를 대비시킨다. 지진으로 도쿄가 붕괴한 뒤 일본을 정복하고 있는 것은 오사카였고, 오사카에서 번영하고 있는 물질생활 중심의 아메리카니즘이었다. 신문업계나 흥행업계를 비롯한 많은 분야에서 오사카 자본은 옛 도쿄 세력을 압도하고 있었다.

분명 1920년대 오사카에서는 아메리카니즘과 모더니즘이 표리일체를 이루면서 대중소비문화를 확대시키고 있었다. 제프리 헤인즈

(Jeffrey E. Hanes)는 오사카가 이 시기 "모던라이프의 차바퀴를 힘차게 앞으로 밀고나가면서, 모던라이프로 왕성하게 장사를 했다"는 것을 묘사하고 있다. 1925년까지 오사카 인구는 도쿄를 앞질렀고 문화 발신력에서도 도쿄를 웃돌았다. 당시 오사카의 상인들은 티저(teaser) 광고를 도입해 이미지로 소비자를 유혹했다. 오사카의 백화점은 특가판매를 하거나 쇼윈도를 장식했다. 외부에는 카페나 댄스홀, 영화관, 연극 소극장, 대중 연예장, 유원지, 대중식당, 맥주홀 등이 잇달아 들어섰다. 두 세계대전 기간에 오사카가 이렇게 발전하게 된 것은 제1차 세계대전을 계기로 한신(阪神) 일대가 공업화되면서였다. 이와 같은 발전으로 "오사카의 벼락부자들 손에 들어간 돈은 또 다른 투자에 대한 욕망을 자극했고, 그 욕망의 불꽃은 소비산업에 선동되어 한층 더 강화됐다."15)

하지만 오오야가 예언한 도쿄보다 우월한 오사카의 지위는 일시적인 것이었다. 1930년대 이후 대지진을 딛고 부흥한 도쿄에서는 긴자(銀座)가 아메리카니즘을 꽃피운 무대가 됐다. 당초 문명개화의 모델로 건설된 이 거리는 빅토리아시대 영국의 대로를 모방한 것이었고, 지진 전까지는 이곳에 개점한 '프렝탕(printemps)'이나 '시세이도(資生堂)' 같은 상점이 프랑스 취향을 전면에 내세우고 있었다. 하지만 지진 후 긴자는 일거에 아메리카니즘이 휩쓸게 된다. 1931년에 나온《긴자 세견(銀座細見)》에서 안도 고세이(安藤更生, 1900~70. 미술사가이며 와세다 대학 교수였다—옮긴이)는 다음과 같이 말한다. "오늘날 긴자에 군림하고 있는 것은 아메리카니즘이다. 우선 그곳의 보도를 걷고 있는 남녀를 보라. 그들의 분장과 그들의 자태는 모두 미국 영화의 모방 이외에

무엇이 있단 말인가.……오늘날
긴자의 레스토랑에 가장 많은 것은
프랑스 요리가 아니라, 물을 포도
주 대신으로 하는 아메리카풍 런치
이다. 곳곳에 있는 카페에서 울리
는 음악은 아메리카 취향의 재즈이
다.……긴자의 프랑스 취향은 이
젠 한편의 과거에 대한 추억에 머
물러 있을 뿐, 이윽고 저 에도 취향
에 대한 것과 같이 주변적인 것이
되고 말 것이다. 이를 대신하는 것
은 대자본과 스피드와 영화의 아메
리카니즘이다.”

쇼와 초기 긴자의 모던걸(촬영 가게야마 고
요, 《쇼와 2만 일의 전(全) 기록》, 제1권,
고단샤, 1989).

　부언하자면 당대의 동아시아에서 아메리카니즘이 침투한 곳은 일
본 본토만이 아니었다. 특히 상하이와 경성(서울), 혹은 마닐라 등에서
도쿄나 오사카의 모더니즘과 동시대적인 ‘미국’이 일상의 문화풍경에
들어가기 시작했다. 예컨대 경성은 식민지 아래의 조선에서 유일하게
모더니즘과 직결되는 공간을 형성하고 있었다. 물론 경성의 모더니즘
은 도쿄를 경유하는 경우가 적지 않았지만 직접적인 요소도 있었다.
영화에서는 할리우드 영화가 1920년대에 수입된 영화의 대부분을 차
지하면서 식민지 아래의 사람들에게 ‘미국’의 이미지를 전하고 있었
다. 할리우드 영화는 경성의 젊은이들에게도 모더니티의 상징이었다.
이러한 영향으로 경성의 젊은 여성들은 걸음걸이가 크게 바뀌었고, 모

던걸은 은막의 히로인이 했던 머리 모양이나 화장, 복장, 말투, 포즈까지 흉내 내고 있었다. 그와 동시에 기독교 선교사들의 영향으로 조선의 모더니스트들에게 '미국'은 제국 일본의 거짓 근대와는 다른 '풍요롭고' '자유로운' 근대의 표상으로서도 받아들여지고 있었다.

《바보의 사랑》의 아메리카니즘

다이쇼 이후 일본에서의 미국 수용을 개관하면서 느끼는 점은 이 시대의 '미국'이라는 표상이 띠고 있는 젠더적인 의미이다. 실제로 1920년대 아메리카니즘의 유행을 상징적으로 보여준 것은 모던걸의 성적 신체성의 이미지였다. 이 시대 모던걸은 시대의 상징으로서 잡지나 소설, 광고, 영화, 유행가 등에서 빈번히 거론되고 있었다. 1924년 다니자키 준이치로(谷崎潤一郎, 1886~1965. 메이지 말기부터 활동한 탐미주의적 소설가. 작품은 《세설》, 《열쇠》, 《바보의 사랑》 등이 있다—옮긴이)는 마치 동시대의 아메리카니즘 담론을 선취라도 하듯이, 《바보의 사랑(痴人の愛)》에서 "메리 피크포드와 닮은" 나오미 상(像)을 그려냈다. 즉 1920년대 아메리카니즘 속에서 떠오르는 근대의 상품성을 모던걸의 창부적(娼婦的)인 이미지에서 발견하고 있는 것이다. 더 나아가 다니자키의 소설은 이러한 '상품성/창부성(소비 대상으로서의 여성)'이 '미국(=할리우드 영화)'에 자신을 기탁함으로써 일본인의 전통적인 남성성에 대해 우월적인 입장에 설 수 있음을 예리하게 간파하고 있었다.

　이 소설 속에서 주인공 조지와 나오미는 신혼집으로 서양식 집을 빌려 살면서 벽에는 미국의 여배우 사진을 걸어두었다. 그리고 이 '동화집'을 무대로 할리우드 영화의 다양한 장면을 흉내 내는데, 마침내 나오미는 이러한 할리우드 같은 환시(幻視)를 현실로 이행시켜 자신을 철저하게 상품화함으로써 조지의 어정쩡한 서양지향에 대해 우월적인 입장을 획득한다. 그럼에도 불구하고 나오미는 조지에게 경제적으로 계속 의존하고 있었고 도시의 남성들에게 그녀는 성적 욕망의 대상에 지나지 않았다.

　다시 말해 나오미는 모던한 상품으로서 조지의 욕망을 지배하지만 여기서 드러나는 시선의 관계는 동시대 자본의 작용을 사람들이 얼마나 내면화하고 있었는가를 보여주고 있을 뿐이다. 모던걸이 자신의 성을 상품화함으로써 그간의 남성적 영역에 대해 우월하다는 관점 자체가 이 시대의 가부장적인 권력, 그리고 제국의 수도 도쿄의 시선이 두려움과 함께 상상한 미래였던 것이다. 그뿐만 아니다. 고미부치 노리쓰구(五味渕典嗣)가 동시대의 맥락에서 상세히 논증한 바에 따르면, 다니자키는 나오미의 시선으로 당시 미국에서 논의되고 있던 배일이민법(미국에서 1924년 7월 1일 시행된 법률. 이 법률은 기존의 귀회·이민법을 약간 수정하기 위해 제정된 '이민법의 일부 개정법'을 가리킨다. 즉 '배일(排日)이민법'이라는 독립적인 법률이 있었던 것은 아니고, 일본에서만 사용되던 명칭이다. 그 내용은 미국 이민을 희망하는 자를 국가별로 제한하는 것으로, 일본인만을 대상으로 한 법률은 아니었다―옮긴이)의 인종주의를 주제로 다루고 있었다.[16] 다니자키의 작품에서는 이 시대 일본과 미국의 시선의 교차가 실로 몇 겹으로 중첩되는 담론의 자장 속에서 부상하게 된다.

그렇다고는 해도 여전히, 마사오 미요시가 지적한 바와 같이, 1920년대에서 1930년대에 걸친 다니자키의 작품에는 "밝고, 말수가 많고, 거침없고, 관능적인" 서양과 "매우 음울하고, 확실하게 표현하지 않고, 억제되고, 쾌락을 결여한" 일본을 대비적으로 파악하는 시점이 자기해학적인 의식을 매개로 삼아 일관되게 저변에 흐르고 있었다. 1920년대에는 지루하고 "어두운 일본"보다 "밝은 서양" 특히 할리우드 같은 미국에 불가항력적으로 유혹당하는 주체가 묘사되어 있는 데 반해, 1930년대가 되면 '일본'의 음울함을 받아들이는 자기상이 농후하게 드러난다. 다니자키가 그려낸 이러한 옥시덴탈리즘의 전회(轉回)에는 어떤 구조적인 연속성을 확인할 수 있다.[17]

제1차 세계대전 후 일본에서의 아메리카니즘은 이미 거꾸로 뒤집어놓은 내셔널리즘, 즉 서양적인 시선을 내면화한 '일본회귀'를 내포하고 있었다. 도시의 대중문화 속에 침투하는 '미국'은 일방적으로 서양의 문화적 영향으로서 일본에 다가온 것이 아니라 늘 그 반작용으로서 '타자'인 미국과 관계를 맺는 자기인식을 일본 사회 안에 키우고 있었다. 이리하여 균등하지 않은 관계를 통해 내셔널한 주체가 확립되어가는 과정이 다이쇼 이후 '미국'과의 관계에서 이미 존재하고 있었다. 그리고 1930년대 이후 '일본으로의 회귀'는 이러한 모방의 욕망을 매개로 해서 비로소 가능케 됐다.

귀축미영과 미국의 유혹

미국에 끊임없이 유혹당하는 일본

일본인의 미국에 대한 높은 관심은 일본의 아시아 각지에 대한 침략이 본격화하고 현실의 미·일 관계가 악화하는 1930년대 후반, 그리고 실제로 미국과 전쟁 상태로 돌입하는 1940년대에도 여전히 모습을 바꾸어가면서 지속된 것으로 보인다. 아시아·태평양전쟁이 한창일 때 일본의 대중들은 겉으로는 '귀축미영(鬼畜美英. 두깨비나 짐승 같은 미국과 영국이라는 의미로, 제2차 세계대전 당시 미국과 영국을 물리치자는 구호로 사용됐다—옮긴이)'을 외치고 또 이를 관념상으로는 믿으면서도, 동시에 미국을 강하게 의식했을 뿐만 아니라 때로는 미국을 무의식적으로 계속 욕망한 것처럼 보인다.

제1차 세계대전 이후 태평양이나 아시아에서 일본과 미국의 패권이 충돌하자 대중적 담론에서도 "가상의 적(敵)으로서의 미국"이라는 언급이 급부상하면서 일본과 미국의 미래 전쟁을 다룬 대중소설이 널리 읽힌다. 그 선구적인 것으로는 1897년에 《분게이쿠라부(文藝俱樂部)》의 특별호로 출간된 《미·일 개전 미래기》까지 거슬러 올라가지만, 붐의 효시가 된 것은 1911년에 호머 리의 소설을 번역 출판한 《미·일 필전론》과 《미·일 전쟁》이라고 할 수 있다. 그리고 1914년에는 몇 년 전 《그 일전(一戰)》에서 동해(일본해) 해전을 그려 인기를 누린 미즈노 히로노리(水野廣德, 1875~1945. 해군 군인이자 군사평론가—옮긴이)가 이번에는 미래의 미·일 전쟁을 상상한 《다음 일전》을 출판한다. 나아가 1920년대에는 워싱턴회의에 대한 반발도 있고 해서 《미·일 만일 싸운다면》(1920)이나 《미·일 전쟁 꿈 이야기》(1922) 등이 잇달아 출판됐다. 그 외에도 미야자키 이치우(宮崎—雨)의 《미·일 미래전》(1923)을 비롯해 《미·일 싸워야만 하는가》, 《미·일 전쟁 미래기》, 《일본 위기, 미국이라는 화(禍)가 닥치다》도 출판됐다. 이와 같이 '미·일 개전'은 현실보다 이미 20년 전부터 상상되고 있었다.[18]

그러나 이러한 수많은 미국과 일본의 미래의 전쟁이야기가 유행한 것은 미국에 대한 적대의식뿐만 아니라 미국에 대한 욕망 또한 강하게 내포하고 있었기 때문은 아닐까. 실제로 미·일 개전 전후로 해서 많은 잡지가 미국 문제를 특집으로 다루고 있는데, 거기서는 미국과 일본의 군사적 긴장뿐만 아니라 아메리카니즘의 평가가 문제시되고 있었다. 어떤 논자는 "우리 주위를 되돌아보면 우리 국민의 실생활 안에는 놀라울 정도로 광범위하게 미국적 양식이 침윤해 있다. 근대적 생활양식에서 기술적으로 편리한 것은 거의 모든 것이 미국풍이다"라며, "실생활의 외면적 양식에서 미국의 문명주의적인 것이 너무나 가까이 있기 때문에, 그 실체에 대해 본질적인 기예와 비판이 망각되고 말았다"라고 비판했다.[19] 또 어떤 논자는 "우리 국민 대부분이 미국적 유물 문명에 현혹되어 남몰래 두려워하고, 또는 이를 고도선진문화인 듯 과대하게 평가한다"라고 논했다.[20] 또 다른 논자는 일본의 아메리카니즘 범람을 불식시키고 이 나라의 문화적 전통을 회복하기 위해서도 미국과의 전쟁은 필연적이라고 논했다.

1942년 《분가쿠카이(文學界)》의 지상에서 개최된 '근대의 초극' 논의에서도 아메리카니즘이 하나의 중요한 테마였다. 여기서 쓰무라 히데오(津村秀夫)는 필리핀, 말레이, 자바, 미얀마의 각 지방에서 미국영화의 수입이 전체의 75퍼센트 가량 차지하고 있었고, 제1차 세계대전 이후 아시아를 풍미한 것은 영국의 영향보다 오히려 아메리카니즘이었다는 점을 강조했다.[21] 사실 할리우드 영화의 최신작이 미·일 개전 직전까지 일본에서 상영되고 있었다. 일본인은 전전부터 이미 미국에 대한 굴절된 감정을 품고 있었고, 이는 전시체제에서도 사라지지 않았다.

일본과 미국의 시선의 불균형

이러한 상황은, 군사적으로 적대시하는 '일본'을 '야만스러운 적국(노란 원숭이)' 이상의 문화적 의미는 없는 것으로 보고 있던 미국의 상황과는 현저하게 불균형적인 관계를 드러내고 있었다. 다시 말해 미국 입장에서 적국 일본은 냉철한 관찰의 대상으로 다양한 사회과학적·분석이나 조사, 실험이 이루어져야 할 소재였다. 이를 위해 인류학이나 사회학, 사회심리학, 역사학 등 온갖 지식이 동원됐다. 특히 국무성에서는 이미 1942년에 전문가들이 전후에 예상되는 일본 점령정책에 관해 광범위한 조사 연구를 시작하고 있었다. 그리고 청년 라이샤워(Edwin O. Reischauer)는 전후에 천황을 미국의 '괴뢰'로 이용할 가치나 일본계 미국인의 프로파간다적 가치를 고찰하기도 했다.[22]

이와 마찬가지로, 전후에 이름을 알리는 일본 연구자들이 일본인의 특성이나 사회구조에 대한 연구에 종사하고 있었다. 또한 프랑크 카프라(Frank Rosario Capra)가 만든 육군성의 프로파간다 영화 〈그대의 적, 일본을 알라〉(1944)에는 여러 일본영화에서 가져온 단편이 이용되고 있었다. 비록 편견으로 가득 찬 것이긴 하지만 영상을 '실증적' 데이터로 이용하면서 검증하고 여기에 일관된 '이론적' 설명을 하려는 자세가 표명되어 있었다.

같은 시기에 이러한 관찰자적인 시선이 일본에서 미국으로 향하는 일이 설령 있었다 하더라도 매우 드물었다. 일본 입장에서 미국은 욕망이나 증오의 대상이긴 했으나 분석이나 관찰의 대상으로 전략적인 자리매김을 하지는 않았다. 일본은 오히려 '미국'을 끊임없이 욕망하면서도 '귀축미영'이라는 환상적인 표어로 적국 미국의 실체를 시야 밖으로 몰아내고 타자로서 직시하는 것조차 피하면서 내폐되어 있었다. 일본과 미국 사이에는 군사-경제적인 불균형뿐만 아니라 이러한 문화적인 시선의 불균형이 있었던 셈이다.

타자로서의 모더니티

이 장에서는 페리 내항에서부터 미·일 개전까지 근대 일본의 '미국'이라는 타자의 수용과 표상방식에 대해 살펴보았다. 개괄하자면, 근대 일본인들에게 미국이란 모더니티 그 자체였던 것으로 보인다. 다시 말해 근대 일본 내부의 '미국'에는 부국강병을 추진하는 천황제 국가가 체현하는 근대성과 연동하면서도 거기에 완전히 수렴되지 않는 '타자로서의 근대성' 이미지가 집약되어 있었다.

예를 들어 전쟁기까지 일본에서 미국의 정치나 사회, 풍속이 가장 강하게 사람들을 매료하고 있던 시기는 대략 막말 유신기와 다이쇼· 쇼와 초기라는 두 시기이다. 이는 바로 천황제 국가의 시스템이 확립되기 이전과 위기에 놓인 시기에 해당한다. 즉 전전기(戰前期)까지 일본에서 '미국'에 대한 사람들의 관심은 천황제의 국가주의적 권위질서의 구축이나 요동과 반비례하는 방식으로 성쇠를 거듭해온 것이다.

잊어서 안 될 것은 천황제적인 권위도 미국의 이미지도 모두 19세기 중반 이후 일본에 있어 근대 그 자체였다는 점이다. '미국＝타자로서의 근대성'의 이미지에 포섭된 것은 처음에는 '자유'의 나라라는 이미지였고, 이윽고 그 자유 이면에 있는 빈부와 차별, 약육강식의 현실에 대한 인식이었다. 나아가 다이쇼 시기가 되면 소비적인 모더니티로서의 '미국'이 할리우드 영화나 새로운 라이프스타일의 이미지와 결부되어 도시적인 일상을 석권했다. 이 미국은 에로틱한 타자로서 여성을 바라보는 동시대의 시선에 의해 종종 모던걸의 전형적인 모습에 체화되어 있었다.

한편 미·일 관계가 악화되면서 급기야 전쟁으로 치달았을 때도 일본 사회는 마지막까지 '미국'을 '귀축미영' 같은 표어 차원을 뛰어넘어 열등하고 잔인한 타자의 구체적인 모습으로 그릴 수 없었다. 이는 다른 한편으로 미국 사회가 매우 손쉽게 열등하고 잔인한 타자로서의 '일본'을 구현화한 것과는 대조적이었다.

메이지 이래로 일본의 근대성은 기본적으로는 천황의 신체, 그 천황의 신체를 정점으로 한 가부장적인 권위의 시스템에 의해 구동되고 있었다. 이 국가적인 근대성이 모델로 삼고 있던 것은 독일을 비롯한 서구 열강이었지, 미국이 아니었다. 그럼에도 불구하고 미국은 이미 막말부터 자유민권운동 안에서, 또 메이지 말기에는 아사쿠사의 민중오락 세계의 풀뿌리적인 차원에서 모더니티의 표상으로 받아들여지고 있었다. 이윽고 그 미국이 한편으로는 다이쇼 데모크라시에서의 윌슨주의의 이상(理想)으로, 다른 한편으로는 할리우드 영화로 상징화되는 에로틱하고 소비적인 아메리카니즘의 분류(奔流)로 변모해간다.

이와 같은 '아래로부터'의, 내셔널한 자신의 외부를 향해 개인의 욕망을 개방해나가는 방향성(vector)을 내포한 근대는 분명 천황을 정점으로 한 가부장적인 근대에 일견 대항하는 듯하면서도 실은 양자가 서로 보완적인 관계를 내포하고 있었던 것은 아닐까.

이윽고 아시아·태평양전쟁의 패배로 그동안 제국을 형성하고 있던 일본이 미국의 헤게모니 아래로 편입되자 이 두 가지 근대성은 이젠 모순이나 어긋남을 해소하고 포옹 = 결합되어간다. 이러한 '포옹'이 결국에는 전후 일본을 반세기 이상 속박할 정도로 안정적인 구조를 탄생시킨 원인을 파악하기 위해서는 아무래도 전전(戰前)부터 천황제와 아메리카니즘이 단순히 대립하고 있었던 것은 아니었음을 재확인할 필요가 있다.

다시 말해 미국이라는 근대는 천황이라는 또 하나의 근대와 제국으로서의 일본의 발전사를 통해 자유민권운동과 다이쇼 테모크라시, 번화가의 민중오락이나 모던걸이 활보하는 거리, 다양한 장면에서 끊임없이 교차하고 혼합되어왔다. 물론 전쟁이 격렬해지자 '천황'이라는 근대는 '미국'이라는 근대를 그 외부에 두고 '귀축미영'을 주창하기 시작한다. 그러나 전쟁시기의 일본이 어쩌면 마지막까지 '미국'과의 감정적 결합을 끊을 수 없었던 것은 이 무렵까지 이미 일본 사회가 근대성을 깊숙이 내포하고 있었기 때문이며, 그 근대성은 결코 천황을 정점으로 한 가부장적인 구조만으로는 성립할 수 없었기 때문인 것으로 보인다.

제 2 장

점령군으로서의 '미국'

맥아더가 왔다

맥아더, 아쓰기에 내리다

페리가 내항한 뒤 거의 1세기가 지난 1945년 8월 30일 연합군 총사령관 더글러스 맥아더는 하늘에서 일본 본토로 내려왔다. 다음날 신문은 당시 상황을 다음과 같이 전하고 있다.

잠시 후 별 문양이 들어간 거대한 고래 뱃속에서 은색의 사다리가 내려왔다. 문이 열렸다. 모두 침을 삼킨다. 드디어 맥아더 원수가 나타났다. 상의 없이 엷은 카키색 옷에 색안경, 그리고 커다란 파이프, 오랜 남쪽 지방 생활을 한 그로서는 비교적 타지 않은 연붉은 볼을 하고 있다. 66세 치고는 젊다. 사다리를 내려오기 전에 문 앞에서 잠시 서서 좌우를 둘러보고 사진반을 위해 포즈를 취한다. 이윽고 사다리를 내려와 비행장 잔디 위에 섰다.[1]

맥아더가 타고 온 것은 더글러스 C54 수송기 바탄호였다. '바탄'이
란 일찍이 일본이 필리핀을 침공했을 때 미·필리핀군이 마지막까지
싸우면서 수많은 희생자를 낸 반도의 이름이었다. 그리고 이 바탄전
투에서 미 본국의 지원을 받지 못하고 압도적으로 우세한 일본군에
대항하는 용장 맥아더라는 이미지가, 맥아더라면 다소나마 '진주만
공격'의 설욕을 해줄 것이라는 기대를 받으며 미국 본토에서 만들어
졌다.

이윽고 맥아더가 오스트레일리아로 도망간 후 웨인라이트 장군이
이끄는 7만 6천 명의 미·필리핀군이 투항하지만, 일본군은 그들에게
'죽음의 행진'을 강요해 1만여 명이 목숨을 잃었다고 한다. 이와 같이
'바탄'은 일본에 대한 굴욕의 기억과 결부되어 있었다. 일본 점령을
지휘하는 연합군 총사령관(GHQ)의 중심에는 이 바탄전투 이래로 맥
아더의 지휘 아래 일해온 장병들(바탄 갱)이 포함되어 있었다. 맥아더
에 의한 일본 점령은 많은 면에서 필리핀에서의 4년 가까운 대일전쟁
의 연장선상에서 시작됐던 것이다.

그러나 맥아더가 일본을 방문한 것은 1945년이 처음은 아니었다.
러일전쟁 직후인 1905년 청년 장교였던 그는 미 육군 고관이었던 아
버지와 어머니를 도쿄에서 만나 함께 요코하마, 교토, 고베, 나가사
키, 그리고 아시아 각지를 8개월 동안 긴 여행을 했다. 이듬해 이 여행
의 마지막 행선지로 도쿄와 요코하마에서 3주일을 보냈고 일본의 군
인들과도 만났다. 그 후로도 미국에서 필리핀에 부임하는 도중에 요
코하마에 들린 적이 있었다. 1937년에는 필리핀의 케손 대통령과 동
행해 일본을 방문했고 히로히토(裕仁) 천황과도 만날 뻔했다.

맥아더는 인생의 많은 시간을 필리핀에서 보냈기에 일본이 본디 먼 나라는 아니었을 것이다. 제국의 전초기지 필리핀에 발판을 둔 이 장군에게 일본은 오랜 시간 최대의 위협이었고, 일본의 제국주의를 억눌러 미국 중심의 지배질서를 아시아·태평양지역에 세우는 것이 커다란 관심사였던 것으로 보인다.

따라서 점령군 총사령관이 될 때까지 맥아더의 족적은 제국화하는 미국의 엘리트 군인이 아시아의 식민지에서 아시아 총독이 되어 마침내 동아시아 최대 제국의 중심에 들어가는 과정이었다고 할 수 있다. 그는 젊은 나이에 육군의 참모본부장이라는 높은 지위에 올랐지만, 뉴딜정책과는 맞지 않아 본국의 육군성이나 국무성에서 멀리 떨어진 식민지 필리핀을 거점으로 미국의 패권을 대표하는 지위를 구축해갔다. 이윽고 1942년에 일어난 일본군의 필리핀 침략과 미·필리핀군의 패주, 그리고 반격이라는 일련의 과정을 통해 맥아더는 일본 점령을 지휘하는 사령관뿐만 아니라 아시아 지역에서 미국의 군사적 헤게모니에서 견줄 바 없는 상징적인 장군이 됐다.

맥아더는 가부장적이고 과도한 자기연출이라는 그의 개성에서 보건대 제국 속령의 총녹이라는 지위가 너무나 잘 어울렸다. 그의 자기연출적인 성향은 이미 제1차 세계대전 무렵부터 시작된 것 같다. 당시 유럽 전선에 참전한 맥아더는 충분히 상대에 대한 효과를 계산하면서 의도적으로 자신을 위험에 노출시켜 보호 장비를 일부러 착용하지 않고 독특한 모자, 승마 채찍, 스웨터, 긴 머플러 따위 군의 정규 복장이 아닌 옷차림을 하는 등 남들의 주의를 끄는 노력을 기울이고 있었다고 한다.[2] 더군다나 이 대전에서 그는 신설된 육군 홍보부에서 신문

검열에 종사했다. 30여 년 뒤 아쓰기 비행장에 내렸을 때 그의 풍모에는 이러한 경험이나 경향이 집약되어 있었다.

트랩 위의 독특한 포즈는 실패?

하지만 맥아더의 일본 상륙이라는 결정적인 순간에서 가장 흥미로운 점은 그의 연기와 일본의 보도 사이에 있었던 기묘한 간극이다. 맥아더는 바탄호의 트랩에서 내려오는 순간 자신의 모습을 주도면밀하게 계산하고 있었다. 훗날 유명해지는 이때의 영상을 보더라도 그가 미디어의 시선에 과도할 정도로 의식적이었다는 점은 분명하다. 그는 도착 당일 일본 정부의 마중은 거절했지만 신문기자단의 취재는 허용했다. 많은 카메라가 둘러싼 가운데 트랩에 서자 그는 순간 멈춰 서서 마치 사진을 찍어 달라고 말하기라도 하는 듯 포즈를 취했다. 군복을 입고 선글라스에 군모를 쓰고 파이프를 입에 문, 그만의 독특한 모습은 분명 패전국에 내려온 새로운 지배자에 어울리는 듯 보였을 것이다.

그렇기 때문에 수많은 '점령'을 둘러싼 담론에서 이날 트랩 위의 위엄에 찬 맥아더의 모습은 다음날 신문에 실렸고 패전국 국민을 압도한 듯 언급되고 있다. 그러나 소데이 린지로(袖井林二郎)가 이미 지적한 바와 같이 실은 일본의 각 신문은 그렇게도 인상적인 사진을 다음날 지면에 싣지 않았다.[3] 예컨대 다음날 《아사히신문(朝日新聞)》에 실린 것은 맥아더와 아이켈 버그 중장이 어깨동무를 하고 미소 짓는 평범

바탄호에서 아쓰기에 내
리고 있는 맥아더 원수.

한 사진이었다. 더군다나 맥아더의 도착은 일본의 새로운 지배자의
등장이라는 결정적인 사건이었음에도 불구하고 심지어 다음날 지면
의 1면 기사가 아니었다. 《아사히신문》의 경우 1면을 장식한 것은 히
가시쿠니노미야 나루히코(東久邇宮稔彦) 내각(전후 첫 총리대신이 된 황족
히가시쿠니노미야를 수반으로 한 내각. 재임기간은 1945년 8월 17일부터 10월 9
일까지로, 역대 최단기간인 54일 만에 내각은 총사직했다—옮긴이)이 민의를
직접 듣기 위해 국민들에게 정부에 투서를 보낼 것을 호소한다는 뉴
스였다. 그보다 훨씬 더 중요한 의미를 갖고 있을 터인 맥아더 원수의
도착 기사는 뒤로 밀려난 것이다.

대체 어째서 맥아더가 스스로 연기하고 포즈까지 취하며 촬영하도
록 한 사진이 다음날 신문에는 실리지 않았던 것일까. 적절한 사진이
없었던 것은 아니다. 시간이 흐르면서 이 트랩 위 맥아더의 사진은 여
기저기서 일본의 항복을 상징하는 사진으로 이용된다. 그러나 1945년
당시에 이 사진은 채용되지 않았다.

그 이유로 우선 생각할 수 있는 것은 다음과 같은 것이다. 첫째로,

이 무렵에는 아직 일본인들 사이에서 맥아더가 일본 점령의 정점에서 초월적인 권력을 행사하게 된다는 인식이 충분하지 않았던 것은 아니었을까. 신문사는 점령 국가에서 맥아더의 존재의 무게를 아직 충분히 이해하지 못했기 때문에 맥아더에게만 초점이 맞추어지는 것이 아니라 다른 장군도 나란히 선 것을 사용하려고 했고, 또한 그를 다루는 데서도 비교적 가벼웠던 것은 아니었을까. 그렇다고 해도 적장 맥아더의 이름은 이미 전쟁 당시부터 일본에서도 알려져 있었으므로 이런 설명에는 한계가 있다.

또 하나 생각할 수 있는 이유는, 당시에는 아직 신문보도가 내각 정보국의 검열을 받고 있었던 때인지라, 맥아더의 강렬한 위엄을 읽을 수 있는 트랩 위의 사진을 천황의 권위를 여전히 고집하고 있는 내각 정보국이나 이를 의식한 신문사가 자제한 것은 아닐까 하는 것이다. 이 경우에는 항복 후 일본의 보도체제는 이미 점령군으로서 맥아더의 중요성을 이해하고 있었고, 그렇기 때문에 트랩 위에 서 있는 사진을 피했다는 셈이 된다.

하지만 이야기는 좀 더 복잡하다. 사실을 말하자면 바탄호의 트랩에 선 맥아더 사진은 일본의 신문뿐만 아니라 《뉴욕 타임스》를 비롯한 미국의 신문에도 보도되지 않았다. 그 무렵 미국 본토 신문이 즐겨 거론한 맥아더의 화제는 그가 일찍이 바탄에서 패주한 뒤에도 남아 있다가 일본군의 포로가 되어 3년을 보낸 웨인라이트 장군과 일본에서 재회했다는, 오히려 눈물겨운 이야기였다. 가혹한 일본군 포로생활을 거쳐 생환하여 복잡한 표정을 보이는 웨인라이트를 밑에서 껴안은 것처럼 포옹하면서 미소 짓는 맥아더는 트랩 위의 선글라스 모습과는 전혀 다른 사람처럼 보였다. 차라리 애정 가득한 형님 같은 분위기를 자아내고 있었다.

이유야 어쨌든 트랩 위에 서서 선글라스와 파이프를 입에 문 맥아더라는 이미지는 1945년 9월 시점에서는 아직 패전국 일본의 일반 대중들은 알 수 없었고, 당연히 일본 점령의 상징적 이미지가 되지 않았다.

그렇다면 대체 언제쯤부터, 또 어떤 경위로 이 낯익은 사진이 미디어에 등장하면서 일본 점령에 대한 공적 기억의 중요한 부분을 차지하게 됐을까. 트랩 위에 선 맥아더의 독특한 포즈가 당시 일본인을 대상으로 해서는 실패로 끝났다고 한다면, 그의 자기연출이 일본의 대중들에게 커다란 효과를 발휘하게 되는 것은 언제부터일까.

물론 대부분의 일본인들은 1945년 8월 15일(엄밀하게는 9월 2일)부터 1952년 4월 28일까지 6년 반에 걸친 점령기를 총사령관 맥아더의 존재와 불가분의 관계에 있는 것으로 받아들이고 있었다. 그는 적어도 1940년대 말까지 압도적인 권력자였으며 일본인 대부분의 일상의식에 강렬하게 박혀 있었다. 그러나 이 결합은 일정 부분 그에 대한 이미지 그 자체에 유래하는 결과일까. 그게 아니라면 이러한 맥아더 이미지는 '짐령'을 통해 우리 속에서 조직된 심적 기제의 산물이라고 생각해야 할까.

맥아더와 천황의 회견 사진

이러한 물음을 생각하기 위해 맥아더의 공적 표상을 검토할 경우 피할 수 없는 또 한 장의 사진을 살펴보기로 하자. 아쓰기 비행장에 도착한 지 거의 한 달 뒤 맥아더는 연합군 총사령관으로서 재임기간 중 가장 중요한 의미를 갖는 방문을 받는다. 다름 아닌 9월 27일 히로히토 천황의 방문이다. 당시 천황과 맥아더의 대화 내용에 관해서는 이미 방대한 연구가 있고, 또 여기서 모두 논할 수 없을 뿐만 아니라 이 책의 주제도 아니므로 생략하기로 한다. 여기서 논하고자 하는 것은 이 방문 때 맥아더와 천황이 함께 찍은 한 장의 사진의 수용과 해석에 관한 것이다.

이 회견 사진에 관해서도 이미 실로 많은 것이 논의되어왔다. 사진 속에 함께 서 있는 맥아더와 천황은 여러 기호적인 대립이라는 점에서 전후의 불균형적인 미·일 관계를 표상하고 있다고 여겨졌다. 즉 (1) 큰 키의 맥아더와 작은 천황, (2) 연장자인 맥아더와 젊은 천황, (3) 평상복 차림의 맥아더와 정장을 한 천황, (4) 손을 허리 뒤쪽에 대고 있는 편안한 자세의 맥아더와 직립부동으로 긴장한 자세의 천황, (5) 입을 다물고 카메라를 정면으로 바라보는 맥아더와 다소 굳은 얼굴로 초점이 맞지 않은 천황 등……예를 든다면 얼마든지 있다. 이 모든 점에서 '어른' 미국과 '아이' 일본, 혹은 '남성적'인 미국과 '여성적'인 일본이라는 관계가 상징화되어 있다. 미 육군 전속사진사 제타노 페일레이스(Gaetano Faillace)는 이날 찍은 세 장 가운데 한 장을 채용했다고 하는데, 선택된 사진은 분명 당사자의 의도 이상의 명료함으로 역사적 상황을 요약하고 있는 듯 보인다.

따라서 이 사진은 그동안 전후 일본을 논할 때마다 거의 매번 언급되어왔다. 이 사진이야말로 일본 패전의 상징으로서 수많은 일본인들

히로히토 천황이 맥아더를 방문하는 사진. 오른쪽
사진이 신문에 발표된 것. 아래 오른쪽은 첫 번째
샷, 아래 왼쪽은 두 번째 샷(제타노 페일레이스,
《맥아더가 본 폐허》, 분게이 슌슈, 1983에서)

에게 받아들여진 것이다. 게다가 29일의 신문 지면 때문에 점령군과
여전히 존속한 내각 정보국 사이에 격렬한 충돌이 있었다는 사실도
잘 알려져 있다. 아주 간단히 복습을 한다면, 28일 당일 이 회견 사진
은 일본의 신문사에 흘러들어가 29일 1면에 실리는데, 이에 놀란 내

각 정보국은 이들 신문을 배포하지 못하도록 한다. 그러자 이 조처에 점령군 당국이 격노하면서 〈신문 및 언론의 자유에 대한 추가 조치〉를 27일로 거슬러 올라가 발령해 배포 금지 조처를 해제시킨다. 그리고 이러한 일련의 충돌은 내각 정보국이 해체되는 데 결정적인 것이 됐다.

일련의 경위에서 알 수 있는 것은 틀림없이 맥아더는 사진 이미지의 중요성을 충분히 이해하고 있었으리라는 것이다. 사실 게재된 기사에서는 각 신문사 간에 차이가 있었다. 하지만 기사 내용이나 제목의 다양성에도 불구하고 실린 사진과 배치는 통일되어 있었다. 예컨대 《아사히신문》 등 많은 신문은 며칠 전에 이루어진 뉴욕 타임스 특파원의 천황 인터뷰 기사를 사진과 나란히 실었는데, 《마이니치신문(每日新聞)》처럼 사진만 싣거나 다음날 1면에 UP통신사 사장 휴 베리의 천황 인터뷰 기사를 실은 곳도 있었다. 이러한 다양한 차이에도 불구하고 9월 29일의 지면은 회견 사진의 1면 개제라는 점에서는 대다수 공통적이었다. 이 회견 사진의 게재는 처음부터 GHQ의 명확한 의도를 배경으로 실시된 것으로 보인다. 점령군의 관점에서 본다면 그어떤 기사가 나란히 실리더라도 사진이야말로 사람들의 눈에 직접 호소하는 미디어로서 중요하다고 생각했을 것이다.

회견 사진은 '패전'의 상징?

그러나 아리야마 데루오(有山輝雄)에 따르면 일본 쪽, 즉 내각 정보국이 배포 금지 이유로 내세운 것은 사진 그 자체가 아니라 나란히 실린 미국인 기자의 인터뷰 기사 쪽이었다고 한다. 내각 정보국은《아사히신문》등에 실린 인터뷰 기사에서 천황이 도조 히데키(東條英機, 1884~1948. 현역 군인이면서 총리대신에 취임(1941~44), 패전 후 열린 도쿄재판에서 A급 전범으로서 처형, 군국주의의 대표적 인물이다—옮긴이)를 선전(宣戰)의 조서를 오용했다며 비난한 사실이 밝혀지는 것을 피하고자 했다고 한다.[4] 따라서 1945년 9월 시점에서 천황과 맥아더가 나란히 서 있는 회견 사진이 내포하는 상징적인 차원을 일본의 신문사와 내각 정보국, 그리고 독자들이 어떻게 받아들였는지는 분명치 않다. 그러나 이윽고 인터뷰 기사 쪽은 시간이 지나면서 가치가 감소하는 데 반해, 이 한 장의 회견 사진은 사람들에게 해석되는 가운데 중요성이 더해져 전후 일본의 굴절된 입장을 상징하는 표상으로서 참고하게 된다.

주목할 것은 이 과정에서 맥아더와 대비되는 천황의 모습에서 전쟁에 패하고 점령된 일본을 바라보는 시선이 서서히 부상하게 된다는 것이다. 사카모토 고지로(坂本孝治郎)가 논한 바와 같이 분명 이 사진은 "일본 국민의 눈앞에 점령 권력의 현재(presence)를, 또한 '종전'의 레토릭을 능가하는 '패전·항복'이라는 현실(reality)을 압도적으로 증시(證示)"한 것처럼 보인다.[5]

그러나 우리가 살펴볼 것은, 바로 이러한 해석이 언제부터 어떠한 맥락에서 발생했고 갱신되어왔는가, 또 이러한 해석을 통해 어떠한 역사관이 생산되어왔는가 하는 점이다. 사진은 특정한 의미작용을 처음부터 갖고 있는 것이 아니다. 일정한 사회적 맥락 속에서 바라보고 읽는 것을 통해 다양한 의미를 발생시킨다. 현재적인 관심에서 본다면 이 회견 사진이 전후 미·일 관계를 상징하고 있는 것은 자명한 것처럼 보인다. 하지만 한 장의 사진의 상징적인 의미를 확정해온 것은 해석의 연쇄이며 이는 역사적으로 구성되어온 것이다. 따라서 우리가 해야 할 작업은 이 사진이 전후의 담론 공간 속에서 누구에 의해 어떻게 언급되어왔는가를 꼼꼼히 다시 살펴보는 것이다. 전승국의 최고사령관과 패전국 원수가 나란히 서 있는 한 장의 사진이 패전국 사람들에게 어떠한 의미를 띤 도상(圖像)으로 수용되어왔는가. 거기서 천황상(像)에 대한 지배적인 해석은 한 장의 사진이 어떠한 미디어나 말들과 결부되면서 발생했는가.

예컨대 사토 다쿠미(佐藤卓己)는 "전후의 옥음방송(玉音放送)을 듣고 울부짖는" 사진이 미디어의 조작으로 거의 날조되어간 과정을 흥미롭게 검증하고 있다. 사토에 따르면 옥음방송을 듣고 천황의 '적자(赤子)'들이 울부짖는 사진에는 실은 전시중에 전혀 다른 맥락에서 촬영된 것과 본인들이 의미도 모른 채 포즈를 취하면서 촬영된 것도 포함되어 있었다. 이와 같이 출처가 의심스런 사진이 '8월 15일' 보도에서 '옥음방송'과 결부되고 인용되어가는 동안에 '옥음 사진'으로서의 지위를 확립한 것이다.[6] 사토의 '옥음 사진'의 예시를 살펴보면 구도적으로는 구별할 수 없는 사진들이 '8월 15일'과 결부됨으로써 획일적인 상징성을 띠게 된 사실을 알 수 있다.

사토의 경우, 언제 누가 찍은 것인지 알 수 없는 사진이 '옥음 사진'으로 만들어지는 과정에 초점을 맞추고 있다. 하지만 설령 그 내력이 명확하더라도 사진의 의미는 그것이 배치되는 미디어의 맥락이나 사진에 붙여진 캡션과의 관계에 따라 변화한다. 맥아더와 천황의 회

1985년 8월 15일 항복을 알리는 라디오 방송을 통해 처음으로 천황의 목소리(옥음)를 듣는 신민들(존 다우어, 《패배를 끌어안고서》, 상권, 이와나미서점, 2001에서).

견 사진은 언제 누가 촬영한 것인지 명확하다. 하지만 그럼에도 불구하고 이 사진을 여러 방식으로 의미부여하는 것은 가능했을 터이고, 단순히 '패전의 상징'이라고 할 수는 없다. '회견 사진'의 해석에는 보다 신중한 검토가 필요하다.

맥아더의 긴장, 천황의 당황

그리고 몇 가지의 전제를 새삼 문제 삼으면서 사진을 자세히 살펴보면, 맥아더와 천황의 회견 사진이 촬영됐을 때 카메라를 보다 강하게 의식하고 더 긴장한 이는 실은 천황이 아니라 맥아더였던 것은 아닐까 하는 의구심이 생긴다.

기타하라 메구미(北原惠)는 페일레이스가 촬영한 세 장의 사진의 미세한 차이를 검증하면서 "세 장의 회견 사진은 매우 짧은 간격을 두고 찍은 것으로 보이는데, 그 순간에도 천황은 두 장의 나머지 사진에서 볼 수 있듯이 양 무릎에 힘을 빼고 있는 등 신체의 변화를 보이고 있는 데 반해, 맥아더는 양 팔꿈치를 뻣뻣이 한 채 한순간도 전신의 힘을 빼지 않은 듯 보인다"는 사실을 간파했다.[7] 사진을 보면 확실히 외견상으로는 맥아더가 천황보다 편안해 보인다. 그러나 이 편안함은 인위적인 것으로 카메라 앞에서 계산된 연기였던 것은 아닐까. 이러한 포즈를 취함으로써 아마 맥아더는 점령자로서의 '미국'을 조심스럽게 연기한 것은 아닐까.

그렇다면 천황 쪽은 어떨까. 기타하라가 간파한 것처럼, 천황의 미세한 자세의 변화나 얼떨결에 입을 벌리고 있는 사실이 보여주는 것은 갑자기 이처럼 가까운 거리에서 사진을 찍는 데 익숙하지 않은 신체의 당혹감이다. 전전에 천황의 사진을 찍기 위해서는 카메라맨이 사전에 조사를 받고 수십 미터 떨어진 곳에서만 촬영할 수 있었다. 그러던 것이 갑자기 매우 가까운 거리에 카메라맨이 나타나 "플래시를 터뜨리고 찰칵찰칵 촬영됐다"고 한다.

회견 사진의 촬영은 맥아더 쪽에서는 주도면밀하게 준비된 것이었지만, 히로히토 천황 입장에서 본다면 갑작스런 일이었다. 맥아더는 이 사진이 일본인들에게 갖게 될 의미를 어느 정도 예측했고, 그렇기에 사진촬영을 이 회견의 중요한 일부로 생각하고 있었겠지만, 천황 입장에서 본다면 그는 맥아더 원수와 얘기를 하러온 것이지 사진을 찍으러온 것이 아니었다. 따라서 자신이 지금 왜 사진을 찍어야 하는 지를 충분히 인식할 수 없었던 것으로 보인다.

또 하나 문제는 이 사진을 동시대 일본인들이 어떻게 해석하고 있었는가 하는 점이다. 이미 언급한 바와 같이, 훗날의 대다수 담론은 이 사진을 일본인으로 하여금 '패전'을 실감케 한 충격적인 사건으로서 언급하고 전후 미·일 관계의 상징으로 자리매김해왔다. 사이토 모키치(齋藤茂吉)가 조간신문 사진을 보고 "이런! 맥아더 자식"이라며 분개한 이야기나 다카미 준(高見順)이 "고금 미증유"의 일이라며 충격을 받은 이야기는 잘 알려져 있다. 그밖에도 이 사진으로 '패전'을 실감한 일화는 여럿 있다. 따라서 시간이 지나면 지날수록 회견 사진을 '패전의 상징'으로 간주하는 해석이 일반화한다. 하지만 이 사진이 신문에 실린 1945년 가을 시점에는 반드시 대다수의 독자들이 사진을 '패전'의 굴욕감과 결부시키고 있었던 것은 아니었던 듯하다.

존 다우어도 이 사진을 언급하면서 이를 단지 '패배'를 실감케 한 '굴욕적'인 사진으로만 보는 것은 상상력을 결여한 이해이며, 오히려 이 사진이 드러내는 것은 "최고사령관은 천황을 환대하고 있으며 천황 옆에 서 있다(언제나 천황의 힘이 되어준다)는 것"이었다고 한다.[8] 이러한 미국 쪽의 의도에 대해 보수적인 사람들 사이에서도 일종의 안도감, 즉 "이젠 멸망시킬 것인가/멸망당할 것인가 하는 적과 아군의 관계를 종식시키고, 지배/피지배의 새로운 관계성을 시각화한 데서 오는" 안도감이 생겼을 가능성도 있으며, 맥아더와 천황을 "한 쌍의 커플의 혼례사진"같이 나란히 서게 함으로써 미국과 일본의 '포옹＝결혼'이 축복되고 있었을지도 모르겠다.[9]

더 나아가 이 사진이 당시 '굴욕'이기는커녕 도리어 패전 이전까지의 '어진영(御眞影. 천황의 사진—옮긴이)'과 마찬가지로 숭배의 대상으로 받아들여졌을 가능성도 부정할 수 없다. 기타하라도 언급하고 있는 바와 같이, 사진에 대한 반향을 조사한 도토리현(鳥取縣) 특고과(特高課)는 "일부 폐하의 존엄을 실추시키는 것이라며 불만을 토로하는 자가 있지만, 대부분은 천황의 뜻을 엿볼 수 있어 황송하다"는 듯한 모습을 보이고 있다고 기록하고 있다.[10] 이러한 반응은 특히 지방에서 흔했던 것으로 보이지만 충분한 자료가 남아 있는 것은 아니다.

어쩌면 이러한 반응이야말로 맥아더가 사진의 공표에서 가장 기대한 것이었을지도 모르겠다. 그는 분명 사진이라는 미디어가 지닌 효과를 충분히 알고 있었고, 이 미디어를 통해 일본인에게 모종의 효과를 기대하고 있었다. 그러나 그는 사진 속에서 천황과 나란히 서서 상대를 필요 이상으로 폄하하려고 하지는 않았을 것이다. 그는 적어도 천황을 숭배하는 (것으로 그가 상정하고 있던) 일본 국민들에게 자신이 천황의 보호자임을 보여주려고 했던 것이며, 좀 더 깊이 읽으면 자신에게도 천황과 비교할 수 있을 만큼 숭고함을 지닌 것으로 보여지기를 바라고 있었던 것일지도 모르겠다. 그리고 이 사진을 본 쪽에서도 물론 충격을 받은 이가 있었을지도 모르겠지만, 안도감을 느꼈거나 이것을 여전히 존엄한 것으로 받든 이도 있었을 것이다. 혹은 이 사진을 권력자들의 담합의 증거라고 간파한 이도 있었을지도 모르겠다.

'점령'의 소거와 인간 천황의 현전

미디어 속 맥아더 상(像)의 부재

지금까지 언급해온 두 장의 사진을 둘러싼 다양한 어긋남과 더불어 약 5년에 걸친 '맥아더의 일본 점령'에서 가장 주목해야 할 것은, 점령 당초에는 최고사령관인 자신을 패전 국민들 앞에 그렇게도 열심히 드러냈던 맥아더가 이윽고 본격적인 점령체제가 확립하자 미디어나 사람들 앞에 거의 모습을 드러내지 않게 됐다는 사실이다. 우리는 1945년 9월 27일의 회견 사진이 너무나도 인상적이었기 때문에 맥아더가 점령기를 통해 이 나라의 진정한 지배자가 누구인지를 반복해서 자기현시를 한 것 같은 착각에 빠지지만, 오히려 회견 사진의 게재는 점령군의 표상 전략에서는 예외적인 부류에 속하는 것이다.

사실 맥아더는 점령기를 통해 본래 그가 갖고 있던 강렬한 자기현 시욕에서 본다면 믿을 수 없을 정도로 자신을 '현시'하지 않았다. 1948년 이후 점령 방침을 둘러싸고 연방정부와 충돌하면서 점령지 일본에서 실질적인 영향력이 약화되기 훨씬 이전부터, 즉 그가 글자 그대로 절대적인 권력을 행사하고 있었을 무렵부터 이미 일본의 미디어 속에서도, 대중 앞에서도 맥아더는 애써 자기연출을 억제하고 급기야 밀실에 틀어박혔다. 물론 미디어는 맥아더의 여러 결정이나 방침을 매일 대대적으로 보도하고 있었다. 그러나 맥아더의 모습이 미디어에 드러나는 기회는 확실히 한정되어 있었다.

몇몇 주요 일간지에서 맥아더의 모습이 사진으로 등장한 것이 얼마나 되는지를 조사해보면, 얼굴 사진만 실은 것을 제외한다면 그 횟수는 결코 많지 않았다. 아쓰기 도착 후 도쿄에 진주해 미국대사관에 성조기를 내건 장면, 혹은 점령군 총사령부가 된 히비야(日比谷)의 제1생명빌딩에 들어가는 장면 등 9월까지는 비교적 종종 그 자신의 모습을 드러내지만, 10월 이후에는 격감되면서 전신이 나온 사진은 외국 귀빈을 맞이할 때만 국한된다. 한편 맥아더의 성명이나 담화를 전하는 1면 톱기사에 거의 동일한, 약간 아래 방향에서 찍은 군복 입은 모습의 얼굴 사진이 실리는 횟수가 늘어나면서 맥아더에 관한 보도의 정형적인 패턴이 형성되는 것을 확인할 수 있다.

그렇다고는 하지만, 의외라고 할 정도로 맥아더가 미디어에 등장하는 횟수가 적었던 것은 결코 미디어가 그에 대해 언급하는 일이 적었음을 의미하지는 않는다. 실은 그 반대로 점령기를 통해 맥아더는 이 나라의 어떠한 위정자도 지닐 수 없었던 강력한 권력을 갖고 있었고 잇달아 중요한 결정을 내리고 있었기 때문에 신문이나 잡지가 '맥아더'에 대해 언급하는 일은 매우 많았다. 그는 종종 성명이나 담화, 편지 등의 형태로 자신의 방침을 총리와 정부 요인들에게 전하고 있었기 때문에 미디어는 그러한 성명이나 편지를 보도함으로써 최고 권력자의 의향이 어디에 있는지를 끊임없이 전하고 있었다. 《아사히신문》의 경우 1945년 9월 한 달 동안 맥아더에 관한 기사는 32건, 10월 36건, 11월 26건, 12월 30건, 1946년 1월 29건 등 평균적으로 하루에 거의 1건의 비율로 싣고 있었다. 그 대부분은 그가 최고사령관으로서 내린 지령이나 언명, 회견 등 공적인 것들이었다. 아울러 사람들 사이에서는 점령기의 계획 도로를 '맥아더 도로'라고 부른 것을 비롯해 '맥아더'라는 호칭이나 그에 관한 일화의 유포는 곳곳에서 보였다.

이 정도로 큰 존재였음에도 불구하고 맥아더 자신은 의외라고 할 정도로 일본인 앞에 모습을 드러내지 않았고, 그의 이미지가 대중적인 시선 속에 유통되는 것도 제한되어 있었던 듯하다. 이러한 상황은 예컨대 필리핀의 경우처럼 맥아더의 얼굴이나 모습이 여러 차례 우표 디자인이 되거나 그의 모습이 들어간 은화까지 주조된 것과는 너무나 다르다. 참고로 맥아더 우표는 필리핀, 미국, 한국에서도 나왔지만 일본에서만 발행되지 않았다. 《타임스》에서는 맥아더의 모습이 8차례나 표지를 장식했지만 일본의 주요 잡지에서 점령기에 맥아더를 표지에서 그리거나 그의 특집을 꾸민 적은 없다. 맥아더에 관한 한 사적인 것이라도 분명 화제가 됐을 터인데, 미디어는 그러한 것들을 뉴스의 소재로 삼는 것을 피했고 맥아더 자신도 일본의 미디어 앞에 모습을 드러내기를 꺼렸다.

점령기의 검열체제 — 총력전체제로부터의 연속

점령체제의 확립과 더불어 진행된 맥아더의 이미지 부재화는 아마 이 시기에 강력하게 추진된 미디어 검열과 관계가 있을 것이다. 제1차 세계대전에서 신문검열에 종사한 맥아더의 경력에서 추측할 수 있듯 이 점령기의 GHQ는 일본 미디어에 대해 철저한 검열을 실시했다. 그 중추를 이룬 것은 대적첩보부(Counter Intelligence Section. CIS)에 설치된 민간검열지대(Civil Censorship Detachment. CCD)이다. 이 부대의 검열은 원래 필리핀의 일본군에게서 탈환한 지역에서 군사작전의 일부로 첩보적인 관점에서 기획된 것이었기 때문에 국무성에서 계획되어 있던 일본 점령정책과는 다른 성격을 지닌 것이었다.

연합군의 일본 상륙작전에서 CCD에 기대하고 있던 것은 적의 대항적 활동에 관한 정보수집 등 군사적 성격이 강한 것이었다. 따라서 초기의 CCD는 전신, 전화 등 통신 미디어를 검열하려 했을 뿐 신문이나 방송, 잡지 등 매스미디어까지 다루려고 한 것은 아니다. 그런데 그들이 일본 본토에서 작전을 전개하기 전에 대일 점령이 시작되고 말았다. 점령 시작 시점에는 검열을 담당할 수 있는 적당한 부문이 달리 없었기 때문에 결과적으로 CCD가 점령정책의 검열 전반에서 중심적인 역할을 맡았다. 이리하여 점령기에 CCD의 검열은 영화, 라디오, 신문, 잡지 등 매스미디어를 비롯해 일반 서적, 교과서, 연극, 편지, 전보, 전화 등 사적인 것까지 광범위한 분야에 걸쳐 있었다.

주목할 만한 것은 CCD가 조직을 확대하면서 일본인 조사원을 상당수 고용한 일이다. 실로 광범위한 정보 분야를 대상으로 삼고 있으면서도 CCD 내부에 일본어를 이해할 수 있는 병사는 소수였기 때문에 아무래도 일본인을 고용해서 실제 업무를 진행할 수밖에 없었다. 야마모토 다케토시(山本武利)는 창구에서 미디어 담당자와 접촉하는 하급 검열관이나 조사 대상의 기사를 영어로 번역해서 미국인 감독관에게 전하는 역할은 기본적으로 일본인 직원이 담당했고, 그 숫자는 검열되는 미디어의 증가에 비례해 급증했다고 한다. 이리하여 결국 1947년까지 8천여 명에 이르는 일본인 직원들이 CCD의 지휘 아래 미디어 검열 작업에 종사한다.[11]

이러한 다수의 일본인 채용은 점령군 안에서도 돌출된 것이었다. 일설에 따르면 이들 일본인 직원들 중에는 구 내무성에서 검열에 종사한 공무원도 일부 포함되어 있었던 것으로 추측된다.[12] 예를 들어 마크 게인(Mark Gayn)이 《일본 일기》에서 거론한 사카타(酒田)에서의 일화를 보면 특고경찰에서 해고당한 사람들이 "일본인과 미군 사이의 연락원"으로 재고용됐다.[13] 점령 이전 시기의 검열관들이 전후에 어떠한 경력을 거쳤는지는 분명치 않지만, 점령군에 일본어를 구사할 수 있는 인재가 압도적으로 부족하다는 사실에 실망감을 드러내며 끌어모을 수 있는 대로 일본인 요원을 모았던 것은 분명하다.

보니카 브라우(Monica Braw)에 따르면 1946년 시점에서 8,734명까지 늘어난 CCD 직원들 중에 일본인·한국인은 8,084명으로 90퍼센트 이상을 차지했고 그 대부분이 일본 국내에서 채용된 사람들이었다고 한다. 이들 새로운 직원들에게는 검열의 기초에 관한 간단한 훈련이 실시됐지만, "훈련과정은 그리 철저한 것이 아니"었다. 결국 각 검열관은 "다양한 교범, 사항 목록 및 중요사항 지시서"에 따라 작업을 진행했는데, "중요사항 지시서는 자주 변경되고 추가됐기" 때문에 개개의 처리에서 자의성이 발휘되는 것은 피할 수 없었다.[14] 이로써 전체적인 방향에서 CCD나 그 상위기구인 CIS는 일본 국민의 재교육을 명목으로 내각 정보국이 그동안 담당해온 것과 비슷한 역할을 이어받게 됐다.

검열의 검열과 '점령'의 소거

결국 점령군에 의한 대대적인 검열은 '민주주의'를 강제하기 위해 전시중의 사상탄압과 거의 동일한 수법을 취하면서 점령체제의 근본적인 모순을 드러내게 된다. 맥아더는 모든 미디어에 대해 언론·표현의 자유의 중요성을 강조하는 한편, 문화나 표현의 구석구석까지 엄격한 검열을 실시한 것이다. 더군다나 이 시스템은 금지사항에 검열 사실을 결코 공식적으로 드러내서는 안 된다는 항목을 포함하고 있었다. 출판업자들은 출판물에 검열의 구체적인 흔적을 드러내지 않도록 명령받았고 담당관과 주고받은 것에 관한 기사를 공표해서는 안 됐다. 뿐만 아니라 검열관은 미디어에 '점령군'의 모습이 등장하는 것 자체를 하지 못하도록 해서 마치 일본에 점령자 따위는 없는 듯이 꾸미려고 했다.

점령기 일본에서 점령군의 존재는 압도적인 현실이었음에도 불구하고 검열을 거친 미디어에 그들의 모습은 간접적으로만 등장했다. 거기서는 마치 점령군 따위는 존재하지 않은 듯한 풍경이 펼쳐지고 있었다. 히라노 교우코(平野共余子)가 소개한 흥미로운 일화에 따르면, 아버지의 일 관계로 청춘시절을 점령기의 일본에서 보낸 영화역사가 조셉 L. 앤더슨은 시미즈 히로시(淸水宏) 감독의 영화 〈벌집의 아이들〉(1948)을 봤을 때 "점령군의 존재 흔적을 지우는" 노력이 이루어지고 있었다는 사실에 놀랐다고 한다. "당시 커다란 철도역에는 점령군 병사들로 가득 차 있었음에도 불구하고 그 영화에서는 철도역 장면에서 그러한 분위기가 전혀 없었을 뿐만 아니라, 당시 곳곳에 있던 'RTO(military Railroad Transportation Officer. 군사철도수송부)'의 게시판조차 보이지 않"았다.[15] 이와 같이 검열 사실을 검열하고 점령자의 모습이 드러나지 않게 함으로써 전후 일본에는 마치 자신들만으로 자족하고 있는 것 같은 표상 공간이 만들어졌다.

이러한 맥락 속에서 맥아더에 관한 이미지의 부재, 즉 자기현시욕에 가득 찬 최고사령관이 일본 점령에서는 자신의 노출을 매우 꺼리고 있었던 이유를 발견할 수는 없을까. 미군 병사나 지프, 기지시설에서 영어 표식 같은 작은 것까지 검열로 그 모습을 미디어에서 철저하게 소거하고 있었으니, 검열을 검열하는 체제의 정점에 서 있는 사령관이 자신만 예외인 양 그 위엄을 패전국 국민들에게 과시할 수는 없었을 터이다. 점령군의 검열이 가능한 한 점령군의 존재가 드러나지 않게 하려고 했으니 당연히 그 총사령관의 모습도 보이지 않게 해야 마땅했다. 물론 맥아더는 1948년경까지 강력한 권력을 행사하고 있었을 테니 점령기 일본인은 그의 압도적인 존재를 의식하고 있었을 것이다. 그러나 적어도 점령군은 미디어의 표상에서 맥아더의 모습을 현시하기보다는 은폐하는 쪽에 훨씬 더 힘을 쏟은 것으로 보인다.

점령군의 소거, 다시 말해 일본이 점령되어 있다는 사실을 미디어 표면에서 소거하는 정책은 점령기 검열의 심각한 문제로서 그동안 자주 비판되어왔다. 예컨대 에토 준(江藤淳, 1932~99. 나쓰메 소세키 연구 등으로 유명한 평론가. 전후 일본을 대표하는 문학자이면서 유명한 보수파 논객이다—옮긴이)은 점령군에 의한 교활한 검열전략의 직접적인 효과로서 전후 일본인의 상상력이 "닫힌 언어공간"에 감금되고 말았다고 고발했다. 에토에 따르면, 점령군은 검열에 의한 배제를 통해 역설적인 방식으로 "패전과 더불어 일본에 많은 자유가 주어졌고, 열린 언어공간이 출현"했다는 의제(擬制)를 일본인들 사이에 침투시켰다. 그들의 검열은 "진정한 실감 대신 만들어진 '실감'을, 혹은 진정한 상식을 은폐하는 형식적인 '상식'을 일본인들 사이에 보급시키는 것"을 노리고 성과를 올린 것이다. 에토의 생각으로는 전후의 '자유'나 '민주주의'에 대한 담론은 모두 이러한 최초의 배제를 통해 만들어진 의제 속의 사건에 지나지 않았다.[16]

야마모토 다케토시도 지적한 바와 같이, 에토의 논의에서 중대한 난점은 "검열을 전전(戰前)과의 관계에서 파악하지 않았다"는 점에 있었다. 본디 검열하는 주체 그 자체의 모습을 검열에 의해 드러나지 않게 한다는 검열의 특징은 점령군에게만 특유한 것이 아니었다. 마쓰우라 소조(松浦總三)는 전쟁시기에 이미 내무성 경보국의 검열이 이와 동일한 방향으로 진행되고 있었다는 점을 검증했다. 전쟁시기의 언론통제가 엄격해짐에 따라 검열하는 쪽도 그동안의 복자(伏字) 자체를 없애는 방향을 모색하고 있었다. 내무성은 "삭제를 독자들이 알지 못하도록 문장의 앞뒤를 끼워 맞춰라"고 편집자들에게 명했다고 한다.[17] 따라서 총력전체제에서 이미 검열되고 있다는 사실 그 자체가 드러나지 않게 하는 검열방식으로 이행되고 있었던 셈이다.

하지만 에토 준의 논의가 간과한 또 하나의 결정적인 사항은 점령 기의 미디어 속에서 검열에 의해 소거된 미군, 특히 모습을 드러내지 않는 통수자 맥아더의 장소가 대체 무엇에 의해 보완됐는가 하는 점 이다. 앞서 언급한 히라노는 1946년 1월 1일 이른바 '인간선언' 이후 "천황이 국민들 앞에 모습을 드러내는 것과는 반비례해서 맥아더 쪽 은 자기 자신이 일본 국민의 눈에 직접 띄는 것을 극단적으로 제한하 게 됐다"고 한다. "점령군의 지시로 천황은 황거에서 서민들에게 다가 가 국민과 같은 인간이라는 사실을 강조한 데 반해, 맥아더는 그다지 여행하는 일도 없이 더욱더 총사령부 깊숙이 틀어박혔고 회견하는 일 본인 숫자도 한정했다."[18] 다시 말해서 일본 점령의 체제가 만들어지 는 가운데 표상 차원에서 맥아더는 더욱더 배후로 물러났고 천황은 더욱더 전면에 나오게 된 것이다.

원수, 인간 천황, 가짜 천황

맥아더 원수에게 보내는 편지

클린트 이스트우드 감독이 제작해 2006년에 상영된 이오지마 2부
작 〈아버지의 깃발〉과 〈이오지마에서 온 편지〉는 미디어론적인 관점
에서 보건대 흥미로운 논점을 내포하고 있다(이스트우드 감독은 전화론
으로서 매우 뛰어난 작품이라 할 수 있는 〈어둠 속에 벨이 울릴 때〉(1971)도 있으
며, 이 영화감독·배우가 뛰어난 미디어 비평의식을 갖고 있는 것은 분명하다).
한편 〈아버지의 깃발〉은 이오지마의 격렬한 미·일 전투에서 젊은 병
사들이 섬 정상에 성조기를 꽂는 사진에 어떠한 의미가 부여됐고 그것
이 얼마나 철저하게 정치적으로 이용됐는가를 보여주고 있다. 다른 한
편으로 〈이오지마에서 온 편지〉에서는 전사한 병사들이 가족에게 보
내려고 쓴 편지를 소재로 섬에서 무슨 일이 벌어졌는가를 상기하려고
했다.

이 2부작이 보여주는 것은, 대부분의 일본인들에게 편지가 사진보

1945년 2월 23일 아침 이오지마에 미군 병사들이 성조기를 꽂는 사진(《일본역사 전망 제12권, 전쟁과 평화에 살다─다이쇼·쇼와》, 오분샤, 1982에서).

다 더 중요했던 시절에, 미국에서는 한 장의 사진이 엄청난 정치적 효과를 지닐 수 있었다는 사실이다. 사진은 특정 시각 이미지 쪽으로 대중의 시선을 동원해간다. 이에 반해 편지가 상징하는 것은 친밀한 자타(自他)의 관계이다. 사실 일본을 점령한 미군은 처음부터 사진이라는 미디어의 전략적 중요성에 자각적이었고, 특히 맥아더는 자신의 사진 한장 한장의 정치적 효과를 세심하게 계산하고 있었다. 하지만 그 당시 일본인에게는 사진의 레토릭이 점령군 쪽이 기대한 만큼의 효과가 없었을 가능성이 있다. 오히려 패전 직후 일본인은 자신들의 땅에 들어온 새로운 지배자를 방대한 편지 다발로 둘러쌌다.

패전 직후 일본인들이 무수한 편지를 맥아더 원수에게 보내기 시작한 것은 점령 초기에 히가시쿠니노미야 내각이 민의를 듣기 위해 국민들에게 투서해달라고 호소한 것이 계기가 됐다고 한다. 이 호소가 맥아더 도착의 기사와 같은 날 신문 톱기사로 보도됐다는 것은 이미 언급했다. 이에 부응해 매일 수십 통의 편지나 엽서가 총리관저에 들어왔고 그 숫자가 10월 초순에는 극에 달했다. 히가시쿠니노미야 내각은 단기간에 붕괴했기 때문에 정부에 보내는 투서는 무의미한 것이 되고 말았지만, 그 이전에 패전국 사람들은 더이상 실권은 정부가 아니라 점령군에 있다는 사실, 특히 총사령관 맥아더에게 집중됐다는 사실을 알고 있었다. 따라서 결국 투서의 수신처가 총리에서 원수 쪽으로 이동하는 것은 자연스런 흐름이었다. 이리하여 1946년 9월부터 1951년 5월까지 기록된 것만 보더라도 약 44만 통, 1946년 8월 이전까지 추정값도 포함한다면 약 50만 통의 편지를 패전국 국민들이 점령군 총사령관에게 보낸 셈이 된다.

일본인들의 투서를 받은 GHQ는 담당관이 전부 읽고 영문으로 요약했고 중요하다고 생각되는 것은 전체를 번역했다. 투서는 군사첩보에 관한 것으로 간주되면서 피점령국의 실정이나 사회심리를 파악하는 데 중요한 자료로 간주됐다. 맥아더는 제1생명빌딩에 있었던 총사령부에서 거의 매일 이 편지들을 읽었다. 그는 자신의 마음에 든 것을 선별했는데, 약 3,500통이 버지니아주에 있는 맥아더기념관에 남아 있다고 한다. 맥아더는 한편으로는 자신의 모습이 피점령국 국민들 앞에 드러나는 것을 애써 피하면서도 이러한 직간접적인 수단으로 일본인의 심리나 내부 사정을 살피고 있었던 것이다.

점령기에 맥아더에게 도착한 방대한 숫자의 편지에 대해서는 소데이 린지로(袖井林二郎)의 연구가 있다. 소데이는 편지에 대해 "외래의 지배자를 자신과 대립하는 이물(異物)로서가 아니라 자신 쪽으로 끌어들이는, 혹은 몸을 내맡기고 점령자와 일체화하는" 행위의 국민적 규모의 확산이라는 관점에서 파악했다.[19] 하긴 수많은 편지에 맥아더의 허영심을 자극하는 칭찬이 적혀 있었다. 편지를 쓴 몇몇 사람들에게 점령은 '자비'이며 맥아더는 '아버지'와 같은, 때로는 '신'과 같은 존재였다. 몇몇은 미국에 의한 일본합병을 바라고, 때로는 개인적으로도 원수를 받든다든가 미군 입대를 희망하고 있었다. 사람들은 갖가지 선물을 원수에게 헌상했고 대부분의 경우 맥아더는 그것을 받았다. 그중에는 의견이나 주장과 조언을 하는 이도 있었지만, 대부분은 새로운 지배자에게 부탁을 하거나 아부하는 글이었다.

점령자에게 이렇게도 방대한 숫자의 편지를 보내게 된 배경에는 맥아더가 "저 침범하기 어려운 권력으로 인해 천황과 같은 존재였지만, 그가 천황보다 다가가기 쉬웠고 보다 직접적으로 관계를 맺을 수 있었다"는 패전 국민의 신뢰가 있었다.[20] 사람들은 맥아더를 마치 사제라도 되는 듯이 자신들의 죄를 고백하고 현재의 곤경에서 구제해줄 것을 부탁했다. 그들은 맥아더에게서 자신들의 존재에 새로운 의미를 부여해줄 타자의 시선을 발견한 것이다. 이 시선은 점령군의 압도적인 실재(presence)와 이 시대의 일본인늘 김정의 구조가 결합됐을 때 당시까지 천황제적 감정이 부분 변형을 거치면서 이끌어낸 것으로 보인다.

그렇다 하더라도 여전히 이 편지들은 지배자에 대한 단순한 종속의식으로만 치부할 수 없는 복잡한 문제를 제기하고 있었다. 다우어가 논한 바와 같이, 이 편지들은 단순한 개인숭배의 증거가 아니라 "일찍이 한번도 경험한 적이 없는 패배의 '공간'에 놓인 일본인이 이 공간을 새로운 자기표현으로 채우려고 활발하게 행동한 것"이라는 사실도 보여주고 있다. 사람들은 맥아더의 권위에 아부하는 편지를 보내면서도 단순한 '동양적 복종'이라는 이해로 환원할 수 없는 다양한 욕망을 드러내고 있었다. 그와 동시에 그들은 패전 이전까지의 절대적인 권위에서 해방되어 자신을 표현하면서도 이러한 권위에 의해 키워온 감정의 구조를 완전히 끊지 못하고 있었다. 패전국 사람들은 점령군을 맞이해 새 체제를 환영하면서도 시선의 구조로서는 구체제의 뿌리 깊은 연속성을 남기는 방식으로 새로운 자신을 표현한 것이다.

순행하는 천황을 마중하는 사람들

이러한 의미에서 맥아더에게 보낸 편지나 산더미 같은 선물에 사람들이 담은 것은 '인간선언'을 하고 새로운 순행을 시작한 천황에 대한 사람들의 심정과도 통하는 것이 있었다. 점령기에 정력적으로 진행하는 '인간 천황'의 현전화(現前化) 전략에서 가장 중요한 것은 일련의 지방순행이었다. 일반적으로 이 순행은 이 계획에 부정적이었던 외무성의 반대에도 불구하고 궁내성과 천황을 중심으로 한 세력이 점령군의 승인을 얻어 실현시킨 것이라고 한다.

그러나 순행 실현에 노력을 기울인 것이 궁내성이나 천황이었을까. 아니면 점령군 자체였을까. 적어도 천황의 전후 순행은 맥아더 원수를 대신해 히로히토 천황의 이미지를 새로운 지배체제의 요체로 삼으려는 점령군의 의도에 따른 것이었으며, 그것이 '순행'이라는 형식으로 결부된 것은 미국과 일본의 의도가 일치한 결과인 것으로 보인다.

어쨌거나 1946년 2월 피해복구·인양자 지원 상황을 시찰하기 위해서 가나가와현을 시작으로 군마현, 지바현, 시즈오카현 등으로 행행(行幸)이 이루어졌고, 같은 해 10월에는 아이치현과 기후현으로 일주일 동안 순행했다. 이듬해 1947년에는 6월에 교토, 오사카, 효고, 와카야마의 순행, 8월에는 미야기, 이와테, 아오모리, 아키타, 야마가타, 후쿠시마 등지의 도호쿠(東北) 순행, 9월에는 도치기, 10월에는 니가타, 나가노, 야마나시, 후쿠이, 이시카와, 기후 등지의 호쿠리쿠(北陸)·조신에쓰(上信越) 순행, 11월에는 도토리, 시마네, 야마구치, 히로시마, 오카야마 등지의 주고쿠(中國) 순행 등 불과 몇 년 만에 천황은 혼슈(本州) 대부분의 지방을 돌았다. 이어서 1948년에 잠시 중단됐지만 1949년에는 규슈(九州) 순행, 이듬해 1950년에는 시코쿠(四國) 순행, 1951년에는 교토, 시가, 나라, 미에 순행을 계속한다. 오키나와를 제외하면 마지막까지 남아 있던 홋카이도도 1954년 8월에 순행을 한다. 이러한 움직임과 발맞추어 신문이나 잡지에는 대량의 '인간 천황'의 사진과 기사가 실린다. 이는 메이지 천황의 지방순행의 재현이라는 것 이상으로, 밑신으로 불러진 맥아더의 상징적인 대체항을 히로히토 천황이 맡은 기념할 만한 이벤트였다고 할 수 있지 않을까.

물론 이 전후 순행은 천황의 신체를 국민과 대등한 데까지 끌어내리는 연출 전략이었다. 스즈키 시즈코는 1945년 11월의 이세신궁(伊勢神宮) 참배를 전후 순행의 원형으로 자리매김하면서, 순행이 최고의 전성기를 맞이하는 가운데 '신'에 대한 숭배가 아니라 '상징'에 대한 동경을 유발하는 전략이 확립됐다고 한다.[21] 이 순행은 "천황과 국민이 새로운 관계 표현과 상호의례를 실험하고 학습해가는 과정"이었으며,[22] 이를 통해 "천황은 이른바 유명인으로의 변신"을 이루었다. 하긴 "소프트 모자에 양복과 넥타이라는 새로운 복장으로 어색하게 뒤뚱뒤뚱 걷는" 천황은 그동안 제국의 통수자로서의 천황과는 다른 사람 같았다.[23]

하지만 전후 순행에 대해 주민들의 환영방식이나 사람들의 봉영(奉迎), 신문보도를 검토해보면 전전과의 단절보다는 오히려 연속성이 두드러진다. 예컨대 호사카 마사야스(保坂正康)가 1946년 2월의 가나가와 행행에 대해 검토한 보고는 봉영의 시스템이나 귀환병들의 심정에서 보건대 각지에서 천황이 전전과 동일한 방식으로 받아들여지고 있었음을 보여주고 있다. 호사카에 따르면, 천황 일행이 요코하마의 오쿠치 상점가 가까이에 이르자 상점가 양쪽에는 환영 인파로 가득 찼고 선두에는 상점 주인들이 서서 군중을 정리하고 있었다. 그들은 상점가에서 자경단(自警團) 대신 차출된 이들이었다. 가나가와 행행 이후 천황의 행행이나 순행이 계속 이어지는데, 행행은 점차 규모가 커져 지역의 정치가들도 동원되기에 이르렀다.[24]

이러한 수용 차원에서의 연속성을 보다 현저하게 드러낸 것은 전국지보다 지방지의 보도 태도이다. 《아사히신문》이나 《마이니치신문》 같은 전국지에서는 단편적으로 다루어지는 순행보도가 지방지에서는 전혀 달랐는데, 내방한 천황의 일거수일투족에 관심을 기울이면서 상세한 보도가 연일 대대적으로 이루어졌다. 예를 들어 1947년 10월 천황이 조신에쓰를 방문했을 때 《시나노마치 마이니치신문(信濃每日新

천황의 순행을 보도한
《시나노마치 마이니치신
문》(1947년 10월 8일).

聞)》의 지면은 순행지에서 천황의 행동을 세세하게 보도했다. 이를 살펴보면, 메이지 천황의 순행 장면과 결정적으로는 변하지 않은 것처럼 보이는 옛 방식의 기술이나 스타일이 반복되고 있다는 사실을 알수 있다.

　대부분의 경우 현지 관리들이 시찰지 상황을 설명하고 천황은 "음, 음" 하며 눈을 깜빡이면서 귀를 기울인다. 설명이 끝나면 "더욱더 노력해주길 바라오"라며 언제나 똑같은 말을 반복했다. 주민 가운데 누군가가 발언할 경우에도 "폐하가 와주시는 것만으로도 저희들은 그동안의 고생을 잊을 수 있습니다. 또 죽은 사람들도 만족하리라 생각합니다" 같은 정형적인 감사의 말을 주고받았다. 사실 이러한 감사의 말조차 주민의 발언이 신문지면에 소개되는 사례는 의외일 정도로 적었다. 순행지에서는 감격한 주민이 "서로 손을 붙잡고 왈칵 울어버리는, 늘어선 부락의 사람들도 일제히 눈물을 흘리고 감격에 벅차 말을 잃는" 등의 묘사가 보이는데, 실제로 순행을 마중한 주민이 '인간 천

'황'을 어떻게 말했는가에 대해서는 거의 전해지고 있지 않다.

신문사에는 이러한 순행의 실태에 의문을 느낀 사람들도 있었다. 나가노 행행 후인 10월 16일《시나노마치 마이니치신문》의 사설은 순행의 '신선함'에 회의적인 내용이었다. 사설은 우선 "우리가 배찰(拜察)한 천황은 이른바 '인간 천황'이 아직 되지 않았다"라고 단언한다. 예컨대 "지방에 따라, 장소에 따라 봉영의 태도에도 차이가 있었다. 예를 들어 봉영의 아치가 있는 곳, 없는 곳, 연도의 봉영자들이 만세를 하는 곳, 하지 않는 곳, 혹은 각지에서 폐하의 거의 같은 격려의 말씀에 대해 봉영 장소에 따라 통곡하는 곳과 그렇지 않은 곳이 있는 것과 같이, 봉영 태도에는 연령이나 환경과는 상관없이 군민성(郡民性)이라든가 직장성 같은 것이 나타나 있었다."

더 나아가 이번에 "보기 흉했던 것은 일부의 이른바 유지들이 이 행행을 정치적 목적을 위해 이용한 흔적이 있다는 점이다. 예를 들면 농업과 관련하여 설명하기로 한 이들 대부분은 진짜 농민이 아닌 현의 의원들이 나섰다." 현 당국이나 경찰의 태도도 구태의연한 것으로, "경찰부의 각 과장 같은 자들은 쓸데없이 로보(＝행렬)의 자동차를 늘릴 뿐, 적시적소의 조처를 강구하지 않고 멍청하게 천황 뒤를 따라다니며 관찰지를 돌아다녔을 뿐이다"라며 크게 분노하고 있다.

가짜 천황들의 커밍아웃

하지만 점령기에 천황의 신체를 둘러싸고 발생한 것은 이러한 전통적인 수용의 연속성이라는 틀 안에만 머무는 것이 아니었다. 무엇보다 지방순행에서도 방문하는 곳마다 천황이 "아, 그렇군"이라며 대답하는 것은 종종 놀림감이 되기도 했고, 더이상 권위에 일방적으로 고개 숙이는 것이 아니라 맥아더에게 보낸 편지와 마찬가지로 천황을 둘러싼 표현에 전통적인 권위를 자신들이 편리하게 이용함으로써 자기표현의 가능성을 찾는 태도도 간혹 보였다. 그 전형은 1940년대 말에 잇달아 나오기 시작한 가짜 천황들이다.

잘 알려진 바와 같이, 패전 직후 나고야에서 잡화점을 경영하고 있던 구마자와 히로미치(熊澤寬道)는 바로 자신이 남조(南朝) 정통의 자손이라며 북조(北朝)의 자손인 히로히토의 퇴위를 요구하는 진정서를 점령군 사령부에 제출했다. 구마자와에 따르면, 현 천황은 전범일 뿐만 아니라 지금으로부터 55년 전에 음모와 암살로 황위를 찬탈한 자의 자손이므로 그 황위는 원래 부당한 것이 된다. 본래의 황위 계승자인 남조 천황은 9대째인 신가오(信雅王. 이는 구마자와의 주장일 뿐 실제로는 존재하지 않는다고 한다—옮긴이)가 오와리의 도키노시마에 가서 구마자와라는 성을 사용하면서 지금에 이르렀다. 실제로 구마자와 집안에는 '구마자와 종가 문서'나 계보 등 증거가 남아 있고, 가문의 문장(家紋)은 천황가와 같은 16개의 꽃잎이 들어간 국화 문장을 사용해왔다. 이에 대해 구마자와 가문은 메이지 무렵부터 계속 정부에 탄원서를 올렸지만 번번이 거절당했다. 북조를 받든 일본이 패하고 미국에서 새로운 장군이 부임한 지금이야말로 600년에 이르는 남조 굴욕의 역사를 떨쳐버릴 수 있는 적기이다.

처음부터 왠지 미심쩍은 이야기였지만, 비록 의심스럽더라도 이

구마자와 천황의 뉴스를 전하는 《라이프》지(1946년 1월 21일호).

이야기에 흥미를 느낀 《데일리 텔레그래프》지의 특파원이 구마자와의 인터뷰 기사를 신문에 실었다. 심지어 《라이프》지까지 그의 이야기를 사진까지 넣어 대대적으로 다루면서 이 남조 천황은 주목을 받게 됐다. 1946, 47년 무렵에는 이러한 해외 미디어의 권위도 있고 해서 국내에서도 구마자와가 어느 정도 지지자를 끌어모았다. 구마자와는 오사카에 본부를 두고 전국에 13개 지부를 둔 '남조봉대국민동맹(南朝奉戴國民同盟)'이라는 단체를 설립해 3천 명이나 되는 회원을 끌어모았다고 한다. 어느샌가 '즉위'도 해서 스스로 '다이엔(大延) 천황'이라 불렀고, 심지어 남조와 관련된 요시노(吉野)에 '황거'를 짓겠다고 했다.

상황이 이렇게 되자 구마자와 천황의 인기에 자극을 받았는지, 일본 각지에서 '진짜 천황'이 잇달아 출현했다. 아이치현 쓰시마의 구마자와 노부오(熊澤乃武夫)는 자신이 바로 구마자와 종가의 자손이라고 주장하면서 구마자와 히로미치와 논쟁을 벌인다. 그 무렵 기후에서도 구마자와 도키미쓰(熊澤常光)라는 자가 스스로 '천황'이라며 나타났다. 구마모토에는 두 사람이나 '천황'이 출현해 한 명은 옷깃에 '법의 천황'이라고 새겨놓은 윗도리를 입고 다녔고, 또 한 명은 맨발에 게타를 신고 손에 염주를 걸치고 있었다. 아이치현 도요가와와 후쿠시마현 가쓰라오에서는 남조로부터 황위를 이어받은 조케이(長慶) 천황의 자손이라 주장하는 자가 각각 자칭 '미우라(三浦) 천황'과 '가쓰라오(葛尾) 천황'이라 했고, 오카야마에서는 고카메야마(後龜山) 천황의 후예라고 주장하는 자가 '사케모토(酒本) 천황'이라며 나타났다. 또한 가고시마의 기카이가지마에서는 나가하마 도요히코(長浜豊彦)라는 자가 단노우라 전투에서 패해 물에 빠져 죽은 안토쿠(安德) 천황의 자손이라고 주장했다. 물에 빠져 죽은 줄 알았던 안토쿠 천황이 구사일생으로 살아나 기카이가지마에 숨어 살면서 황통을 남겼다고 한다. 사실 이 섬에는 안토쿠에 관한 유적이나 전설이 상당수 전해져 내려오고 있고, 섬의 신관(神官) 가문에 속하는 '나가하마 천황'은 섬사람들의 지지를 얻고 있었다. 상황이 이 정도라면 가짜 천횡도 난순히 개인의 망상에서 나오는 소산이라고만 할 수 없게 된다. 결국 점령기에 정통 황위 계승권자라고 주장한 사람은 30명을 넘었다고 한다.

　이러한 가짜 천황들의 등장은 이전의 천황제적인 감정을 부정하는 것도 천황의 신체를 둘러싼 욕망의 시스템을 뿌리에서부터 뒤흔드는 것도 아니다. 오히려 가짜 천황들은 천황의 신체에 강렬한 정열로 동일화하고 있었고 사람들의 천황제적인 감정의 구조와 동일한 지평 속에 있었다.

따라서 히로히토 천황의 순행과 가짜 천황들의 등장이 거의 같은 시기에 나란히 일어난 것은 결코 우연이 아니다. 이 시대 히로히토 천황을 지키려는 사람들은 천황의 성스러움을 '인간다움'으로 꾸밈으로써 위기에서 벗어나려 했다. 그러나 이러한 '신성한 것'의 위기에 직면해 사람들 심성의 내면에서 분출한 것은 단순한 세속화의 논리가 아니라 오히려 '신성한 것'과 '놀잇거리'의 혼효화(混淆化) 기제이다. 맥아더가 보다 우월적인 권력으로서 기능하는 가운데 천황의 초월적인 상징으로서의 힘은 약화되면서 무수한 가짜 천황들이 마치 카니발의 가짜 왕과 같은 외잡스러움을 띠면서 발호한 것이다.

카니발 기간은 짧다. 여러 가짜 천황 붐은 점령기가 끝날 무렵에는 거의 식어가고 있었다. 그중에서도 마지막까지 화제가 된 것은 초대 가짜 천황인 구마자와 히로미치였지만, 그의 말로는 글자 그대로 광대 같은 것이었다. 1951년 그는 도쿄지방법원에 천황 히로히토를 피고로 한 '천황 부적격 확인' 소송을 일으켰지만 소송은 기각되고 결국 궁핍해졌다. 어려움에 처한 구마자와는 고베와 도쿄의 극장에서 스스로 '천황'을 소재로 막간 쇼에 출연했으나 그리 주목받지 못했다. 그리고 도쿄 가사이의 '법황청 임시 법무소'를 근거지로 삼아 여기저기 출몰하거나 서커스단을 따라 지방을 돌아다니다가 1966년에 쓸쓸하게 사망한다. 결국 1950년대 중반 이후 가짜 천황이 대중의식에 널리 퍼지는 일은 두 번 다시 없었다. 하지만 이는 반대로 이 무렵부터 전후 천황제가 새로운 안정기에 들어갔음을 보여주고 있다.

《신소우》의 천황 표상

점령기에 천황제의 동요는 잇달아 나타나는 가짜 천황들에게 한정된 것만은 아니다. 전후사에서 '천황'이 이때만큼 풍부한 외잡함을 띠고 거론된 시대는 없었다. 미디어 담론 수준에서는 《신소우(眞相)》를 비롯한 잡지들이 이 시기의 천황 이미지를 대담하게 표상하고 있었다. 《신소우》는 1946년 3월에 창간되자마자 순식간에 2만 부를 매진하는 등, 전성기에는 10만 부가

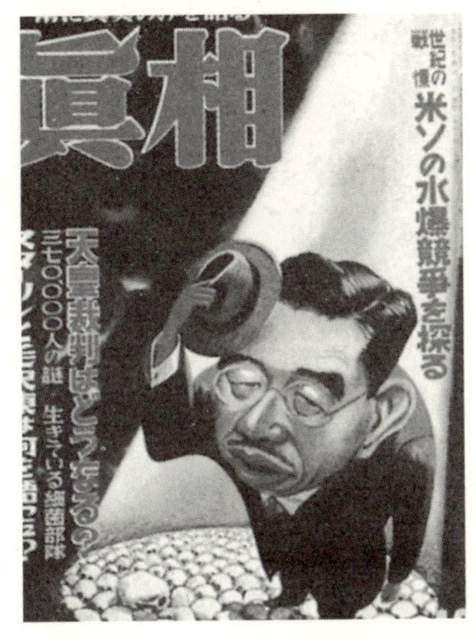

《신소우》(제40호, 1950년 4월).

넘는 판매부수를 자랑했다. 공산당의 강한 영향 아래 출간됐고 당초에는 《천황평론》으로 출간하려고 했을 만큼 천황 관련 이야기에 집념을 불태웠다. 특히 '천황'에 관한 가십거리는 이 잡지의 독무대였다. 이는 〈히로히토 군을 해부하다〉, 〈히로히토 일가의 배급생활 탐방기〉, 〈역시나 천황은 빗자루이다〉 등의 기사 타이틀에서도 확인할 수 있다.

《신소우》의 천황 관련 기사에서 가장 빈번하게 다룬 것은 '인간 천황'의 사생활을 들여다보는 형태의 기사이다. 예컨대 〈천황 일가의 배급생활 탐방기〉(제20호)에서는 천황의 식단표를 싣고 "히로히토 씨는 상당한 식도락가로, 특히 장어구이와 튀김 등 기름기 있는 것과

메밀국수, 과일은 바나나를 좋아한다. 술은 공식 연회 이외에는 한 방울도 마시지 않고, 아주 가끔 프랑스에서 직수입한 오래된 포도주를 마시는 정도일 뿐이다. 하지만 그 대신 황후가 대단한 호주가이다. 천황이 있는 곳에서는 결코 마시지 않지만 매일 저녁 맥주라면 한 잔, 일본술이라면 여덟 잔 정도"는 마신다며 사생활의 이면을 폭로한다. 또한 천황가가 소비하고 있는 하루 평균 야채의 양이 우에노 동물원의 하마보다 많지만 코끼리에는 미치지 못한다는 따위의 이야기를 소개하고 있다.

그리고 〈천황 황후의 일상생활을 말하다〉(제26호)나 〈천황 황후의 아침부터 밤까지〉(제27호)라는 제목의 익명 좌담회에서는 궁내부의 전직 직원들이 황후가 향수 애호가라는 것에서부터 천황 부부의 침실이 더블침대라든가 궁중 시녀들의 사생활까지 폭로한다. 더 나아가 〈과학자 천황의 생태〉에서는 천황의 생물학자로서의 실력을 의문시하면서 모든 일을 사설 연구소 직원들에게 맡기고 있다고 했다. 또한 〈인간 천황의 세금을 조사하다〉(제18호)에서는 "인간선언을 하고 국민의 동료가 된 천황에게 국민의 의무인 세금을 거두지 않는 것은 도리어 천황의 본심에 반한다"는 취지에서 천황가의 납세 조사를 실시하고 있다.

누가 이런 여자로 만들었나

점령기의 폭력, 여성들의 신체

점령 초기 몇 장의 사진을 제외한다면 맥아더는 일본 통치기간에 국민들 앞에 모습을 거의 보이지 않았다. 특히 미디어에는 거의 모습을 드러내지 않았다. 그는 가부장주의적인 아버지 역할이라면 누구보다 능숙하게 연기할 수 있었음에도 일본 점령이라는 큰 무대에서 배우로서의 재능을 전혀 발휘하지 않았다. 점령기의 미디어에서는 마치 '점령' 따위는 거의 존재히지 않는 듯한 '닫힌 표상공간'이 형성되어 있었다. 한편 이 시대에 패전국 사람들의 시선을 끌고 있었던 것은 다름 아닌 히로히토 천황이었다. 점령기를 통해 천황의 미디어 출현 빈도는 매우 높았다. 이 시대 천황은 전국을 여행하고 방대한 관중 앞에 자신을 드러내면서 지금도 여전히 이 나라의 중심에는 자신이 있다는 사실을 실감케 했다.

하지만 그럼에도 불구하고 점령은 분명 존재했다. 사실 사람들의 생활에서 맥아더의 지령은 절대적인 의미를 갖고 있었고, 지역 어딘가에 미군들이 있었으며, 미군 관련 시설이나 영어 표식, 넘쳐흐르는 미군 물자가 가난한 패전국 국민들의 일상을 감싸고 있었다. 따라서 미디어의 표면이나 공식적인 담론에서 점령군의 희박한 존재감은 비공식적인 대화나 일상생활에서 점령군과 미군 병사, 미군 물자의 압도적인 존재감과는 현저한 불일치를 이루고 있었다.

특히 이런 불일치는 수많은 전후 일본인들이 부정적으로 받아들이는 점령의 측면에서 현저했다. 가장 극단적인 것은 미군들의 폭력, 특히 성폭력에 대한 표상방식이었다. 좀 더 구체적으로 말하자면 점령기에 일본 정부의 위안부정책 탓에 늘어나는 미군 상대 창녀들이 검열의 시선이 닿지 않는 곳에서 '점령'을 표상하는 상징적인 신체가 되어갔다. 천황의 신체가 맥아더나 점령의 권력을 배후에 은폐하는 대리적인 심급이었다고 한다면, 이러한 여성들의 신체는 오히려 점령의 폭력을 직접 느끼게 하는 존재였다. 미디어의 표면에서는 미군 병사들의 모습이 사라지고 맥아더도 드물게 모습을 드러낼 뿐이었다. 여성들의 신체는 간접적이긴 하지만 누구라도 알 수 있게끔 명백하게 '점령'을 표상하고 있었다.

물론 점령기의 검열 아래에서는 이들 여성들과 미군 병사들의 성적인 교섭을 표현하는 일이 금기시됐다. 그러나 직접 묘사를 하지 않더라도, 또 미군 병사를 묘사 속에 등장시키지 않더라도 섹시한 드레스나 하이힐, 핸드백을 걸치고 빨간 립스틱을 바른 여성들이 소설이나 영화, 만화에 등장하면 그녀들이 누구인지 이내 알 수 있었다. 그녀들은 종종 미국식 별명이 있었고 초콜릿이나 담배 등 사치품을 늘 가지고 있었다.

예를 들어 1946년 3월이라는, 매우 이른 시기에 나온 이시카와 준 (石川淳)의 《황금전설》에서는 주인공이 "은밀히 사모"하면서 찾아다니고 있던 여자가 갑자기 미군을 상대하는 창녀가 되어 나타난다. 그녀가 갖고 있던 "대형 핸드백 안에는 담배 외에 초콜릿 등 이 나라의 산물로는 보이지 않는 물건들이 가득"했다. 그녀는 주인공을 뿌리치고는 "인파 속에 우뚝 치솟은 큰 키와 이상하리만치 색이 검은, 우람한 체격의 한 병사"에게 달려간다. 이시카와는 모든 것이 평평해진 회색의 거리 풍경 속에 이 여성의 요염한 적색과 흑인병사의 흑색, 그리고 백색과 담홍색 등의 색채를 부각시킴으로써 '점령' 속의 풍경을 도려내고 있었다.

RAA와 정부 공인의 점령군 위안부

전후 일본에서 미군 병사를 상대하는 창녀들이 대량으로 발생하게 된 최초의 계기는 패전 직후 내부성이 조직한 특수위안시설협회 (Recreation and Amusement Association, RAA)에서 찾을 수 있다. 종전과 더불어 발족한 히가시쿠니노미야 내각은 8월 18일 내각의 결정으로 "점령군 병사들에 의한 우리 부녀자들에 대한 범죄예방대책"의 일환으로 전국에 전보로 지시해 점령군 병사들을 위한 정부 보증의 위안부를 모집하기 시작했다. 전쟁시기에 일본군 병사들이 한반도나 중국, 아시아 각지에서 여성들에게 범한 조직적 성폭력이 이번에는 점령군 병사들에 의해 일본인 여성들에게 벌어질 것이 분명하다고 생각한 이 나라의 지배층은 "몸서리쳐지는 공포"[25)에 휩싸인 것이다. 이로 인해 전시중에 일본군 병사들을 위해 실시해온 것과 마찬가지로, 그러나 이번에는 미군들을 위해 정부 스스로 위안부를 조직하고자 결의한 것이다.

이리하여 정부는 일련의 위안시설을 미군 주둔이 본격적으로 시작되는 8월 말까지 개점하기 위해 "전후 처리의 국가적 긴급시설의 하나로, 주둔군 위안의 대사업에 참여하는 신일본 여성들의 솔선 협력을 바란다/연령 18세 이상 25세 이하까지/주거, 피복, 식량 전부를 지급"이라는 광고를 낸다. 정부가 직접 보증한 위안부 모집에 당시 괴멸 상태가 된 도시에서 생활이 어려운 다수의 여성들이 응모한다. 그 결과 8월 15일부터 2주일도 지나지 않아 도쿄에서만 1,360명이라는 전후 위안부가 정부나 경찰 손으로 탄생했고, 이윽고 도쿄 도내 33곳 '영업소'에서는 2천여 명의 '댄서'가 미군을 상대로 일하게 된다.

이러한 가운데 점령군의 중추시설이 늘어선 긴자에는 RAA의 본부가 설치됐고 다양한 위안시설이 집중적으로 개설됐다. 예를 들면 "이토야, 센비키야 등 10곳에 비어홀과 바 등이 만들어졌다. 긴자 나나초메(銀座7丁目) 모서리에 있는 긴자 에비스 비어홀은 9월 12일에 개점했다. 긴자 마쓰자카야 지하에 있는 3개 층을 급조한 이 시설은 댄서라 불리는 위안부들이 400명이나 있던 정부출자의 대(對)점령군 공창시설이었다. 경시청은 영업에 필요한 공모 여성들을 '특별정신대원'이라 불렀고 점령군은 '조직된 매춘부'라 불렀다"고 하는 상황이다.[26)

마쓰자카야 지하에 있던 댄스홀 '오아시스 오브 긴자'는 대규모 위안시설로 유명했다. 그밖에도 긴자에는 댄서 300명을 데리고 있는 이토야, 150명을 데리고 있는 센비키야, 도쿄 비어홀, 고이치로, 로쿠로쿠칸 등 수많은 위안시설이 집중되어 있었다. 이러한 위안시설에서는 원칙적으로 매춘을 할 수 없게 되어 있었지만, "그 원칙이 지켜진 것은 아주 짧은 기간뿐이었다"고 한다.[27] 도쿄에서는 오오이, 오오모리, 나리마스, 가메이도 등에 위안시설이 있었고 전국적으로 8천 명 이상의 여성들이 국책이라는 이름 아래 위안부로 일하고 있었다.

국가의 지원으로 발족한 RAA의 위안시설이 훗날 어떤 길을 걷게 되는지에 관해서는 이미 많은 연구가 이루어져 있다. RAA의 매춘부들은 단 1달러로 자신의 몸을 미군에게 팔았다고도 한다. 이는 담배 반 갑에 해당하는 가격이었다. 미군들이 몰려들어 RAA에서는 급속히 성병이 만연하게 되고 미군들도 감염되자, 미국 본국에서 여성단체들이 비판을 하여 GHQ는 1946년 1월 RAA에서의 매춘을 전면 금지한다. "국가를 위해 봉사"를 강요당한 여성들은 위안소에서 쫓겨나가 종종 창녀가 되기도 했다. 물론 RAA의 위안소와는 다른 경로로 매춘부나 미군들의 '온리(only. 점령군 중에서 특정 장교만을 상대하는 매춘부를 비하해서 일컫는 말—옮긴이)'가 되는 여성들도 다수 있었으며, 점령기 일본에서는 미군 기지 주변이나 도쿄, 요코하마 등 대도시에서 미군을 상대하는 매우 많은 '밤의 여자'들이 출몰하게 됐다.

'팡팡'들의 아메리카니즘과 남성성의 재구축

점령기의 도시풍경 속에서 미군을 상대하는 매춘부들은 단순히 군사적 성폭력의 피해자였을 뿐만 아니라 특별한 문화정치적인 상징성을 띤 존재가 됐다. 이시카와 준의《황금전설》이 이미 암시하고 있는 바와 같이, "미군과 팔짱을 끼고 걷거나 미군의 지프에 타고 환하게 웃고 있는 팡팡(점령군들을 상대하는 매춘부를 비하해서 일컫는 말이다. 어원은 여러 설이 있어서 확실치 않다—옮긴이)의 모습은 찌를 듯이 일본인들의 자부심에 상처를 주었고, 특히 남성들에게는 남자로서의 나약함을 느끼게 했다."28) 그와 동시에 "팡팡들은 다소 특이한 의미에서 전후 일본의 물질제일주의와 소비지상주의의 선구자들이었다.……거리의 보통 사람들 중에서 팡팡만큼 대담하게 정복자의 부를 손에 넣은 자는 없었다. 미군의 매점, 즉 저 유명한 'PX'는 가난한 이 시대에서는 그야말로 마법의 나라에서 온 보물창고같이 보였다. 거기는 주식용은 물론이거니와 술, 담배, 캔디, 진미, 그리고 관능과 퇴폐의 향기나 나는 립스틱이나 나일론 스타킹 같은 여성을 대상으로 한 상품으로 넘쳐났다."29)

이 책에서는 앞으로 소비주의적인 '미국'이 전후 일본인의 일상의식에 어떻게 깊숙이 파고드는가에 대해 상세히 고찰하겠지만, 그러한 아메리카니즘의 체현자 제1호는 황태자비 '미치'를 맞이한 황실 '일가'도, 가전제품을 열심히 사모은 야마노테(山手. 일본의 전철 야마노테선 주변 지역으로 빌딩들이 밀집해 있어 도시생활의 상징으로 일컬어지는 경우가 많다—옮긴이)의 '사모님'들도 아니었다. 그보다 훨씬 이전에 점령된 거리에서 미군을 상대로 몸을 팔고 있던 여성들이었다. 그녀들의 "빨간색 짙은 입술과 화려한 복장은 단순히 팡팡들의 상징이었을 뿐만 아니라 아메리카적인 섹시함과 최신 유행이라는, 손이 닿지 않는 것의 일부이기도 했다. 전시중에 필사적인 근검절약을 경험한 터이라 이는 커다란 충격이었다. 관능적인 팡팡들은 외견상 보자면 일본에서 가장 할리우드에 가까운 존재"였다.[30] 미군들은 부임지에서 한 순간 쾌락의 상대가 된 여자를 위해 그에 부합한 돈을 쓰고 선물도 보냈다. 그러한 사치는 당시 일본인의 표준적인 생활수준에서 본다면 별세계였다. '팡팡'들은 점령군, 즉 갑자기 나타나 흥청망청 돈을 쓰는 후견인과 연결됨으로써 이전의 계층질서를 뛰어넘어 유행의 첨단을 담당하는 존재가 된 것이다.

이 팡팡들의 아메리카니즘은 분명 체제를 교란하는 차원을 내포하고 있었다. 앞장에서 서술한 바와 같이, 할리우드적인 표상과 욕망은 이미 1920년대 일본의 대중문화 속에 퍼져 있었다. 따라서 《바보의 사랑》의 나오미처럼 하층민 출신자가 아메리카니즘을 과도하게 두르고 보다 상위의 내셔널한 남성성의 주체를 침범해버릴 가능성은 늘 있었다. 그렇다고는 하지만, 전체적으로 본다면 두 세계대전 동안 일본에서 '미국'에 대한 욕망은 영화나 재즈를 통해 이전의 문화엘리트에서 대중적인 계층으로 확산되긴 했지만, 누구나가 그러한 '미국'을 몸에 두를 수 있는 상황은 아니었다. 사실 모던걸의 패션을 몸에 걸치고 긴자를 활보할 수 있었던 것은 경제적인 풍요를 보증받은 여성들에게 한정되어 있었다. 그렇지만 점령기에 미군들이 후원함으로써 팡팡들은 이런 서열구조를 혁명적으로 역전시키고 만다. 더군다나 이 팡팡 혁명은 도쿄나 오사카 도심뿐만 아니라 규슈나 홋카이도 등 미군이 주둔하는 모든 지방에서 일어났다. 이제 팡팡들이 주도하는 새로운 시대의 아메리카니즘은 이 나라의 주축을 이루는 내셔널한 남성성으로서는 전복적인 위협이 됐다.

그렇기 때문에 위협은 아무리 늦어도 점령 종결과 더불어 제거되어야만 했다. 전후의 국제관계 속에서 일본의 위치에서 보자면 '미국' 그 자체를 주변화하는 것은 불가능했지만, 점령기에 그 담지자였던 팡팡들을 주변화하는 것은 쉽사리 이루어졌다. 미군이 서서히 철수하고 일본 남성들을 지탱해주는 가정 질서가 다시 회복됨에 따라 매춘부들은 원래의 주변적인 위치로 또다시 내몰리게 됐다. 그녀들은 더이상 아메리카니즘을 가득 내뿜는 첨단적인 여성 주체가 아니라 무서운 미군들의 성폭력 피해자로서 비극적인 삶을 살아가는, 구제를 필요로 하는 연약한 존재로 표상되기에 이른 것이다. 1950년대 이후 새로운 아메리카니즘은 팡팡들에 의해서가 아니라 '민주주의'의 양식적인 주체가 되는 중산계급의 주부들에 의해서 이루어져야만 했다.

마이크 몰라스키(Michale S. Molasky)는 그가 말하는 "점령문학", 즉 전후 일본에서 나온 "미국인 점령자와 점령 아래의 민중들 사이의 관계를 묘사한 작품(딱히 '점령 아래'의 문학에 한정되는 것만은 아니다)"을 독해하면서, 1950년대 대부분의 남성 작가들이 미군에게 겁탈당한 일본 여성들을 묘사함으로써 거꾸로 어떻게 자신들의 남성성, 또 이를 기초로 한 내셔널한 주체를 어떻게 재구축했는가를 밝히고 있다.[31] 몰라스키가 든 사례 중에서도 가장 흥미로운 것은 1953년에 출간되어 큰 반향을 불러일으킨 《일본의 정조—외국병사에게 겁탈당한 여성들의 수기》[32]이다. 점령이 끝나자 일본의 저널리스트나 작가들은 미군 지배 아래 '사회 문제'의 대표적인 것으로 매춘과 미군의 성폭력을 거론하면서 다수의 논픽션을 출판했다. 이러한 것들 중에는 매춘의 실태 조사에서부터 그 진위가 의심스러운 고백일기까지 다양한 장르가 포함되어 있었다. 이러한 저작들이나 기사들은 "대부분 현재는 기억에서 사라졌지만 당시에는 수많은 독자들이 있었고, 1950년대를 통해 일본의 여론에 명백한 영향을 준 것"이었다.

이러한 담론들에서는 미군에게 겁탈당한 여성들이 한편으로는 "비극적이고 동정을 산 연약한 입장의 존재"로서, 다른 한편으로는 "분출하는 여성의 욕망이나 지배 불가능한 섹슈얼리티를 표상하는 존재"로서, 다시 말해 그 종속성과 일탈성에서 표상됐다. 더군다나 이야기는 그 여성들이 당한 '비극'을 종종 "외국 통치 아래에 있었던 국가 전체의 운명"과 결부시켰다. 가장 충격적이었던 《일본의 정조》는 이런 레토릭의 전형이다. 책 커버는 두 사람의 망연자실한 여성의 나체가 그야말로 "외국 병사에게 겁탈당한 여성"의 비참함으로 묘사됐고 독자들에게 피학대과 굴욕감을 불러일으키면서 점령 아래의 일본이라는 국가적 운명을 연상시키는 형태를 취하고 있었다. 수록된 '고백'에서는 이들 여성들의 연약함이 지겨울 정도로 강조됐다. 이런 종류의 담론은 "순진한 여성에 대한 폭력이라는 이미지를 빼앗아, 게다가 그녀들의 고뇌를 공유된 국민적 경험으로 표상함으로써 일본의 패전에 따른, 명백히 '남성'들의 굴욕감을 교묘하게 은폐하는" 것이다.[33]

뿐만 아니라 몰라스키는 몇 개의 실마리를 근거로 이 책의 '고백'이 실은 매춘부 자신에 의한 것도, 심지어 여성들의 손에 의한 것도 아니라 흥미 위주의 독자시장을 노린 남성 편집자가 꾸민 짓이었다는 사실을 폭로했다. 《일본의 정조》의 백미라고 할 수 있는 〈죽음을 각오하고 호소한다〉의 작자 '오노 도시코(小野年子)'는 "베갯머리에 둔 낡아빠진 6권의 노트"를 바탕으로 자신에게 일어난 일을 있는 그대로 말하는 것이라며 이야기에 진실미를 주고 있다. 그리고 미군 병사에게 강간당하면서 전락한 자신의 놀라운 이야기에 의해 그녀가 동시대 여성들과는 구별된 '특수한 여자'임을 자타가 인정하게끔 했다. 독자들은 일본을 떠나간 점령군의 횡포에 분노를 느끼는 한편, 그들에 의해 인생을 망친 '특수한 여자'들과 자신은 이젠 다른 세계에 살고 있다며 가슴을 쓸어내릴 수 있었다.

베테랑 남성 편집자가 구사한 교활한 여러 트릭들에 의해 《일본의 정조》는 엄청난 베스트셀러가 됐고, 1950년대 일련의 선정적인 '팡팡 관련' 출판물이 그 뒤를 이었다. 그동안 점령문학이 주변 여성을 횡포한 미군 병사들로부터 지키지 못할 경우 일본인 남성을 무기력한 존재로서, 대개는 거세나 불능이라는 성적 메타포로 묘사했다. 이에 반해, 1950년대의 '고백'은 희생자를 특수화하고 일상생활의 외부로 내모는 동시에 여전히 횡포한 미군 병사라는 타자 이미지를 담보함으로써 안전한 장소에서 그 폭력에 분개할 수 있는('NO'라고 말할 수 있는) 남성 주체를 확립하게 된다. 팡팡들이 평균적인 일본인들의 외부에 있는 특수한 존재라고 한다면, 그 평균적인 사람들은 이젠 안심하고 성폭력을 휘두르는 횡포한 '미국'에 분노하는 동시에 그러한 폭력성을 국외로 추방한 뒤 풍요로운 '미국'을 선별해서 자신들의 생활 속으로 끌어들일 수 있었던 것이다.

이 장에서는 맥아더, 히로히토 천황, 창녀들이라는 세 가지 위상의 신체가 점령기의 문화지정학 속에서 어떻게 연결되어왔는가를 검토했다. 점령은 몇 개의 신체를 유표화(有標化)한다. 예컨대 그것은 맥아더 원수의 신체이고, 히로히토 천황의 신체이며, 폐허 속의 매춘부들의 신체였다. 이러한 신체들의 유표화는 반드시 모든 것이 점령자의 생각대로 성공한 것은 아니지만 복잡하게 굴절되면서도 실은 서로 연결되어 있었다.

맥아더의 시선은 피점령국을 관통하는 절대적인 힘을 지니고 있었지만, 그가 아쓰기에 내려왔을 때의 행동은 일본의 미디어에 적절한 방식으로 표상되지 않았다. 맥아더와 천황의 역사적 회견 사진을 보더라도 단순한 상징성으로서는 치부할 수 없는 양의성을 내포하고 있었다. 그러나 점령기 전체를 통해서 말할 수 있는 것은, 점령자로서 맥아더의 신체가 현재화(顯在化)되지 않았던 만큼 천황의 신체는 전면에 드러났고 여기서 천황의 표상과 점령자의 시선 사이의 예정조화적인 '포옹'이 확실히 성립했으리라는 점이다.

다른 한편으로 맥아더와 천황 이상으로 '점령'의 존재를 명료하게 드러낸 신체는 폐허 속 매춘부들의 신체였다. 그녀들은 미군 병사들이 바로 이 나라의 점령자로서 군림하고 있다는 사실을 섹슈얼리티의 지배라는 명백함으로 보여주고 있었다. 점령기와 그 후 문학적 담론에서 '팡팡'의 표상화는 매우 중요하며, 맥아더와 천황의 표상이 애매하게 은폐한 문제를 분명한 형태로 드러내고 있었다.

이러한 표상의 편성 속에서 결국 어떤 식으로 '일본' '남성들'의 주체화가 이루어지는 것일까. '팡팡'은 미군 병사들이 서서히 일본 본토에서 모습을 감추고 사라져감에 따라 주변화하고 언더그라운드의 존재로 간주되기 시작한다. 제4장에서 논하고 있는 바와 같이, '미군-팡팡'이라는 연결고리 대신, 1960년대까지는 '일본의 기술력-가전화 주체로서의 주부'라는 연결고리가 부상하게 된다. 그러나 그 이행기인 1950년대 도시의 거리 위에서 다양한 방식으로 미군 기지로부터의 영향을 수용하면서 이를 망각해가는 이중의 과정이 진행되고 있었다. 긴자나 록본기(六本木), 하라주쿠(原宿)에서 쇼난(湘南)에 이르기까지 전후 일본의 도시 대중문화는 확실하게 점령군과 폐허 속의 젊은이들이 교섭하는 가운데 양성되어왔다. 그런데 이러한 교섭의 역사는 마침내 도시와 미디어의 표층에서 사라진다. 이러한 소거를 통해 전후 일본의 내셔널한 주체의 구축이 다시금 가능하게 된다. 다음 장에서는 이 점에 대해 검토하기로 한다.

제 3 장

미군 기지와 쇼난 보이들

기지에서 흘러나오는 '미국'

일본군 기지에서 미군 기지로

미국은 기지의 제국이다. 19세기 말에 전성기를 맞이한 서구 열강이 식민지를 기반으로 제국질서를 형성한 데 반해, 미국은 세계 각지로 확산되는 기지라는 비지(飛地)를 연결해 글로벌한 패권을 유지해왔다. 특히 제2차 세계대전 후 미국은 '반공'이라는 슬로건을 내걸고 국가안전보장회의(NSC), 국방성, 통합참모본부, 중앙정보국(CIA) 등 군사기구를 잇달아 창설해 세계 각지로 퍼지는 기지 네트워크를 발전시켜나갔다.

전후 40년 동안 연방정부에서는 거액의 국가예산을 안전보장부문에 투입하는 것이 허용됐고, 1950년부터 1953년에 걸쳐 연방 군사예산은 실비로 3배, 국내 총생산비에서도 2배로 팽창했다. 이것은 한국전쟁 후에도 감소하지 않았다. 그리고 냉전이 끝날 때까지 미국의 방위비는 연방예산의 20퍼센트, 국내 총생산비에서도 5퍼센트를 내려오지 않았다. 그야말로 "자유자본주의 아래에서 미증유의 풍요로운 사회를 낳은 이 나라의 전후는, 그와 동시에 이를테면 계속 전시체제 아래에 있었다"는 셈이다.[1]

이렇게 해서 냉전이 끝날 때까지 미국은 해외에 375개의 군사시설을 세우면서 50만 명을 배치한다. 지금도 독일, 영국, 아이슬란드, 이탈리아, 에스파냐, 그리스, 터키, 오스트레일리아, 일본, 한국, 파나마, 중근동 국가들에 미군 기지가 있고 병사 수는 140만 명에 이른다. 하와이나 괌 등의 기지도 미국에 식민지화된 지역에서의 주둔이다.

이 가운데 아시아 · 태평양에서는 한 · 일 주둔군이 중심적인 위치를 차지하고 있으며 일본 주둔군은 지금도 105개 시설, 320제곱킬로미터 이상에 이르는 기지면적, 병사 수는 약 5만 명(43개 시설, 약 24제곱킬로미터, 2만 5천 명 이상이 오키나와)이나 된다. 더군다나 근래의 미군 재편과 미 · 일 동맹 강화라는 움직임 속에서 주일 미군은 자위대도 작전상의 산하에 두려고 한다. 한편 한국에는 약 96군데의 미군시설이 있으며 병력 수는 약 3만 6천 명이다. 즉 한국과 일본에는 지금도 9만 명에 이르는 병력이 주둔하고 있으며 세계적으로 전개되는 미군의 가장 중요한 요충지 가운데 하나이다.

그렇다면 냉전 초기 일본에는 어느 정도의 미군 기지가 있었을까. 기지문제조사위원회가 정리한 것에 따르면, 1952년 본토에 733군데, 총 면적 약 1,444제곱킬로미터로 거의 오사카 지역과 맞먹는 넓이의 미군 기지가 있었다. 여기에 군용기의 발착과 미군과의 접촉으로 직접적인 영향을 받고 있는 지역을 더하면 거의 시코쿠(四國)에 필적하는 면적이었다. 이 가운데 가장 큰 면적을 차지한 것은 연습장으로 약

67퍼센트, 이어서 비행장이 약 13퍼센트, 막사를 비롯한 건물도 11퍼센트 정도를 차지했다.

그밖에 일본열도를 둘러싸고 합계 39군데의 해상 연습장이 산재해 있었으며 수역은 거의 규슈(九州)에 필적하는 크기였다. 간토(關東)에 한정해서 보더라도 비행장은 다치카와, 존슨(도요오카), 요코타, 아쓰기, 기사라즈, 가시와, 마에와타리, 오오타, 다테바야시 등 10군데가 넘었다. 또 막사는 하라주쿠의 워싱턴 하이쓰, 네리마의 그랜트 하이쓰를 비롯한 가나가와의 가와사키, 요코스카, 지가사키, 사이타마의 도코로자와, 아사카, 지바의 마쓰도 등에 있었고, 아울러 각지의 탄약고와 보급창, 고사포 등이 일대에 배치되어 있었다.

주목할 만한 것은 일본 점령이 종료된 뒤에도 미군 기지는 감소하지 않고 오히려 확대하고 있다는 점이다. 1953년 11월 미군 연습장, 비행장 및 보안대 접수지는 약 1,780제곱킬로미터를 넘어 전년에 비해 347제곱킬로미터 이상으로 증가했다.[2] 이윽고 1950년대 말 본토 기지는 감소하지만 점령이 끝나도 1950년대 초기에는 여전히 확대하고 있었다.

하지만 일본의 미군 기지 문제에서 더 중요한 것은 전쟁시기에서 전후로 이어지는 이러한 군사시설의 연속성이다. 전후 미군 기지가 된 토지 대부분은 전전부터 일본군의 기지였던 곳이며, 지역사회와의 연결고리도 전전부터의 연속성으로 파악할 수 있는 측면이 적지 않다. 실제로 수도권의 주요한 미군 기지였던 요코스카, 아쓰기, 자마, 다치카와, 요코타, 존슨, 아사카 등은 모두 옛 일본군 기지를 전용한 것이었다. 요코스카 기지는 사세보나 구레와 함께 전전부터 일본해군의 진수부(鎭守府)가 들어선 군항이었다. 자마에는 전쟁중부터 육군사관학교와 해군공창이 설치됐고, 아쓰기 기지는 전쟁중 일본해군의 방공거점으로 정비된 데서 출발했다. 다치카와 기지는 다이쇼 시대에 육군항공부대의 중추 거점으로 건설되어 전쟁 말기에는 여기서 수많은 특공대원이 날아갔다. 1940년 다치카와 비행장의 부속시설로 만들어진 것이 요코타 비행장으로, 원래는 다마 비행장이라 불렸다. 존슨 기지는 예전에는 육군항공사관학교 등이 들어선 도요오카 비행장이 명칭을 바꾼 것인데, 현재는 자위대 이루마 기지로 바뀌었다. 아사카 기지는 전쟁중에 육군예과사관학교의 연병장이었다. 이와 마찬가지로 지토세, 미사와, 사세보 등지의 기지 역시 그러하다. 심지어 오키나와도 가데나 기지의 전신은 일본육군항공대의 비행장이었다.

전후 일본의 기지 문제는 일본군과의 연속성을 고려하는 것이 매우 중요하다. 쓰루미 요시유키(鶴見良行)는 1950년대 초기 구 구마가야 소년육군비행학교를 접수하여 만들어진 위팅던 기지 주변 사람들에 대한 조사를 실시해 지역 주민들이 미군에 대해 일본군을 받아들였을 때의 관계의식을 유지하고 있다는 점이나, 그들의 대미의식이 기지 주변의 카바레나 바에서 일하는 여성들에 대한 차별의식을 수반하고 있음을 밝혔다. 그에 따르면 원래 "구 일본군의 주둔은 이 농촌 사람들에게 경제적으로는 향상 기회를, 인생론적으로는 새로운 방향으로의 가능성을, 그리고 심리적으로는 상호연대에 따른 안정감을 의미"하고 있었으며, 이는 사람들에게 "군대에 대한 면역성과 보증을 주는 충분할 만큼의 경험"이었다. 그리고 전후 그들은 미군에게 일찍이 그들이 일본군과 맺고 있던 것과 동일한 관계를 바라고 있었던 것이다.

한편 기지 앞에는 미군을 상대하는 가게들이 수십 채나 들어섰는데, 주민의 반감은 미군 자체보다 미군을 상대하는 여성들에게 향하는 경향이 있었다. 다른 지역주민들은 그녀들을 "미군 병사를 속여 돈을 뜯어내는", "천박하고 행실이 나쁜 하층계급"이라며 멸시했다. 하지만 다른 한편으로 주민들은 미군을 상대로 한 가게에 토지를 빌려주고 미군의 '온리'들에게 방을 빌려줌으로써 배를 불리고 있었다. 지역의 사업주나 주민들은 미국에 대한 "종속의 수단으로 여성들을 이용·착취하고, 더군다나 자신들은 한 단계 높은 곳에 서서 여성들에 대한 반감을 드러낸다"는 자기모순으로 가득 찬 태도를 보이고 있었다.[3]

점령군과 전후 가요문화

전후 일본인들에게 군사기지와의 연결고리가 결코 미군의 주둔을 계기로 시작된 것은 아니더라도, 기지의 철조망 반대편에서 재즈나 하와이풍 대중음악이 흘러나오고 영화나 패션, 음식문화 등의 '풍요로운 미국'이라는 이미지가 흘러나오게 된 것은 전후에 들어서면서부터이다. 여기에서 미국은 기지 주변 사람들을 '유혹하는' 존재로 일상 풍경에서 부상한다.

예를 들어 미군 기지와 대중음악의 관계를 생각해보도록 하자. 점령기 미군 기지와 위안시설에서의 흥행은 다른 일본인들의 생활과는 격리되어 대우가 좋았기 때문에 수많은 젊은 가수들이 갑자기 나타난 이러한 직장에 모여들었다. 이토 유카리는 6살 때부터 아버지에게 떠밀려 기지에서 노래를 불렀고, 에리 치에미도 초등학교 4학년 때 미군을 상대로 가수생활을 시작했다. 마쓰오 가즈코는 15살 때 기타후지의 기지에서 스테이지에 올라갔고, 모리 미쓰코도 기지를 돌아다니며 재즈를 부르며 생활했다. 당시 중개업자와의 커넥션을 통해 기지에서 일자리를 얻는 사람들뿐만 아니라 도쿄역 북구와 신주쿠역 남구에는 수백 명의 뮤지션들이 모여 연일 트럭 앞에서 밴드맨의 '경매'가 이루어지고 있었다.[4] 이러한 경향 속에서 연예인을 알선하는 브로커가 생겨났고 이윽고 연예 프로덕션이 탄생해 텔레비전 시대의 대중오락을 지배하게 된다.

점령기 기지에서 밴드맨들의 흥행이 얼마나 전후 가요문화의 기반으로서 커다란 역할을 했는지에 대해서는 도야 마모루(東谷護)가 상세하게 연구했다. 도야 마모루에 따르면, 점령기에 밴드맨이 고용된 미군 관련 시설로는 (1) RAA 시설, (2) 각 부대 직할 클럽, (3) 일본인이 경영하는 카바레와 댄스홀이라는 세 종류가 있었고, 부대 직할 클럽은 장교클럽(Officers Club), 하사관클럽(Non Commissioned Officers Club), 병사클럽(Enlisted Men's Club) 등 계급별로 나누어져 있었다. 당시 이들 클럽 수는 본토에만 500군데나 있었다고 한다. 거기서 각각 미군을 상대로 연주하고 있던 뮤지션이 있었을 테니 그 수는 실로 엄청나다. 클럽은 일반 일본인들이 들어갈 수 없는 폐쇄적인 공간이었지만, 종업원이나 뮤지션은 출입이 가능했기 때문에 적지 않은 사람들이 특권을 누리며 미군과 교섭하고 있었다. 전후 일본의 재즈, 그리고 이후 연예계를 움직이는 조직의 원점도 이러한 점령군에 대한 알선을 통해

형성됐던 것이다.[5]

도야가 지적하고 있는 핵심은 음악이 실천되는 이들 장소에서 미군들과 뮤지션들 사이에 존재하는 일방적인 시선이다. 점령과 더불어 일거에 대규모 미군 부대가 일본에 주둔하기 시작하자 각지에 기지와 미군을 위한 시설들이 건설되고 클럽이 들어서면서 뮤지션들이 필요해졌다. 전시중에는 적성(敵性)음악이라며 금지되어 있던 재즈의 수요가 갑자기 폭발적으로 늘어남으로써 공급이 부족하게 됐고, 결국 연주 경험이 미천하고 기술이 미숙한 이들도 조건이 좋은 일자리를 얻을 수 있었던 셈이다.

이리하여 일자리를 얻은 사람들은 "제시된 시스템 속에서 자신이 어떠한 위치에 있는지를 처음에는 파악하지 못한 채 자신에게 부여된 일을 완수하도록 요구받았다." 다시 말해서 뮤지션들은 곡목에 대한 취향이나 연주 실력과 상관없이 우선은 클럽 쪽이 요구하는 대로 연주해야만 했다. 그들에게 요구된 것은 전후에 유행하고 있던 일본의 유행가가 아니라 늘 동시대의 미국에서 인기 있는 대중음악을 비롯한 재즈와 컨트리 & 웨스턴, 하와이안 등의 장르까지를 흉내 내며 부르고 연주하는 일이었다.

결과적으로 여기에서 양성된 것은 어떠한 음악＝신체였을까. 통상적인 연주자와 관객의 관계와는 달리 여기서는 관객의 시선이 선험적(a priori)으로 지배적이었다. 연주자는 이와 같이 압도적으로 우세한 시선 앞에서 요구받은 역할을 수행해야만 했다. 이러한 상황은 과거 수세기에 걸쳐 제국의 시선 앞에 드러난 식민지적(colonial) 신체가 조우한 것과 거의 동일한 상황이다. 특히 연주자들에게 요구되고 있던 것은 '오리엔탈'한 타자나 '에그조틱'한 타자라기보다는 오히려 '아 메리칸'한 자신의 모조였다는 점에서 이 관계는 영국의 인도 지배나 미국의 필리핀 지배 등과 마찬가지로 글자 그대로 식민지주의적 동화 라는 측면이 강했다. 기지에서 일하는 일본인이 조우한 것은 매우 대 중적인 미군 병사들이었으며, 그들이 일본에서 원했던 것은 '오리엔 트'보다도 '본국의 모조품'이었다.

오키나와 기지문화의 지속

1950년대 중반까지 일본 본토의 기지 주변과, 오키나와, 한국, 타이 완, 필리핀 등 냉전 초기부터 미국이 전개한 각지의 기지 주변은 밀접 하게 연관되어 있었다. 오키나와의 경우 아시아 최대의 미군 거점인 가데나 기지와 가까운 코자에서 기지와 대중음악의 결합이 오랜 세월 에 걸쳐 이루어졌다. 1960년대 이후 일본 본토의 미군 기지가 전체적 으로 축소되는 것과는 반대로, 미군의 아시아전략 전체를 지탱하는 '태평양의 요석' 오키나와의 군용지는 더욱더 확장되어갔다. 기지 주 변 거리의 일상은 미군들을 위한 위안이나 서비스의 공급 없이는 성 립할 수 없었다. 코자는 전쟁으로 폐허가 된 오키나와에서 원래 기지 에 인접한 난민수용지구로서 출발했다. 이윽고 이 거리는 비즈니스센 터나 야에야마 특음가(特飮街) 등의 건설을 통해 미군 병사를 위한 위 안이나 서비스 제공에 의존하면서 발전하게 된다.

예컨대 야에야마 특음가는 한국전쟁의 특수를 누리며 호스테스

300명, 인구 1천여 명으로까지 팽창했고, 더불어 주변에 '와이키키 거리'와 '센터 거리 19반' 등 새로운 매춘거리를 탄생시켰다. 그리고 1960년대 중반 이후 베트남전쟁이 확대됨에 따라 가데나 기지의 병력은 증강되면서 그 앞에 펼쳐진 코자 거리는 놀라울 정도로 번성한다. "미군 병사들의 돈다발을 어떻게 하면 풀게 할 수 있을까를 둘러싸고 모든 A사인 바(오키나와에 있는 미군과 군속들이 이용해도 좋다는 허가증(A사인)을 받은 바를 일컫는다―옮긴이)가 필사적이었기 때문에, 경쟁적으로 미군 병사들에게 술을 권하고 매춘을 하고 쇼를 하고 록밴드를 채용"했다.[6]

이런 붐에 편승해 그동안 "공민관에서 연주회를 열어 즐기는 정도였던 아마추어 밴드를 포함해 수많은 록밴드가 갑작스레 각광을 받아" 마침내 1970년대에는 무라사키, 컨디션 그린 등의 그룹이 눈부신 활약을 한다. 그러나 그 기층에는 기지에서 흘러나오는 달러를 노리고 북쪽에는 아마미, 미야코에서부터 남쪽에는 필리핀에 이르는 지역으로부터 잡다한 사람들이 모이는 코자라는 거리가 있었다. 특히 필리핀 밴드는 오키나와 록의 형성에 커다란 영향을 주었는데, 클럽 전속인 그들을 흉내 내면서 록 가수의 길을 걷게 된 이들도 적지 않았다. 히라이 겐(平井玄)은 낭시 오키나와의 로커들에게 "일본의 그룹은 거의 의식되지 않았다"고 한다.[7] 그들이 상대한 사람들은 다름 아닌 미군 병사들이었기 때문에 그 음악은 일본 본토의 음악 상황과는 차원이 다른, 오히려 미국 본토와의 관계에서 변화해갔다.

기지의 거리에서 유행의 거리로

미군 점령과 긴자 · 록본기 · 하라주쿠

1940년대 말 사람들의 일상에서 점령자로서 미군은 명백하게 압도적인 사실로 존재했다. 하지만 많은 전후 문화가 미군과의 직접적인 관련을 기반으로 형성되어왔음에도 불구하고 전후 문화는 이를 부정하면서 기억을 단절시키려는 레토릭을 구사해나간다. 다시 말해 점령기가 끝나면서 전후 일본은 이전 점령자와의 직접적인 관련을 망각하려고 노력한 것이다. 그리고 미국의 노골적인 폭력성이 잘 드러나지 않게 되면서 거꾸로 그러한 미국과 굴절된 방식으로 연결되는 소비주의적인 미국에 대한 욕망을 증식시켜나간다. 이러한 역설적인 전회를 통해 전후 일본에서 미국은 적어도 본토에서는 냉전기의 오키나와나 한국, 타이완, 필리핀 등지의 미국과는 이질적인 것으로 변용하게 된다. 이제 미국은 폭력으로 위압하는 타자가 아니라 자신들의 소비적인 욕망 속으로 끌어들일 수 있는 타자가 된 것이다.

이러한 역사적 굴절이 특히 명료하게 드러나는 것은 도시공간에서의 소비방식이다. 전후 일본의 도시에서는 한편으로는 오키나와의 코자와 사세보, 홋사, 요코스카 같은 거리에서 이루어진 기지와의 직접적인 접촉이 있었고, 다른 한편으로는 도쿄의 록본기나 하라주쿠, 긴자 같은 거리에서 이루어지는 은밀한 교섭이 있었다. 전자의 경우 미군 기지와 주변 청년문화의 관계는 통상적으로 미군 기지의 영향과 딱히 결부시켜서 생각할 수 있는 것만은 아니다. 하지만 이들 거리에 일찍이 존재한 미군시설과의 관계를 염두에 두지 않으면 어째서 이 거리가 전후 유행의 첨단을 걷는 이미지를 두르고 젊은이들의 특이한 장소로 바뀔 수 있었는가에 대해 충분히 이해할 수 없다.

예를 들면 전전까지 록본기 주변은 1878년 다케바시 사건(1878년 도쿄 다케바시(竹橋)에 있던 근위포병대 병사 260여 명이 일으킨 반란—옮긴이)을 계기로 그동안 황거 앞과 마루노우치에 있던 병영과 사단이 아자부(麻布) · 록본기 지구로 이동한 이래로 육군의 보병 제1연대와 제3연대, 헌병대 본부, 근위보병연대, 육군대학교 등이 집중적으로 들어선 '군인의 거리'로 발전해왔다. 거리에는 원래 군 관련 가게가 많았고 아침저녁으로 병영에서 울리는 나팔 소리가 울려 퍼졌다. 전쟁 말기 도쿄대공습으로 거리는 파멸적인 타격을 받아 전후를 맞이한다. 이윽고 구 일본군 시설 대부분이 미군에게 접수되어 근위보병연대의 시설은 미 육군 제1사단 사령부(현재는 방송국 TBS), 육군의 연대 시설들은 하디발락스라 불리는 미군 병사들의 숙사(일부 시설은 현존. 다른 곳은 도쿄대학 생산기술연구소 등을 거쳐 현재는 신국립미술관 등)로 바뀌었다.

워싱턴 하이쓰 전경(미 태평양 총사령
부 기술본부 설계과 설계 Design
Branch, Japanese Staff · 상공성
공예지도소 편,《디펜던트 하우스》,
기술자료간행, 1948에서).

더불어 록본기와 히로오(廣尾) 일대에는 수많은 주택이 미군 관계자
들을 위해 접수되면서 장교들의 주거지 주변에 그들의 '온리'도 살기
시작한다. 미군시설 대부분은 1960년경까지 반환되지 않았기 때문에
1950년대 록본기에는 미군의 그림자가 분명하게 남아 있었다. 그 무
렵 미군을 상대로 한 클럽이나 바, 레스토랑이 잇따라 개점되어서 도
쿄 도심에 있으면서도 훗사나 요코스카, 코자 등과 비슷한 분위기를
오래도록 남기는 거리로 변모하게 된다. 그리고 이 록본기에 1950년
대에서 1960년대에 걸쳐 '록본기족'이라 불리는 젊은이들이 모여들
게 된다. 이윽고 록본기에는 방송국 관계자나 연예계 관련 사람들이
모여들면서 클럽이나 바 등도 분위기를 바꾸어 현재로 이어지는 화려
하고 다국적 밤의 거리라는 이미지가 만들어졌다.

하라주쿠의 경우도 전후 이 거리가 '젊은이의 거리'로 탈바꿈하는
발전은 미군 장교용의 대규모 시설이 있었던 워싱턴 하이쓰를 빼놓고
는 설명할 수 없다. 전후 직후 원래 메이지신궁(明治神宮)에 인접한 광
대한 부지를 차지하고 있던 요요기 연병장이 접수되어 하이쓰의 건설

점령 아래의 긴자 욘초메. 접수 후 PX가 된 핫토리 시계점 앞(후쿠시마 주로 편,《GHQ 도쿄점령지도》, 유쇼 도출판, 1987에서).

이 시작됐다. 그리고 주위에 폐허와 병사들의 숙사, 암시장 풍경이 펼쳐지는 가운데 신기루처럼 홀연히 하사관 가족용 주택단지와 병원, 학교, 소방서, 교회, 백화점, 극장, 테니스코트, 골프장 등이 완비된 '풍요로운 미국'이 출현한 것이다. 부지 면적 약 91만 6천 제곱미터라는 광대한 하이쓰의 존재는 신궁과 연병장의 거리라는 이미지를 완전히 바꾸어놓고 말았다.

1950년대가 되면 키디랜드(1950년)와 오리엔탈 바자르(1954년) 등 장교 가족용 가게들이 들어서고 이러한 거리의 분위기를 상징하는 건물인 센터럴 아파트가 건설된다. 고바야시 노부히코(小林信彦)는 1960년대 초기 하라주쿠에서 살았던 경험을 돌이켜보면서 "맨션이라는 일본식 영어가 일반적으로 보급되기 이전에 센터럴 아파트는 도쿄에

조계화한 긴자 지역과 거리 명칭(후쿠시마 주로 편, 《GHQ 도쿄점령지도》, 유쇼도출판, 1987에서).

서 가장 호화로운 아파트였다"라고 한다. 거주자 대부분을 이룬 "무역상, 미군관계 업자들은 '일반 잽(jap. 일본인을 비하해서 일컫는 말―옮긴이)' 입장에서 보자면 구름 위의 사람들이었다."8)

물론 점령기의 도심에서 미군시설이 가장 집중된 곳은 히비아에서부터 긴자, 가스미가세키에 걸친 일대였다. 그중에서도 점령기의 긴자는 "주요한 빌딩이 주둔군 시설로서 접수됐고, 한큐빌딩, 와코우, 구로자와빌딩, 마쓰야 등이 PX, 숙사 등으로 바뀌면서 일대에는 성조기가 나부끼고 있어 마치 미국의 거리 같은 인상을 주었다. 긴자 마쓰야의 PX에는 미 육군, 공군, 해군 그리고 마린이라 불린 해병대, 그밖의 연합군 장병들이 출입하고 있어서 엄청나게 활기찼고, 입구에는 전쟁고아들이 무리지어 물건을 팔거나 구두를 닦는 슈샤인 보이들이 호객행위를 하고 있었다."9)

하긴 긴자는 전전부터 아메리칸 풍경과 결부되어 있었지만 점령기 긴자의 미국화는 훨씬 더 직접적인 미국 조계화(租界化)였다. 당시의 긴자 거리에는 '뉴브로드웨이', 'X 애버뉴', '엠버시 스트리트', '센터피터스 애버뉴', '포커 스트리트', '홀드업 애버뉴' 등의 명칭이 붙어 있어 지역 전체가 식민지적인 풍경으로 탈바꿈했다. 물론 거리에 미국식 명칭이 붙은 것은 긴자에 국한된 것이 아니었다. 점령군은 도쿄의 주요 도로 전체에 황거를 중심으로 방사형은 '애버뉴', 둥글게 구불구불 얽힌 도로는 '스트리트'라는 명칭을 붙였다. 그리고 애버뉴는 A에서 Z까지, 스트리트는 약 60개의 스트리트 이름이 붙어 있었다고 한다.

록본기/아자부의 '점령'의 기억

이런 과정에서 주목할 만한 것은, 이전에 미군시설이 집중되어 있던 지역이 전후 청년문화의 상징적 무대로 탈바꿈할 때 일종의 기억의 단절이 끼어들었다는 점이다. 록본기의 경우 1950년대 이후 이 거리를 둘러싼 담론 속에서 '점령'의 기억은 어떻게 표상되고 망각됐을까.

우선 확인해둘 점은 실은 '록본기'라는 명칭 자체가 1950년대 이전에는 전혀 일반석인 것이 아니었다는 사실이다. 원래 록본기에서부터 아자부, 히로오에 걸친 일대는 전전에는 아자부구로 독립되어 있었다. 아자부구는 1947년 미나토구에 통합되는데, 그 이후에도 구 아자부구의 거리들은 모두 '아자부 ○○초(町)'라는 명칭이 붙었다(지금도 아자부 주반, 아자부 나가사카초, 아자부 마미아나초 등이 남아 있다). 따라서 현재 일반적으로 '록본기'라 불리는 지역은 1950년대까지는 '아자부

단스마치', '아자부 헤에초', '아자부 이마이초', '아자부 다니마치'
등으로 불리면서 널리 '아자부'로 인식되고 있었다. 물론 '록본기'라
는 명칭이 전혀 없었던 것은 아니었고, 앞서 언급한 '단스마치', '이
마이초' 등과 동일한 수준의 지역으로서 현재의 록본기 교차로 부근
을 중심으로 '아자부 록본기초'라는 지역이 있었다.

그렇다면 아자부 안에 있는 어떤 지역이 언제부터 '아자부'가 아니
라 '록본기'로 불리게 됐을까. 사실 1950년대 말까지 신문기사 등에
서 '록본기'라는 지명은 거의 등장하지 않았고, 현재 록본기로 간주되
는 지역은 모두 '아자부'라고 불리고 있었다. '록본기'라는 명칭이 미
디어에 등장한 것은 1961, 62년경부터이다. 《아사히신문》을 예로 든
다면 〈난투 야쿠자 20명 체포, 록본기 영역 다툼〉, 〈아카사카 록본기
'도쿄 조계(租界)'를 탐방하다〉, 〈심야의 '록본기' 손질, 유흥업 위반〉,
〈철저한 적발, 위반도 일상적으로 벌어지는 '록본기'〉 등의 제목이
갑자기 빈번히 등장하게 된다. 지하철 히비야선 록본기역이 개업하는
것은 1964년, 아자부 미카와다이초, 아자부 료도초, 아자부 이마이초
등의 지역이 '록본기'의 주거표시로 변경되는 것은 1967년인데, 그
몇 년 전부터 '록본기'라는 지명은 서서히 '아자부'를 침식하기 시작
한 듯하다. 더군다나 이 시기의 '록본기'는 특히 유흥업이나 야쿠자,
조계 등 부정적인 이미지로 거론되고 있다. 전체적으로 보자면 1960
년대 이후 '아자부＝교육·주택지'／'록본기＝밤의 환락가'라는 분
할선이 암묵리에 형성되어 있었던 듯하다.

이 무렵 록본기의 변화를 독특한 문체로 표현하고 있는 이는 CM송
작사가 시절에 록본기에서 살았던 노사카 아키유키(野坂昭如)이다. 노

사카는 1957년부터 2년 정도 마미아나초에 살고 있었는데, 당시 록본기에는 "도심의 단 하나의 미군 기지로서, 연대 사령부는 접수되어 하디발락스가 됐다. 료도초의 끝자락에 통신대대의 막사가 있었고, 진주군을 보면 한편으로는 두렵기도 했지만 호기심으로 쳐다봤고, 주변을 두리번거리며 돌아다니는 버릇이 있어서 어딘지도 모르는 기지 동네의 표정을 밤에 어슬렁거리며 바라본 적이 있다. 20채 가량의 바, 게다가 질 나쁜 골동품, 중국명 양복점이 눈에 띄고, 진주군 전용 클럽인 아오야마 잇초메 가까이에 있는 코스모폴리탄, 이이쿠라에 콜든게이트"가 있었다.

그러나 "1956년 무렵부터 미군만 상대해서는 유지할 수 없게 되자 클럽이나 바는 일본인 고객들을 환영하기 시작했다.……1957년 봄에 일본 최초로 마시던 술병을 맡겨두는 제도를 코스모폴리탄이 채용하면서 그 이름도 키클럽, 골든게이트는 88이라는 이름으로 바꾸었다. 요코하마의 네기시야(根岸屋)식, 스시 라면 비프스테이크 된장 등 일본·중국·서양을 뒤섞었고, 여성 또한 아마추어와 전문가들이 뒤섞여 있었다." 점령군을 상대하다가 전환한 이들 클럽이나 바에는 처음에는 재즈 뮤지션, 이어서 방송 관계자들 그리고 유흥을 즐기는 젊은 이들이 모여들었다. 그 무렵 "긴자에서 창궐하고 있던 게이 바가 모두 망하고 이 지역으로 옮겨왔다. 1959년 TBS와 더불어 NET, 후지 TV가 개국했는데, 모두 자동차로 한 걸음에 갈 수 있는 매우 짧은 거리였기 때문에 PD와 연예인들이 록본기에 몰려온다."[10) 이렇게 말하는 노사카는 당시 텔레비전 CM이나 음악프로그램에 종사하고 있었고 록본기 주변에 북적이는 업계 관계자들의 흐름 속에 있었다.

1960년 전후 록본기는 미군 점령기의 기억을 은폐하면서 상품가치를 바꾸어 고객의 중심을 점령군 병사들에서 텔레비전 관계자들로 이동했다. 이 과정은 양의적(兩義的)이다. 한편 당시 록본기에는 분명 미군과의 관계가 여기저기서 얼굴을 내밀고 있었으며, 1960년대 말에도 이 "주점과 미군 병사들의 동네"는 "베트남에서 돌아온 미군 병사들이 일본의 휴일을 잠자는 시간도 아껴가면서 먹고 마시고 춤추는 곳"이었다.[11] 그러나 다른 한편으로 록본기는 점령군의 동네에서 미디어가 연출하는 유행을 경쟁하듯 받아들이는 젊은이들의 거리로 탈바꿈하고 있었다. 히비야선 개통으로 이 대중화에 박차가 가해지고 1970년대에는 디스코 붐이 거리의 표층을 뒤덮고 있었다. 하지만 학생시절에 아자부 주반에 살면서 록본기에서 유흥을 즐긴 오사와 아리마사(大澤在昌)는 이 무렵의 록본기에서는 "요코스카에 미군의 배가 도착하면 저녁에는 미군 병사들이 디스코에 넘쳐났다"라고 한다.[12]

그리고 로버트 화이팅(Robert Whiting)의 《도쿄 언더월드》는 점령군 중사로서 일본에 온 이탈리아계 이민 니콜라 자베티가 군 유출품의 암거래에서 프로레슬러, 보석 강도까지 저지르면서 이윽고 1950년대 중반 록본기에서 본격적인(?) 아메리칸 스타일의 이탈리안 레스토랑을 열어 성공하는 모습을 생생하게 그려냈다. 자베티의 가게는 요상한 카바레와 바, 게이샤 하우스는 많이 있었지만 저렴한 가격의 멋진 레스토랑이 거의 없었던 록본기에서 인기를 얻으면서 기지의 장교들이나 기자, 외교관들로 넘쳐났다. 미군의 《성조기(*The Stars and Stripes*)》나 일본의 언론에 이 가게가 소개되면서 자베티의 사업은 계속 확장하게 된다. 록본기의 이 가게는 마침내 이 지역을 자신들의 영역으로 삼는 야쿠자와 레슬러들이 모이는 장소가 됐고, 일본을 방문한 할리우드 스타들과 연예인, 나아가 일본인 비즈니스맨들을 흡수했다.[13] 자베티의 사업 성공과 완만한 추락은 록본기라는 거리에서 미군의 그림자가 무대 뒤로 밀려나는 과정을 상징적으로 보여주고 있다.

하라주쿠, 그리고 기지에서 방송국으로

전체적으로 볼 때 이와 동일한 모습을 하라주쿠에서도 발견할 수 있다. 록본기에서 점령군의 영향이 카바레나 바, 미군을 상대로 한 여성 등 전형적인 기지 거리의 양상을 드러내고 이윽고 방송국 관계자들이나 연예인과의 관계로 이어지는 데 반해, 하라주쿠에서 점령군의 영향은 적어도 표면상으로는 패션이나 그래픽, 디자인 같은 종류가 주류를 차지하고 있었다. 록본기는 하디발락스 등에 주둔하는 일반 병사들이 많았지만, 하라주쿠의 워싱턴 하이쓰에 살고 있던 이들은 장교급 가족 동반자들이 많았고 하이쓰 내부에 거의 모든 생활 기능이 충족되어 있었기 때문인 것으로 보인다. 그렇다고는 하지만 하라주쿠의 경우에도 이 거리의 '탈기지화'는 1960년대 중반이 전환점이었고, 이윽고 미디어와의 관계에서 새로운 거리의 이미지가 구축되어 왔기에 록본기와 뚜렷한 공통점이 있다.

하라주쿠가 '점령군의 거리'에서 '패션의 거리'로 이행한 것을 상징하는 것은, 앞서 언급한 고바야시 노부히코의 회상에도 등장했던 센터럴 아파트이다. 원래 오모테산도와 메이지 도오리의 교차로 일

각, 워싱턴 하이쓰의 거의 정면에 지상 7층, 지하 1층의 고급 임대 맨션인 센터럴 아파트가 건설된 것은 1958년이었다. 당초에는 미군을 상대로 한 무역상이나 외교사절단 등이 들어가는 '조계'였지만, 하이쓰가 반환되면서 미군의 수요가 축소하자 디자이너와 일러스트레이터, 사진작가 등이 스튜디오를 만들었고 잡지 편집실 등도 들어와 센터럴 아파트는 초창기 일본의 대중문화를 상징하는 공간으로 변모한다. 하라주쿠는 대형 광고대행사들이 밀집한 긴자, 혹은 언더그라운드 문화의 거점으로서 시끌벅적한 신주쿠와도 다른 "외국 냄새가 나고 조용하면서 좋은 거리"로 수용되면서 크리에이터들을 유혹한 것이다.[14] 록본기에서 기지의 거리가 연예계나 음악세계로 이어지는 방식으로 변용했다고 한다면, 하라주쿠의 변용을 매개한 것은 오히려 광고업계를 중심으로 한 사람들의 연결고리였다.

그 무렵 방송국 연예계 쪽으로 눈을 돌린다면, 음악세계에서도 밴드맨들이 점차 기지 안의 일자리를 떠나 텔레비전을 통해 일본인 시청자들을 대상으로 노래를 부르게 됐다. 1950년대 후반 미군이 일본 본토에서 떠나가는 가운데 그동안 기지를 돌아다니며 돈을 벌고 있던 밴드맨 대부분이 기지에서 내몰리게 된다. 연주가 서툴더라도 미군을 상대로 한 일이라면 돈벌이가 된 시절은 이젠 과거사가 됐고 실력이 좋은 뮤지션은 기지 안의 일에 한계를 느끼기 시작했다.

바로 이 시기, 철수하는 점령군을 대신해 일상 속으로 급속하게 침투한 것이 텔레비전이었다. 와타나베 프로덕션이나 호리프로 등 기지의 흥행 중개업자들 일부가 방송업계와 연결되고 레코드산업의 발전과 맞물려서 전후 가요세계를 형성한다. 특히 중요한 것은 신디사이

저는커녕 가라오케도 없던 시절에 이러한 미디어산업의 일자리, 즉 가요 프로그램의 백밴드나 스튜디오 뮤지션이라는 자리는 기지를 떠난 밴드맨들의 안정적인 직장이 됐다. 일반적인 일본인은 이리하여 "진주군 클럽에서 노래하고 있던 가수들이 레코드 데뷔함으로써 그들의 노랫소리나 클럽에서 노래한 곡을 들을 수 있게 됐다."[15] 몇 년 전까지 기지라는 폐쇄된 공간에서 자라고 있던 점령자와 예능인들의 관계가 이때부터 텔레비전이나 레코드, 라디오 등 미디어를 통해 전후 일본인의 일상공간 속에 일거에 넘쳐나게 된다.

기지의 미국, 비치의 미국

수도 주변 미군 접수지의 분포

점령기의 미군시설들은 도쿄 주변에 어떻게 배치됐을까. 이 무렵 수도권만 보더라도 15만 명에 가까운 미군 병사들이 있었고 기지 숫자도 60개를 넘었으며, 각각 계급별 위안시설이 있었다. 1948년에 GHQ가 발행한 《GHQ 도쿄점령지도(*City Map of Central Tokyo*)》를 보면 당시 미군시설의 배치를 대략 파악할 수 있다. GHQ의 주요 시설들이 집중된 곳은 히비야(日比谷)에서부터 가스미가세키에 걸친 일대였다. 히비야 도오리를 따라 큰 건물은 모두 접수됐고, 황거 앞 광장이나 히비야공원에서 긴자 도오리까지는 글자 그대로 미군 조계지였다. 또한 지쿠지 아카시초, 가미야초, 롯본기 주변 등에도 여러 시설들이 산재해 있었고 하마마쓰초에도 창고나 PX 관련 시설들이 있었다.

한편 주거지로는 하라주쿠의 워싱턴 하이쓰, 롯본기·아자부 지구, 그리고 그랜트 하이쓰가 있던 네리마 등에 대규모 숙사가 모여 있었

히비야 교차로 부근, 1946년 7월경의 거리 풍경(후쿠시마 주로 편, 《GHQ 도쿄점령지도》, 유쇼도 출판, 1987).

다. 그밖에도 아자부, 히로오, 시로가네, 산노, 덴엔초후, 센조쿠 등지에 접수지가 많았다. 분명한 사실은 미군시설은 도쿄 전역에 균등하게 분산되어 있었던 것이 아니라 긴자·히비야를 중심으로 록본기, 히로오나 하라주쿠·요요기 주변 그리고 조난(城南) 방면으로 편중되어 있었다는 점이다. 미군 병사들 주택의 분포는 도쿄 고급주택지의 분포와 많이 겹치는데, 고급주택지 중에서도 도쿄의 서북부 쪽에는 상대적으로 적었고 미나토구에서 오오타구에 걸쳐 전전부터 이어진 주택지에 많이 분포되어 있었다.[16)]

이와 같이 도심에서 조난에 걸친 지역에 미군 접수지가 많이 분포된 까닭은 첫째로는 이들 주택지에 전쟁 피해를 입지 않은 가옥들이 비교적 많이 남아 있었기 때문이고, 또한 서양식 건축이 많았기 때문이기도 하다. 예를 들어 덴엔초후에서는 그 지역에서만 거의 50채나 되는 많은 주택이 접수됐는데, 그 주된 이유는 미국인이 사용하기에

적합한 서양식 주택들이 많이 모여 있었던 탓이라고 한다.[17]

하지만 접수지 분포에는 또 하나의 명백한 이유가 있었다. 이들 지역은 연합군 사령부가 있는 히비야와 간토(關東) 지역에서 미군 최대의 거점이었던 요코하마·요코스카 방면의 중간에 있었다. 미군은 국도 1호선과 요코스카선으로 요코하마·요코스카와 도쿄 도심을 연결하고, 국도 246호선으로 아쓰기 방면과 도쿄 도심을 연결할 수 있었다. 점령군의 관점에서 본다면 요코스카에서 아쓰기, 자마, 요코타, 다치카와, 존슨으로 이어지는 모든 주요한 기지가 연선에 펼쳐진 국도 16호선과 도쿄 도심이 연결되는 부채꼴의 광대한 영역 안에 기지, 주택, 사령부, 창고 등의 시설들 대부분을 전략적으로 배치한 셈이 된다. 그리고 이 부채꼴 영역에는 이윽고 고도경제성장기를 통해 방대한 숫자의 샐러리맨 가족들의 교외 주택지가 다른 지역에 앞서 건설되어 전후 일본의 새로운 '풍요로운' 라이프스타일이 실험되는 영역과 거의 겹치는 곳이 됐다.

기지의 현(縣) 가나가와, 그리고 쇼난 해안

그리고 이러한 접수 주택지역 앞쪽에 있는 종착지에는 본토의 미군 최대의 거점인 가나가와현(神奈川縣)의 기지들이 있었다. 점령기에서 1960년대까지 요코하마 시내에는 다수의 창고지대와 미군 병사들의 주택지구가 있었고 그 주변에는 요코스카 해군기지와 아쓰기 비행장, 극동미군의 사령부가 있는 자마 기지 등이 펼쳐져 있어서 가나가와는

지가사키 비치에서 있었던 제1회 미군 훈련(1946년 10월 17일, 아메리카합중국 국립공문서관장,《지가사키의 아메리카군》, 지가사키 시, 1995년에서).

본토 최대의 기지 현이었다. 1950년대에는 오키나와를 제외한 본토의 약 3분의 1의 미군시설이 가나가와현에 집중되어 있었다. 이러한 집중 현상은 1960년대 말까지 계속된다. 1960년대 말 가나가와 안의 기지 숫자는 45개, 면적은 약 26.6제곱킬로미터였는데, 2위 이하의 도쿄, 후쿠오카, 나가사키, 홋카이도, 아오모리 등 다른 현의 기지 면적을 크게 웃돌고 있었다.

이러한 가나가와의 기지 중에서도 시가지에 근접한 탓에 미군에 의한 접수 직후부터 지역생활이나 대중문화와 밀접하게 관련을 맺게 되는 곳은 요코하마에서 요코스카, 미우라반도(三浦半島)를 사이에 두고 쇼난(湘南) 해안선을 따라 들어선 기지시설들이다. 그중에서도 즈시·하야마에서 후지사와, 지가사키까지 쇼난 해안 일대에는 수많은 미군 시설들이 배치되어 있었다. 당시 하야마에는 캠프 맥길, 지가사키에는 캠프 지가사키라는 두 개의 주요 기지가 놓여 있었고, 또 후지사와에서 지가사키에 걸친 해안선은 '지가사키 비치'라 불리는 광대한 포격과 폭격 연습장이었다.

구리타 나오야(栗田尙彌)에 따르면 지가사키 비치의 동쪽에 있는 쓰지도 해안에서는 상륙연습, 서쪽의 지가사키 방면에서는 직간접적인 사격연습이 있었을 뿐만 아니라 그 일대에서 "폭격훈련, 항공기의 폭격연습, 공병부대의 낙하산 훈련 등 광범위한 훈련·연습이 실시됐고, 더불어 화약·탄약의 처리 등도 종종 이루어졌다." 게다가 "그 규모는 소대, 중대 수준의 소규모 훈련을 비롯해 사단, 군단 규모의 대규모 훈련까지 있었다"고 한다.[18]

지가사키 비치에는 연습 때마다 각지의 기지에서 다수의 미군 병사들이 들어왔기 때문에 미군 병사들의 폭행이나 불법행위가 끊이지 않았고, 미군을 상대로 한 매춘도 지역의 사회 문제가 되고 있었다. 후지사와에서는 패전 후 얼마 지나지 않아 RAA의 위안시설의 일환으로 시 당국이 특음(特飮)업자들에게 협력을 요청해 새로운 곳에 미군용 위안시설이 개설됐다. 나중에 시 당국이 스스로 추진한 이 위안시설은 폐지되지만, 종업원 대부분은 적선지구의 특음점에 직장을 옮기든가 거리의 창녀가 될 수밖에 없었기 때문에 실태가 변한 것은 아니었다. 후지사와에서는 이처럼 미군을 상대로 한 특음점이나 창녀의 존재가 오랜 세월 동안 문제시됐는데, 1949년 후지사와에 살고 있는 한 주부가 가나가와 군정에 제출한 진정서에는 다음과 같이 쓰여 있었다.

이곳 후지사와의 마치아이(待合. 요정 등에 찾아오는 손님을 맞이하거나 손님들끼리 서로 약속 장소로 만나는 곳인데, 남녀가 밀회하는 장소로 쓰이기도 했다—옮긴이)에는 약 100여 명 정도 밤의 여자가 있고, 그녀들의 교양 없는 행위는 어머니들에게 큰 빈축을 사고 있습니다. 저는 어디 다른 곳으로 이사하고 싶은 생각입니다만, 요즘같이 주택이 부족한 상황에서는 도저히 상상조차 할 수 없는 일입니다.……이 지역에는 식품이나 술을 파는 가게가 6군데 정도 있습니다만, 거기서는 한밤중 2, 3시까지 식품이나 주류가 공공연히 판매되고 있고, 술주정뱅이들이 떠드는 소리나 방음이 여기저기서 들려옵니다. 또 축음기도 아침 6시부터 저녁 12시 지나서까지 볼륨을 크게 해 계속 틀고 있습니다.[19]

지가사키에서는 "미군을 상대하는 매춘부의 출현으로 백주대낮에 주택지 부근 소나무 숲 등에서 노골적인 성행위가 낯 뜨겁게 벌어지고 있어서 자녀가 있는 어머니들은 '어머나 이를 어째!'라는 경악과 불안스런 비명을 지르고", 나아가 "매춘부 중에는 연습장 부근에 방을 빌리는 이도 있고 해서 이들의 이동도 예상된다"며 교육관계자들과 PTA(Parent-Teacher Association), 부인회가 이 문제를 심각하게 받아들이고 있었다. 1954년에는 지가사키 시의회에서 "매춘에 관한 행위를 단속함으로써 선량한 풍속을 유지"하려는 풍기단속 조례가 가결됐다. 그러나 이러한 대책에도 불구하고 "미군 병사들 주변에는 그들을 상대하는 여성들의 그림자가 따라다니면서 지가사키, 후지사와의 사회상·풍기상 중대한 문제로서 계속 남아" 있었다.[20]

이리하여 요코하마·요코스카에서 후지사와, 지가사키, 하야마까지 가나가와 전역에 펼쳐진 미군 기지는 가나가와의 기지 주변에 거주하는 사람들 사이에 다양한 교섭을 발생시키고 있었다. 예컨대 당시 지가사키 기지에서 하우스보이로 일하고 있던 스즈키 씨는 구리타의 조사에 응하면서 기지의 미군 병사들과 지역 주민들이 접촉하는 장면을 다음과 같이 묘사하고 있다.

> 여름에는 영화 상영회를 밖에서 합니다. 그러면 야나기지마로 가는 길의 벽 바깥에서, 바깥에서 근처 주민들이 모두 보고 있어요. 그러면 말이죠, 병사가 맥주를 마시면서 여자에게 말을 걸기 시작하죠. 영화를 제대로 볼 수가 없어요……. 젊은 여자들은.
>
> 그 무렵에는 미국인을 보면 모두 깜짝 놀라죠. 여자들, 특히 젊은 여자들은 주눅이 들어서 말입니다. 그런 여자들에게 작업을 걸기 위해 접근하는 거죠. 정말 술버릇이 나쁜 병사들이 많았어요. 그런 점에서는 굉장히 느슨했죠.[21]

스즈키는 이 영화 상영회에 대해 "일반인들은 안에 들어가지 못합니다. 그래서 철조망 너머로 봤어요. 길에서 본 거죠. 병사들은 안에서 의자에 앉아 보는데, 여자친구를 동반해서 병사들은 안에서 보죠. 일반인은 밖에서. 안에는 들어가지 못해요. 다만 동반자는 볼 수 있는 거죠. 천연색의 외국 영화였어요.……나도 두세 번 보러 갔는데"라고 덧붙였다. 추측컨대 이런 종류의 행사는 기지에서 비교적 자주 개최됐던 것 같고, 종종 지역 주민들이 벽 너머로 구경한 모양이다. 미군 기지는 지역사회의 젊은이들에게 새로운 욕망을 불어넣고 있었던 셈이다.

요코스카의 매춘과 재즈

미군 기지의 수용은 요코스카(橫須賀)에서 창녀의 급증을 초래했다. 게이오기주쿠대학(慶應義塾大學) 사회사업연구회가 1953년에 정리한 《창녀와 아이들—특히 기지 요코스카시의 현 상황분석》에 따르면, 요코스카의 "창녀는 점령군의 진주와 더불어 발생했고, 1948년 3월경에는 약 1천여 명(추정)이라고 한다.……1950년 여름 한국전쟁을 경계로 해서 계속 늘어나 2,500명 또는 3천 명이 됐다. 같은 해 가을에는 단속도 매우 자주 이루어졌지만, 그러나 그 숫자는 4천 명 또는 5천 명이라는 놀라운 증가를 보였다"고 한다. 그리고 그녀들을 데리고 있는 '하우스'가 거리 곳곳에서 증식하면서 1950년대 초반 시점에는 이른바 도부이타 거리를 중심으로 요코스카 시내에서 약 1,300곳 정도가 있었다고 한다. 당시는 요코스카의 경제 그 자체가 기지나 미군에 의존하고 있었는데, "창녀들이 시 경제에 주는 영향은 상당히 컸고, 창녀·주둔군 병사와 시내 상점은 밀접한 관계를 맺고 있었으며, 풍기단속의 강약에 따라 각 상점은 그 매상에 영향"을 주었다고 한다.

1950년대까지 요코스카에서는 지역 경제가 기지에 의존하고 있었던 탓에 미군을 상대하는 창녀들에 대한 사람들의 태도는 양가적인 것이었다. 게이오기주쿠대학 그룹의 보고서는 요코스카시 교육연구소가 1952년 해당 시의 아동을 대상으로 실시한 시내의 창녀에 대한 의식조사의 결과를 제시하고 있다. 이에 따르면 초등학생은 전체의 23퍼센트, 중학생은 31퍼센트가 창녀에 대해 "좋다"는 평가를 내리고 있고, 그 이유로는 "자동차를 탈 수 있어서", "껌이나 초콜릿을 먹을

1950년경 요고스가 도부이타 거리의 밤 풍경(《요코스카시 역사》, 상권, 요코스카시, 1988에서).

수 있어서" 등 물질적인 것을 비롯해 "영어를 할 수 있어서", "외국인과 함께 걸을 수 있어서" 등이 있었다.

예컨대 어떤 초등학생 여자아이는 "저는 팡팡을 보면서 부럽다는 생각을 한 적이 있어요. 왜냐하면 옷도 예쁜 것을 입고, 신발도 새것을 신고, 어깨에 핸드백을 걸치고 있고, 핸드백을 열면 돈이 많이 들어 있어서"라는 대답을 했다. 또 다른 중학교 2학년생은 "미국인과 팡팡이 영어로 말하고 있었다. 나는 영어를 말할 수 있어 좋겠구나 하고 생각했다"고 대답했다. 이러한 감정을 반영해서인지, 이 시절의 요코스카 아이들 사이에서는 '팡팡놀이'라는 것이 유행하고 있었다고 한다. "남자아이와 여자아이가 마치 병사와 팡팡처럼 아베크로 같이 걷거나 댄스 흉내를 비롯해 키스놀이를 하기도 한다."[22] 아동들 중에는 창녀나 매춘에 대한 거부반응을 보이는 경우도 많았지만 그래도 30퍼센트 정도는 별다른 부정적인 태도를 보이지 않은 듯하다.

이 당시 요코스카 도부이타 거리의 분위기를 기록한 귀중한 시도로는 오쓰키 다카히로(大月隆寬)의 작업이 있다. 오쓰키는 도부이타 거리에서 1950년대부터 바를 운영해온 후지와라 씨의 인터뷰를 소개하고 있는데, 후지와라의 이야기는 시대를 자유자재로 넘나들면서 베트남전쟁 시기까지 요코스카의 분위기를 부각시키고 있다. 후지와라의 입에서 거침없이 튀어나오는 일화를 통해 드러나는 것은 꽤 오랫동안 "미국의 점령지대 같았던" 요코스카 도부이타 거리의 번잡함, 그리고 다른 기지 거리에서 요코스카로 흘러들어온 여성들의 인생, 전장과 기지 안팎에서 미묘하게 표정을 바꾸는 미군 병사들의 모습, 그러한 미군 병사들과 여성들을 이어주는 장사가 얼마나 요코스카 거리에 깊이 뿌리내리고 있었는가에 관한 것이다.

오쓰키는 인터뷰를 마친 뒤 후지와라가 들려주는 요코스카에서는 전형적인 기지의 모습을 엿볼 수 없다고 하면서, "그렇다고는 하지만"이라며 다음과 같이 말을 잇는다. "후지와라 씨의 이야기 앞에 앉아 있을 때, 거기에서는 울리고 있지 않은 가수 가사기 시즈코의 목소리를 마치 기억 깊숙한 곳의 무대 배경처럼 삼아, 거기에 감돌기 시작하는 이상한 분위기는 나 자신은 결코 거기에 있었던 적이 없는 '기지'의 기억에 어떤 회로로 연결되어가는 듯한 느낌이었던 같다."[23]

그리고 그 무렵 요코스카는 확실히 전후 일본 재즈의 중심적인 지역이 됐다. 수많은 클럽에서 재즈가 매일 연주됐고, 이러한 토양에서 아키요시 도시코(秋吉敏子), 크레이지 키드 등 스타도 배출됐다. 당시

요코스카의 재즈 뮤지션이었던 오오타 미노루(太田稔)에 따르면 "최전
성기의 요코스카 재즈를 지탱한 이러한 연주 장소가 대체 얼마나 있
었을까. 미덥지 않은 기억에 의지해 이름을 거론해보고는, 이 작은 동
네에 용케도 이렇게 많이 있었나 하고 새삼 당시의 번성을 떠올리게
된다"고 한다. 오오타가 거론하는 것은 그랜드 팔레스, 그랜드 시마,
트레이드 윈드, 이글, 클럽 이치방, 클럽 요코스카, 화이트 핫, 클럽
킹, 그랜드 럭키, 클럽 후지, 그랜드 체리, 클럽 다이아몬드, 클럽 홍
란, 클럽 파나마 등으로, "그밖에 이름을 알 수 없는 클럽이 상당수"
있었다고 한다.[24]

아메리칸 비치에 대한 욕망

그러나 1950년대 후반이 되면 미군 기지와 병사들의 모습이 서서히
일상의 직접적인 풍경에서 멀어져 '일부의 지역' 문제로 간주됨에 따라
쇼난에서도 '미국'은 단일한 이미지로 순화되어 사람들의 의식을 사로
잡기 시작한다. 예컨대 1957년 5월 11일 《아사히신문》은 쇼난 해안이
이젠 '동양의 마이애미'가 되려고 안간힘을 쓰고 있다는 사실을 전하고
있다. 이에 따르면 앞서 언급한 지가사키 비치의 동쪽에 있는 가타세
해안은 "해안 풍경을 즐기는 드라이브 웨이, 근대적인 비치하우스와 넓
은 모터 풀"을 갖춘 "버터 냄새가 날 정도로 모던한 해수욕장"으로 변신
하고 있었다. 가나가와현은 여기에 '마린랜드', '비치하우스', '헬스센
터' 등을 건설하고 나아가 외자계 호텔도 유치해서 쇼난 해안을 마이애

미 비치에 필적하는 일대로 탈바꿈시킬 계획이라고 한다.

1950년대 후반 이런 종류의 '아메리칸' 쇼난의 이미지는 영화 〈태양의 계절〉(1956)이나 〈미친 과실〉(1956) 등의 영향 등으로 일거에 대중화하면서 오늘날과 같은 쇼난 이미지를 뒷받침해나간다. 물론 쇼난 해안이 "버터 냄새가 날 정도로 모던한 해수욕장"으로 변신할 수 있었던 것은 기지에서 이러한 해안에 놀러온 미군 병사들이 있었기 때문이다. 예를 들어 나중에 쇼난 해안은 서핑을 즐기는 젊은이들의 메카가 되는데, 근처 기지에서 놀러와 서핑을 즐긴 미군 병사들이 이 지역에 서핑이 뿌리 내리게 했다. 쇼난 해안의 풍경은 오키나와를 비롯해 괌, 하와이, 마이애미 등 기지와 리조트가 등을 맞대고 관광객을 유치하는 여러 아메리칸 비치와 연속선상에 놓여 있다. 이러한 글로벌한 미군 기지 문화를 배경으로 이시하라 유지로(石原裕次郎)의 열광적인 인기나 쇼난 보이의 모델로서 연출된 가야마 유조(加山雄三, 1937~. 배우 겸 가수—옮긴이), 나아가 음악그룹 서던올스타스(Southern All Stars)에 이르기까지 쇼난 사운드가 등장하게 된다.

1950년대 태양족 붐이나 이시하라 유지로의 인기에서는 유지로의 육체에서 뿜어져나오는 '외인성(外人性)'의 강조가 다양한 방식으로 반복되고 있었다. 이시하라 신타로(石原愼太郎)는 자서전적인 소설 《남동생》(1996)에서 그들 형제가 쇼난에서 생활하던 시절을 언급하고 있다. 그는 아버지가 요트를 사준 일 등 그들 형제에게 맹목적인 사랑을 베푼 것에 대한 묘사에는 세심한 주의를 기울이고 있지만, 정작 그들이 자란 전후의 즈시나 쇼난 해안의 상황에 대해서는 전혀 언급하고 있지 않다. 하지만 〈태양의 계절〉이나 〈미친 과실〉을 비롯한 동시대

의 태양족 영화에는 당시의 쇼난 해안에서 꿈틀거리고 있던 욕망의
정치학이 무자각적으로 명료하게 내포되어 있었다.

예컨대 마이클 레인이 지적한 바와 같이, 영화 〈태양의 계절〉의 전
반부에서는 빠른 말투로 영어와 일본어가 뒤섞인 대화를 하면서 영
어학원에서 돌아오는 수영복 차림의 여자들이 등장한다.[25] 그녀들
은 영어 닉네임을 갖고 있고 '가이진(外人. 외국인)'처럼 행동하고 있
었다. 〈미친 과실〉에서 기타하라 미에(北原三枝)가 연기한 히로인은
미군 장교의 '온리'였다. 유지로는 이를테면 점령군 손에서 여자를
강탈하는 것이다. 이들 영화의 설정에서는 쇼난이 그야말로 미군의
토지라는 사실, 거기를 활보하는 여성들의 배후에 있는 '미국'을 엿
볼 수 있나.

그리고 이시하라 유지로가 그 속에서 특권적인 지위를 획득해나가
는 데에는 그 자신의 표층적인 외인성—일본인답지 않은 긴 다리와
얼굴, 버터 냄새나는 동작이 크게 작용하고 있었다. 이를테면 유지로는
쇼난의 식민지적(colonial)인 자신, 점령자 '미국'의 분신으로서의 자신
을 폭력과 성, 육체에서 거울상처럼 체현하고 있었던 것이다. 흥미롭게
도 1950년대 니카쓰(日活)영화사 소속의 스타들 중에서 비록 아류이긴
하지만 유지로적인 버터 냄새에 가장 근접한 아카기 게이이치로(赤木圭
一郎) 역시 가타세 해안 가까이의 비교적 유복한 가정에서 태어났다. 이
시하라 유지로와 아카기 게이이치로에게 볼 수 있듯이 이 시대의 쇼난
에는 젊은이들이 '일본 안의 미국'을 체현해가는 문화역학이 구조화되
어 있었다. 그리고 1960년대 이후 쇼난 인기는 이러한 1950년대 기지
와 문화소비의 관계를 은폐한 기반으로서 확산되어간 것이다.

1950년대 일본의 '반기지'와 '기지 의존'

'미국'의 분열

미군 기지에서 '미국'이 여전히 흘러나오고 있던 1950년대는 동시에 격렬한 기지투쟁시대이기도 했다. 1953년 이시카와현(石川縣) 우치나다에서 미군 기지 포탄 사격 연습장 무기한 사용에 반대하는 투쟁의 급속한 확산에 호응이라도 하듯이, 도쿄에서는 세타가야 기지에 반대하면서 도내 최초의 반기지 데모가 일어났다. 그 무렵 묘기산과 아사마산, 기타후지 등에서 기지 확장에 반대하는 투쟁에 불이 붙었다. 급기야 1955년 다치카와 기지 확장에 반대하면서 일어난 스나가와초(砂川町) 주민들의 '스나가와투쟁'이 불거져나왔다. 이듬해 10월에는 강제 측량을 둘러싸고 농민, 이를 지원하는 노동조합원들과 학생들이 경찰과 충돌하면서 다수의 부상자가 나오는 사건이 벌어졌다. 그 무렵 오키나와에서도 잇따라 발생하는 주민과 여성에 대한 미군 병사들의 폭력, 살인과 주민 의사를 무시한 점령 방침에 사람들의 분노가 폭발해 '섬 전체의 투쟁'이 전개되고 있었다.

1950년대 중반 일본열도 각지에서 일어난 격렬한 반기지투쟁의 확산은 해외 언론들도 주목해서, 냉전 속에서 소련과 중국에 대한 견고한 방벽을 구축하려 한 미국의 세계전략에 있어 커다란 위협으로 받아들여지고 있었다.

그러나 이와 동시에 확인해둘 점은, 1950년대 말부터 시작되는 본토의 미군 기지 시설의 감소이다. 당시 인도네시아 정세가 악화되는 가운데 더욱더 기지의 존재가 중요해진 오키나와와는 대조적으로 본토에서는 점차 미군 기지의 존재가 무대 뒤로 물러나고 있었다. 1950년대 중반까지 모든 방면에 방대한 미군시설이 설치됐고 본토에서도 기지는 그 누구라도 쉽게 볼 수 있는 일상적인 현실이었다. 하지만 본토의 미군 기지는 1950년대 후반부터 1960년대에 걸쳐 감소하면서 1968년까지 비행장은 7곳, 연습장은 16곳, 항만시설은 9곳, 군 막사는 4곳, 주택시설은 17곳이 있었다. 병사 수는 1952년 26만 명에서 1955년에는 15만 명, 1957년에는 7만 7천 명, 1960년에는 4만 6천 명으로 감소했다. 이런 과정에서 주일 미군의 주력군은 공·해군으로 바뀌었고 육군의 비중은 낮아졌다. 1960년대 말이 되어도 각지에 여전히 기지가 남아 있었지만, 이젠 더이상 곳곳에 미군시설이 있어서 병사들을 일상적으로 볼 수 있다는 현실은 사라졌다. '기지의 문화'는 몇몇 주요 시설에 국한되면서 철조망 저편에 갇히게 된 것이다.

본토의 이러한 기지 축소는 얼마간은 반기지투쟁의 성과라고 할 수 있다. 스나가와에서는 주민들이 격렬하게 저항한 결과로 다치카와(立川) 기지 확장계획은 중지됐다. 하지만 동시에 1950년대 후반에 미국은 본토의 기지를 주요한 것에 한정시키면서 그동안 '점령'을 바탕으로 한 체제를 좀처럼 눈에 띄지 않도록 재편하고 있었다. 그 결과 일본 본토에서 두 가지의 '미국'은 뚜렷하게 분열하기 시작한다. 하나는 원래 미군 기지나 위안시설 안에서 육성되어왔지만 점차 그 폭력적인 관계는 수면 아래로 가라앉고 오히려 상품이나 미디어에 매개된 이미지로 소비되는 존재로서의 '미국'이다. 다른 하나는 글자 그대로 '폭력'으로서 사람들의 일상에 침투하고 그에 따른 반기지투쟁의 표적이 되는 기지로서의 '미국'이다. 사실 이는 똑같은 하나의 '미국'의 서로 다른 측면이었다. 그러나 일본이 고도경제성장으로 향하는 1950년대 후반을 경계로 록본기나 하라주쿠의 '미국'과 훗사나 요코스카의 '미국' 사이의 단층이 확대되면서 양자가 본디 별개라는 인식이 사람들 사이에서 성립되어간다. 전자는 처음부터 문화소비의 수준에서 완결되어 있는 것처럼 간주됐고, 후자는 기지공해나 미군 병사들의 성폭력, 마약 등의 문제만이 부각됐다.

미군 기지에 반대하는 농민들

1950년대 '미국'의 이러한 분열을 우리는 어떻게 다시 파악할 수 있을까. 예컨대 본토에서 1950년대 기지투쟁이 가장 격렬했던 무대는 물론 다치카와 기지 확장에 반대한 스나가와였다. 한편 요코타 기지 주변에서는 훗사(福生)가 기지의 거리로서 발전하고 있었다. 그러나 지리적으로 인접한 이 두 기지의 대조는 그리 단순하지 않다. 다치카

와와 훗사의 대조로 1950년대 일본의 대미의식이 양분되어 있었다고
는 할 수 없다.

1950년대 초반에 본토의 기지 거리 중에서 가장 번성했던 곳은 다
치카와였다. 다치카와에서는 "2만여 명의 기지 노동자가 주변 농촌은
말할 것도 없이 멀게는 야마나시에서 모여들었고 2,500여 명의 팡팡
들이 거리에 넘쳐났다. 호텔, 카페, 호프집, 특음점, 상인, 토건업자
등 시 전체가 경제적으로 기지에 의존하고 있었다.……미군 병사들
의 폭행, 갱과 불량배들의 횡행, 일본 경찰의 무기력과 매판화, 시정
의 매판화 등은 미국 서부극 마을을 방불케 하는" 상황이었다.[26] 훗사
는 다치카와를 뒤따르게 되고 공식 자료에 나와 있는 매춘부 수만 보
더라도 1953년 시점에서 다치카와가 1,200명인 데 비해 훗사는 500명
이었다.[27]

따라서 1950년대 '기지 반대'와 '기지 의존'의 대립은 '다치카와'
와 '요코타' 사이에 있었던 것이 아니다. 오히려 다치카와 기지 주변
을 보더라도 다치카와 역전과 스나가와 지구에서는 기지와의 관계가
서로 전혀 달랐다. 굳이 말하자면 이 대립은 농촌과 도시의 대립, 보
다 정확히 말하자면 "기지에 의해 도시화된 지역"과 "기지에 인접한
농촌 지역"의 대립이었다.

1950년대 중반 스나가와초에서 기지반대투쟁이 격렬하게 고양된
데에는 이 지역의 농촌적 성격이 바탕에 있었다. 스나가와초는 다치
카와 기지 북쪽에 있는 동서 약 9킬로미터, 남북 약 4킬로미터라는 작
은 마을이었지만 1950년대 당시는 다치카와시와는 독립된 지자체를
이루고 있었다. 스나가와의 개척은 에도시대(1603~1867) 초기까지 거

미군 기지의 확장에 반대하는 스나가와초 여성들(《일본역사 전망 제12권, 전쟁과 평화에 살다―다이쇼·쇼와》, 오분샤, 1982에서).

슬러 올라갈 수 있는데, 쇼와(1926~89) 초기에 약 7천 명의 인구가 있었다. 다시 말해 스나가와는 전후의 새로운 개척지가 아니라 비교적 오래 전부터 있어온 도쿄 근교의 마을이었다. 이 지역에 다치카와 기지 확장계획이 발표된 것은 1955년이다. 나중에 반대동맹으로 투쟁을 지탱하는 미야오카 마사오(宮岡政雄)는 훗날 "이 연락은 갑작스러운 일이었고, 실은 대단한 충격이었다. 어찌됐든 나도 이 땅에서 태어나서 성장한 지 40년, 다른 토지는 전혀 모른다. 또 농업이라는 직업은 토지 위에서 생산을 하고 생활해야 한다." 기지 확장은 "생활의 기초를 근저에서 빼앗기고 이전할 수밖에 없다는 것"을 의미한다고 했다.[28] 기지 반대투쟁을 근저에서 지탱한 것은 농민으로서 선조 대대로 물려받은 토지에 대한 애착이었다.

확장 예정지 농민들이 선조 대대로 물려받은 토지를 지키기 위해 시작한 스나가와투쟁은 이윽고 마을 의회가 기지 확장을 반대하는 결의를 채택하면서 마을 전체의 운동으로 발전한다. 반대 결의에는 다나시, 고가네이, 구루메, 기요세 등의 마을들이 호응하면서 마침내 도(都)의회가 정부에 의견서를 제출한다. 그러나 다른 한편으로 다치카와, 무라야마, 아키시마, 훗사 등 이미 직접 기지와 연결되어 있던 지역에서는 반대 결의가 이루어지지 않았다. 다시 말해 당시 다마(多摩)에서는 기지에 침식당하는 데 위기감을 느끼는 농촌과 이미 기지에 의존하면서 경제를 성립시키고 있던 지역 사이에 입장의 차이가 첨예화하고 있었던 것이다. 급기야 스나가와의 농민들 내부에서도 일정한 조건에서 정부에 협력하려는 '조건파'가 나타나면서 대립이 발생하게 된다. "반대파는 조건파를 지지하는 상점에서는 물건을 사지 않게 됐다. 이웃이라 하더라도 조건파와는 일상적인 인사도 하지 않았고, 친척이라도 왕래를 끊는 심각한 사태가 마을 전체에 발생했다."29) 이러한 분열 속에서 기지 반대파는 당시의 스나가와 촌장과 마을 의회의 도움으로 지지층을 넓혀가고 있었고, 급기야 1956년 기동대와 격돌하게 된다.

스나가와에서 이 정도로 격렬하게 투쟁이 벌어진 데에는 그 무렵 전국에서 고양되고 있던 반기지투쟁의 물결이 배경에 있었다. 한국전쟁의 발발로 미군 기지가 더욱 확장되는 움직임에 대해 각지의 농민들이 반발을 표면화하면서 농민과 노동자들의 전국적인 조직화가 진행된다. 그리고 이러한 상황이 이미 발생한 가운데 스나가와투쟁의 확산은 스나가와를 전국의 반기지투쟁의 상징적인 무대로 간주하게 됐다. 실제로 스나가와투쟁의 기록을 읽어보면 1950년대 중반 각지에서 실로 수많은 응원단이 스나가와에 달려온 것을 알 수 있다. 스나가와의 투쟁은 "전국에 그물망처럼 기지가 건설되어 있는 상황에서는 모든 농민들의 싸움을 고무하는 거점으로서의 조건"을 충족시키고 있었다.[30]

지역사 안의 미군 기지

하지만 1950년대 스나가와에서 일어난 사건은 이러한 전국 규모의 흐름에서뿐만 아니라, 오히려 다마 지역의 지역적인 맥락에서 다시 파악할 필요가 있다. 앞서 언급한 바와 같이 스나가와는 에도 시대까지 거슬러 올라갈 수 있는 농촌이었고, 메이지 시대에는 양잠과 뽕나무, 차 재배 등으로 번성한 곳이었다. 메이지 초기 스나가와 마을의 구성은 농업에 종사하는 561세대, 공업에 종사하는 9세대, 상업에는 15세대가 종사하고 있었는데, 이미 도매업이나 가내공업의 요소도 들어가 있었던 모양이다. 메이지 초기 이 지역이 비교적 풍요로웠다는 것은 이미 마을 안에 초등학교가 세 곳이나 있었다는 데서도 엿볼 수 있다. 이에 반해 다치카와는 1884년에 비로소 독립적인 촌이 됐는데, 초등학교는 하나뿐이었다. 구성도 농가로만 이루어진 작은 농촌에 지나지 않았다.[31] 농촌으로서의 역사라는 의미에서는 스나가와가 다치카와보다 훨씬 앞서 있었던 셈이다.

이러한 스나가와와 다치카와의 관계가 역전하는 것은 1922년 이후의 일이다. 제1차 세계대전으로 항공기의 역할이 커지면서 그해 육군은 다치카와에 항공대대를 창설하기로 결정하고 6월에는 기후현 가가미가하라에서 항공 제5대대가 이전해 들어왔다. 그 이래로 다치카와는 육군항공부대 관계자들의 왕래가 급증하면서 일거에 군사도시의 길을 걷게 된다. 다치카와가 군사거점이 됨으로써 교통망도 급속하게 다치카와를 중심으로 정비됐다. 1930년에는 다치카와와 가와사키를 잇는 난부(南武)철도가 개통됐고 다치카와와 이츠카이치(五日市)를 잇는 이츠카이치 철도도 개통됐다. 더불어 다치카와 주변에는 점차 군수공장이 들어서면서 그 공장에서 일하는 노동자들로 인해 인구도 급증하게 된다.

이로써 1916년에는 약 3,400명에 지나지 않았던 다치카와의 인구는 10년 후 약 8,500명으로 2.5배 증가했다. 일본이 전쟁의 길로 들어서는 것과 호응하면서 이러한 경향은 한층 더 가속화한다. 1930년대 다치카와에는 다치카와 비행기, 다치카와 공작소, 일본항공기, 동아중공업 등 크고 작은 군수산업이 들어왔다. 뿐만 아니라 당시 다치카와를 중심으로 야호, 야마토, 고쿠분지, 스나가와, 무라야마 등 주변 마을을 병합한 거대한 군사도시를 정비하는 계획도 입안됐다.

전후에 들어서서 그 주역은 일본 육군에서 미군으로 바뀌었지만 다치카와를 중심으로 계승되는 것이 바로 이 군사도시라는 성격이다. 다마 지역에는 이미 전전(戰前)부터 다치카와의 군사도시로서의 발전을 모방하려는 촌락들이 있었다. 그중에서도 훗사는 군사도시 다치카와를 모델로 한 경제발전에 대단한 노력을 기울이고 있었다. 1940년 다치카와 비행장의 부속시설로 다마 비행장이 개설되자 훗사는 다치카와와 마찬가지로 기지의 거리라는 길을 걷게 됐고, 전후에는 미군 병사들을 상대하는 가게들이 마을 중심부에 들어서게 됐다.

아라이 도모카즈(新井智一)는 전후 훗사의 발전을 검증하면서 훗사역 동구의 환락가, 하우스 지구, 기지 앞 상점가라는 세 지구 사이의 '장소의 정치'를 분석했다.[32] 그에 따르면 전후 훗사에서는 한국전쟁 무렵부터 매춘부들이 다수 모여들어서 마을 사람들은 '오키야(置屋)'라 불리는 임대주택을 상당수 건설했다. 여기는 결국 매춘지구가 되는데 풍기문란으로 요코타 기지 사령관이 이 지구에 대한 '출입금지(off-limits)'를 발동한 것을 계기로 훗날 이 지역은 적선지대가 된다. 한편 단구형 지형을 이룬 훗사의 언덕에는 미군 가족용 전용주택인 디펜던트 하우스(Dependents Housing)가 건설됐다. 이 하우스 지구는 '풍요로운 미국'을 상징하는 곳으로 받아들여지면서 젊은이들이 동경하는 대상이 되고 훗사의 유행을 이끌게 된다. 1970년대 이후 베트남전쟁이 종결되자 기지의 미군 병사들이 감소하면서 하우스에는 빈집이 늘어났다. 그러자 유행에 민감한 일본의 젊은이들이 들어가 살기 시작한다. 이울러 요코타 기지에 인접한 국도 16호선 주변에는 각지에서 기지를 상대로 한 상섬들이 모여들면서 기지 앞 상점가가 형성됐다. 일본 토산품, 고미술점, 양복섬, 자수 세공점 등 모두 미군을 상대로 한 상점이었고 연도에는 영어 간판이 즐비했다.

《한없이 투명에 가까운 블루》와 '기지의 거리'의 반전

이러한 훗사의 1970년대 이후 변용과 점령의 동시대성을 파악한 것은 무라카미 류(村上龍)의 《한없이 투명에 가까운 블루》(1976)였다. 무라카미가 이 소설에서 묘사한 것은 "점령 아래에 태어난 아이들이 재현한 1970년대 미국에 의한 일본점령의 풍경"이다. 그것은 "기지가 있는 교외"이며, "패전 이후부터 계속되고 있는 교외와 기지의 밀월" 관계이다. 무라카미의 소설에서는 소비사회 상황이 만연하는 도쿄 한가운데서 "소비사회의 미국이 아니라 점령군의 미국이 그로테스크하게 출현한다. 기지로 빨려들어간 일본의 아이들이 미군들에 의해 마약을 하고 성폭행을 당한다는, 점령 아래의 폭력성이 직접적으로 노출"된다. "기지가 있는 교외에서 미국과 일본의 혼성은 그렇게 표출되는 것인가. 그것은 성적인 장면, 특히 난교=성의 혼성으로서 돌출한다. 그리고 그것은 점령 아래의 메타포가 된다"고 한다. 무라카미의 소설에서 헤로인은 점령군이 일본에 들여온 것들 총체의 메타포이다. 1970년대 교외에서 펼쳐지는 젊은이들의 난교 파티가 점령 아래 미국과의 관계를 재현하고 있다.[33]

그리고 무라카미의 소설은 아쿠타가와상을 받아 언론의 주목을 받으면서 훗사 거리에도 영향을 미친다. 소설을 발표할 당시에 이미 첨단적인 젊은이들이 하우스에 들어가는 붐은 종결되어 있었음에도 불구하고, 미디어는 "하우스의 젊은이", "밤의 환락가", "미국적인 기지 앞 상점가"로 상징되는 "무궤도의 훗사"를 표상했다. 이에 대해 훗사의 시의회와 주민들은 무라카미의 작품이 훗사의 이미지를 훼손하는 것으로, 하우스는 "악의 둥지가 되기 쉬우"며, "기지가 있어서 생활환경도 나쁘고 소년들의 비행도 다른 시에 비해 많다. 저 환락가를 없애야 한다"는 목소리가 높아진다.[34] 소설에 자극받은 미디어는 이들 지구의 현 상황과는 다른 위상에서 "점령군의 거리 훗사"라는 이미지를 유통시켰고, 이런 상상된 이미지에 자극받으면서 주민들의 '기지의 거리'에 대한 편견이 재생산됐다.

하지만 1980년대 말 '기지의 거리'라는 꼬리표의 가치가 역전되면서 훗사의 상점가가 활성화되는 데에 긍정적인 이미지로 받아들여진다. 도쿄도(東京都)는 1988년 국도 16호선의 확장공사에 맞추어 요코타 기지 앞 상점가를 모델 상점가 사업으로 선정하고 이를 계기로 거리가 정비되어간다. 이 무렵부터 미디어는 훗사를 "미군 하우스, R & R, 마약, '불량배의 거리' 훗사", "훗사의 블랙 & 솔계 디스코, 진짜 블랙 춤", "랩, 레게에 60s……, 펜스 밖은 무국적 지역", "펑키한 잡화점과 다국적 요리점, 기지의 거리다운 미군 납품용 상품이 가득한 오래된 점포……", "미군 기지가 있는 국도 16호선 주변에서 이국적인 무드가 가득한 가게를 돌아보자" 등의 제목으로 표상하게 됐고, "기지의 거리＝멋있다"는 감각이 미디어 공인의 이미지로 유통된다. 나아가 도쿄도 역시 "상점가와 기지와 16호선은 삼위일체"와 "기지의 거리"임을 상품가치로 인정하기 시작한다.[35] 여기서 발생하는 것은 '소비의 욕망／기지의 폭력'이라는 구도 총체가 과거로 되돌아가 '기지의 거리'라는 사실 그 자체가 소비의 대상이 되는 사태이다.

이런 반전을 우리는 어떻게 생각해야 할까. 점령기, 마치 미군 기지에서 흘러나오는 것처럼 해서 전후 일본의 대중문화가 형성되어갔다는 사실과 1980년대 말 이후 미군 기지가 유행을 선도하는 표상으로서 문화적으로 소비되기에 이르렀다는 사실은, 한편으로는 유사한 현상이지만 구조적으로는 다른 위상의 사태이다. 적어도 분명한 것은

1980년대 말 일본에서는 더이상 '기지의 거리' 그 자체가 '점령'의 기억을 단절해온 것처럼 보이는 록본기와 하라주쿠와 마찬가지로 소비 가능한 이미지로서 널리 상품화되어갔다는 점이다. 1950년대 중반을 경계로 '기지'와의 관계를 눈에 띄지 않도록 해온 것처럼 보이는 소비의 메커니즘은 이젠 '기지'라는 리얼리티 그 자체를 통째로 집어삼키려는 데까지 확대된 것이다.

제 4 장

마이 홈으로서의 '미국'

동경하는 미국식 생활양식

디펜던트 하우스의 '미국'

점령기의 '미국'이 직접적으로는 점령군, 즉 미군 기지와 미군 병사들의 존재에서 체현되는 것이었다고 하더라도 사람들에게 그것이 보다 가까운 것으로 경험된 것은 구체적인 라이프스타일, 특히 주거생활의 변화를 통해서였다. 일본인은 무엇보다 라이프스타일이라는 측면에서 '미국'과 만나면서 상대의 입도적인 풍요로움을 절감하고 동경하고 열심히 그 일부를 섭취했다. 그리고 이런 풍요로움의 이미지 중심에 있었던 것은 미국식 생활양식의 무대인 주택이었다. 방대한 숫자의 일본인이 주거지 개선을 통해 가정생활의 모델로서의 '미국'과 대면한 것이다.

미국식 생활양식과 새로운 주거와의 결부는 패전 직후 미군에 의해 건설된 군 관련 시설에 분명히 구현되어 있었다. 그 대표는 '디펜던트 하우스(Dependents Housing)', 이른바 DH주택이다. DH주택이란 점령

디펜던트 하우스의 정원에서 잡초를 뽑는 일본인과 이를 바라보는 미국인 여성(고이즈미 가즈코 외,《점령군 주택의 기록》, 하권, 스마이노토쇼칸출판국, 1999에서).

정책의 일환으로 건설된 연합군 가족용 주택을 일컫는데, 1946년 1월 GHQ는 일본 정부에 일본 본토와 한반도에 주둔하는 대량의 연합군과 그 가족들을 위해 약 2만 가구의 주택을 건설하라고 하고, 2월에는 이에 따라 약 95만 점에 달하는 가구류의 생산도 지령했다. '디펜던트'란 일반적으로는 '종속되어 있다'는 의미이지만 이 경우에는 '부양가족'의 의미를 내포하고 있었다.

도쿄에 건설된 DH주택으로 가장 유명했던 것은 제3장에서 언급한 워싱턴 하이쓰인데, 그밖에도 도내에서는 미야케자카에 팔레스 하이쓰, 국회의사당 앞에 링컨센터와 제퍼슨하이쓰 등이 집중되어 있었고, 훗날 히카리가오카 단지가 되는 네리마구 나리마스에는 메이지 일본을 방문한 적도 있는 남북전쟁의 영웅 그랜트(Ulysses Simpson Grant) 장군의 이름을 딴 그랜트 하이쓰라는 대규모 단지가 건설됐다. 이러한 단지들은 "독립 주택을 중심으로 유치원, 초등학교, 예배당, 극장, 클럽, PX, 진료소, 관리사무실, 주재소 등의 공공시설을 갖추었고 도로와 상하수도를 완비한 주택 단지"의 건설에 주안점을 두고 있었다.[1] 도준카이(同潤會. 관동대지진 후 주택부족 해소를 위해 1924년 설립된 재단법인으로 도쿄와 요코하마 각지에서 아파트를 건설했다—옮긴이) 아파트 같은 집합주택이나 교외주택과는 달리 넓은 구획 안에 공공시설과 주택을 대량으로 건설하는 '단지' 스타일이 이 나라에 출현한 것은 이때가 처음이었다.

일련의 DH주택 건설은 점령 초기부터 대규모이면서 집중적으로 수도권을 중심으로 일본 각지에서 진행된 사업이었다. 예컨대 워싱턴 하이쓰 건설 공사가 착공된 것은 1946년 8월이고 이듬해 1947년 9월에 주택 827가구가 준공됐다. 그랜트 하이쓰의 경우 착공은 1947년 2월이고 준공은 1948년 6월이다. 1949년 2월에는 사실상 사업 종결이 선언됐는데, DH건설은 점령 직후부터 3년간 집중적으로 이루어졌다. 고이즈미 가즈코(小泉和子) 등이 정리한 바에 따르면 1950년까지 도쿄 5,437가구, 요코하마 2,449가구, 후쿠오카 1,322가구 등을 필두로 총계 약 13,000가구, 그 가운데 신축은 9,600가구의 DH주택이 건설됐다.

이러한 대량 주택생산은 국내의 건설업계나 가구업체, 전기산업 등을 끌어들이며 신행됐다. 실제로 GHQ는 DH건설을 신속하게 진행시키기 위해 건설업계 전체의 체제 만들기를 요구하면서 1946년 자재 조달과 공사의 신속화를 목적으로 한 특건협회를 발족했다. 당시 건설업계도 재편되는 중이었고 다이세이건설, 도다건설, 가시마건설 등 대형 건설업체를 중심으로, 나중에 건설공업회로 탈바꿈하는 건설공업통제조합 등에 의해 '특수'에 대응하는 조직적인 체제가 만들어졌다. 기술적인 측면에서도 일본인 건축가, 기사, 제도공 등이 GHQ의 기술부문에 파견되어 미군 기술자의 지도를 받았다. 이들 일본인 기술자들의 참가와 일본의 재래 공법도 활용됐지만 DH사업은 우선 "미국인의 생활양식을 충족시키는 건물"을 일본이나 한반도에 대량으로 건설할 목적을 갖고 있으면서 이윽고 일본인에게 새로운 주거방식을 제안하는 선구가 될 가능성도 내포하게 됐다.

DH주택은 당시 미국의 중산계급 주택의 표준에서 본다면 매우 소박한 것이었다. GHQ 기술부의 보고서는 사업이 한정된 자재와 예산으로 진행됐기 때문에 각 주택은 장방형의 단순한 형태로 통일됐고 자재의 이용이 최대한 억제됐다고 한다. 이와 같이 미국적인 표준에서 본다면 지극히 평범한 주택이 동시대의 일본인에게는 그야말로 꿈의 주택, 새로운 이상의 라이프스타일의 상징으로 보였던 것이다.

DH사업에 대한 고이즈미 등의 연구는 당시 대량·집중적으로 주택과 관련된 제품을 생산한 경험이 전후의 폐허 속에서 가전이나 주택, 가구 등 새로운 산업체제가 만들어지게 되는 중요한 계기가 됐다고 추정하고 있다. GHQ는 일본의 생산자에게 미국의 주택이나 가구의 설계, 가전제품의 제작을 발주함으로써 일본 국내의 자재를 사용하면서 미국적인 생활양식을 가능케 하는 주택을 실현하려고 했다. 이로 인해 일본은 패전 직후 물자가 결핍된 상황 속에서 "방대한 양의, 더군다나 수준 높은 건축과 가구에서부터 가전제품까지를 매우 단기간에 생산"해야만 했다. 이는 매우 어려운 사업이었지만 "이를 수행함으로써 건설업을 비롯해 가구와 전기업계는 모두 부흥의 실마리를 잡을 수 있게 되면서 전시 생산에서 평시 생산으로의 재전환이 급속하게 촉진"됐던 것이다.[2]

DH사업의 영향은 특히 가구류 생산에서 현저하게 드러났다. 이는 시어즈 로벅 사(Sears, Roebuck and Company)의 디자이너였던 점령군 담당자의 지도 아래 전전부터 표준 가구 연구를 축적하고 있던 상공성 공예지도소가 설계를 담당하고 국내 공장이 총동원됐다. DH사업에서는 방대한 숫자의 가구 조달을 단기간에 달성할 필요가 있었기 때문에 전국적인 규모의 규격이나 선정, 조달 경로의 통일이 도모됐다. 그동안 전국 각지의 생산업자들 사이에 가구 제작의 기술이나 경험에는 커다란 격차가 있었기 때문에 품질보증을 위한 사양의 통일이나 품질관리체제가 필요했다. 이를 위해 가구업체의 협력을 얻어 사양서를 작성하고 재료와 공정을 상세하게 관리해나갔다. 이와 같이 전국 일원적인 생산체제는 지방의 업자들로 하여금 "진주군의 가구는 그동안 경험한 적이 없었던 전국적인 규모의 대량 발주였기 때문에 이에 대응한 양산 기술은 비약"적으로 발전했다고 인정하도록 할 정도였다.

이렇게 해서 생산되는 가구는 주택과 마찬가지로 당시의 미국인들에게는 중류 이하의 대중적인 취향에 적합한 것이었겠지만, 당시 일본인들의 가구에 대한 이해에는 혁명적인 영향을 주었다. 고이즈미 등은 이 디자인에 대해 "미국화된 평범한 모던 디자인 감각과 대중 취향의 현대적 스타일이 결합된 것"이었다고 한다. 그럼에도 불구하고, 아니 오히려 바로 그렇기 때문이라고 해야 될지도 모르겠지만, 이윽고 수많은 가구 디자인에는 DH가구가 직접 응용됐다. 예컨대 도쿄도는 1948년 DH가구의 디자인이나 기술을 완전히 그대로 이용해서 표준 가구를 설계하고 있다. 또한 이 무렵의 잡지에 소개된 표준적인 주거에는 주택의 공간 배치나 가구 배치까지도 DH주택을 그대로 차용한 설계가 등장하고 있었다. 그리고 마침내 일반 가정에 보급하는 가구는 "하나같이 모두 클리어 래커(clear lacquer)를 사용해 내추럴 컬러로 마무리를 한 밝고 심플한 미국의 현대적 스타일이 되어버렸다는 점, 사이드보드를 상용하게 됐다는 점"에서도 DH가구의 영향을 발견할 수 있다.[3]

〈블론디〉에 나타난 주거의 '풍요로움'

1940년대 후반 일본인이 경험한 '미국'은 추잉껌을 비롯해 DH주택, 가구까지 당연히 점령군 병사들과 직접적으로 결부되어 있었다. 그러는 가운데 1940년대 말이 되면 만화나 광고 등 매스미디어를 통해 사람들은 매우 친근하게 미국적인 생활상을 받아들이게 된다. 그 중에서도 4단짜리 만화가 1947년 1월 1일《아사히신문》에 등장한 뒤 1951년 4월 〈사자에 상〉(최초의 여성 프로 만화가인 하세가와 마치코(長谷川町子)의 신문 연재만화. 사자에 상은 만화 주인공의 이름이다. 단행본은 일본 신문 연재만화로서는 최대의 베스트셀러였다—옮긴이)이 이어받을 때까지 매일 연재된 〈블론디〉는 전후 일본인의 '미국'에 대한 동경을 일찌감치 상징하는 작품이 됐다.

〈블론디〉는 1920년대의 쾌활함에 대한 여운을 남기면서 1930년 미국에 등장한 뒤, 작가인 칙 영(Chic Young)이 죽은 뒤에도 그의 아들이 이어받아 오늘날까지 이어지는 최장수 연재만화이다. 귀여우면서도

1950년대 초의 거리 풍경. 《블론디》
가 영화화되면서 주인공 블론디와 대그
우드의 캐릭터가 거리에서 광고에 나선
모습(존 다우어, 《패배를 끌어안고서》,
상권, 이와나미서점, 2001에서).

현명한 부인 블론디와 부잣집 아들로 너그럽고 덜렁대는 남편 대그우
드, 그들의 아들과 딸과 애견이 펼치는 우스꽝스러운 가정 만화로 인
기를 얻고 있었다. 이런 면에서 〈사자에 상〉은 그야말로 〈블론디〉의
대응물이었고, 둘 다 이야기 대부분이 몇몇 전형적인 패턴의 반복이
라는 점에서 공동적이다.

　다만 〈사자에 상〉이 대가족적인 인간관계를 축으로 해서 종종 이웃
관계를 묘사하고 있는 데 반해, 〈블론디〉는 어디까지나 부부관계가
중심이고 가정의 안팎이 분명히 구별되는 세계의 이야기이다. 실제로
〈블론디〉의 이야기 대부분은 범스테드 일가의 주거 공간 내부에 한정
되어서 벌어지며 주위 세계와의 교섭은 출근이나 쇼핑, 우편배달, 방

문판매 등에 한정되어 있다. 〈블론디〉는 1949년 여전히 전후의 가난에 허덕이는 일본 대중들의 일상에 갑자기 등장한 것이다.

이와모토 시게키(岩本茂樹)는 〈블론디〉가 《아사히신문》에 연재된 1949~51년까지 734회 이 만화에 등장하는 아이템을 상세하게 내용 분석하고 있다. 이에 따르면 무대장치로 가장 많이 등장하는 것은 종종 대그우드가 앉아 있는 일인용 의자로 137회, 다섯 번째로 많이 등장하는 긴 소파 77회를 합치면 등장 횟수는 214회이다. 두 번째로 많았던 것은 부엌으로 110회, 거실 46회를 합치면 156회이다. 세 번째로 많이 등장한 것은 침대로 92회, 그리고 냉장고 87회, 욕실 75회였다. 다시 말해 이러한 긴 소파나 부엌, 침대, 욕실을 합치면 624회로 전체의 80퍼센트 이상이 된다.[4] 이 횟수는 복수로 등장하는 것과 개별 4단짜리 만화에 등장하는 것을 모두 포함하고 있는데, 대체로 〈블론디〉에서는 긴 소파, 거실, 부엌 등 주거와 관련 있는 장치의 등장 횟수가 매우 많았고. 이 만화에 대한 수용의 기조를 이루고 있었다고 생각할 수 있다.

이와모토의 논의는 이 만화 속에서 가전제품의 등장 횟수가 상대적으로 적은 점을 논증하고 그 의미를 고찰하고 있다. 냉장고가 유일한 예외였는데, 〈블론디〉에서 세탁기나 청소기, 라디오나 텔레비전 등 가전제품의 등장 횟수는 그리 많지 않았다. 그럼에도 불구하고 이 만화에 대한 일본인의 언급은 종종 "가전제품과 음식의 풍부함", 그리고 "민주적인 가정 관계"에 관한 것이었다. 이와모토는 이 텍스트상의 빈도와 사람들의 인상 사이의 간극에 주목하고 해석 수준에서의 '가전'에 대한 주목이 어떻게 해서 발생했는가를 살펴보고 있다.

그러나 〈블론디〉에 그려진 세계의 수용에 관해서는 이와 동일한 분석을 다소 다른 방식으로 해석할 수도 있을 것이다. 다시 말해 분명 세탁기나 청소기, 라디오 등 가전제품의 등장 횟수가 많지 않았다 하더라도 이 만화에는 소파나 부엌, 침대, 욕실 등 모던한 교외형 주택의 이미지가 빈번히 묘사되어 있고, 이러한 주거나 식생활의 이미지를 통해 전후 일본인이 미국에 매료된 것은 사실이지 않았을까. 즉 점령기의 일본인들에게 이 만화는 동시대 미국인들의 주거생활의 풍요로움, 그러한 주택에서 휴식을 취하고 먹고 자는 것에 대한 풍요로움을 느끼게 해주었다.

〈블론디〉에서 미국제 텔레비전 드라마로

점령기에 〈블론디〉 등에 의한 세련된 미국적 라이프스타일에 대한 관심은 이윽고 1950년대 후반에 미국 텔레비전 드라마가 그리는 가정생활에 대한 동경으로 더욱더 확산된다. 실제로 1960년대 초반까지 일본의 텔레비전 방송을 지탱한 것은 미국에서 수입된 대량의 프로그램이었다. 이들 프로그램이 일본에서 방영된 것은 1955년 〈정글의 결투〉(니혼TV)가 최초였으며, 이윽고 일본에서 텔레비전 방송이 상승곡선을 그리는 1950년대 말부터 〈버팔로 빌의 모험(Buffalo Bill, Jr.)〉이나 〈애니여 총을 잡아라(Annie Get Your Gun)〉 같은 30분짜리 서부극 시리즈가 잇달아 소개된다. 더 나아가 홈코미디의 인기와도 맞물리면서 1961년 무렵 미국제 텔레비전 프로그램은 저녁 시간대의 약 3분의 1

을 차지한다. 예컨대 1963년 2월 시점에서 도쿄 5개 방송국이 방송하는 외국제(대부분이 미국제) 프로그램은 일주일 102개, 시간으로 환산하면 4,170분이었다.[5]

이러한 가운데 이윽고 대두하는 일본제 홈드라마의 선구라고 할 수 있는 미국제 홈코미디의 대표작으로서 1950년대 말에는 〈아이 러브 루시〉(NHK, 1957), 〈명견 레시〉(TBS, 1957), 〈아빠는 뭐든 알고 있어〉(니혼TV, 1958)〉, 〈우리 엄마는 세계 제일〉(후지TV, 1959), 〈아빠, 너무 좋아해〉(후지TV, 1961)〉 등이 잇달아 방영되면서 1960년대 후반의 〈부인은 마녀〉(TBS, 1966), 〈엄마는 태양〉(NHK, 1970), 〈명랑한 루시〉(TBS, 1971)까지 이어진다. 이들 미국제 인기 드라마 대부분에 공통적인 것은 "아빠는 너무 사람이 좋은 샐러리맨. 엄마는 학부모회에서 칭찬받을 법한 건전한 상식의 소유자로서 아이들의 존경을 받고 있다"는 등, 일찍이 〈블론디〉 이래 미국적인 가정의 전형적인 이미지였다.[6]

〈블론디〉에서부터 미국제 프로그램까지, 만화에서 텔레비전으로 중심축을 이동시키면서 끊임없이 묘사되어온 미국적인 가정 이미지는 동시대 사람들에게 어떻게 받아들여지고 있었을까. 주목해야 할 것은 1950년대부터 1960년대에 걸쳐 미국제 프로그램은 일부 시청자들에게 열광적으로 수용됐고 각지에서 팬클럽이 결성될 정도였다는 점이다. 예컨대 1960년대에 방영이 시작되어 폭발적인 인기를 누린 〈래러미 목장(Laramie)〉(TV아사히)의 경우 주인공 '제스' 역의 로버트 훌러가 1961년에 일본을 방문하자 각지에서 팬들의 열광적인 환영을 받았다. 때로는 수만 명의 팬이 공항에 몰려나왔고 숙박하고 있는 호텔 주변에는 밤낮을 가리지 않고 팬들이 모여 있었으며 또 방문지마다 사인을 받으려는 군중들로 둘러싸이는 소란이 벌어졌다고 한다. 16살의 어느 한 소년은 투서에서 "저는 〈래러미 목장〉의 열렬한 팬이에요. 제스가 일본을 방문한 뒤로 더욱더 〈래러미 목장〉을 좋아하게 됐어요. 하지만 〈래러미 목장〉의 영화를 보는 것만으로는 마음에 차지 않게 되어버렸죠. 저와 같은 래러미 팬들과 모여 이런저런 이야기를 하고 싶어요"라고 했다.[7]

이러한 열광은 외국제 프로그램을 전문적으로 다루는 잡지를 탄생시킬 정도였다. 여기서 참고하고 있는 《텔레비전 에이지》지는 원래 텔레비전 관계자를 위한 전문지로 출발했다. 하지만 1961년 4월호에서 〈래러미 목장〉을 특집으로 다룬 것이 큰 히트를 치자 서부극이나 외국제 텔레비전 프로그램의 특집을 다루면서 잡지 성격을 완전히 바꾸어 오로지 '가이진(외국인)' 스타들의 팬 잡지가 되고 말았다.

흥미로운 점은 이 잡지 성격의 근본적인 변용이 출판사의 경영전략이라는 것 이상으로 미국 프로그램 팬들의 열광에 의해 촉진된 것처럼 보인다는 사실이다. 이 잡지의 독자투고란에서는 출판사 쪽이 마련한 것 이상으로 팬들이 열심히 프로그램에 대한 정보나 사진을 실었고, 팬클럽을 결성했으면 좋겠다는 의견을 전했다는 것을 확인할 수 있다. 디군다나 이 잡지 일부에 일본제 인기 프로그램의 기사가 실리면 곧바로 "《텔레비전 에이지》는 외국 텔레비전 영화를 중심으로 다루는 것이 목적이지 않았던가요. 그런데 8월호에 〈젊은 계절〉이 실려 있었어요. 일본의 프로그램을 다루는 것은 독자의 한 사람으로서 반대합니다"[8]라는 등 불만스럽다는 내용의 투서가 전달되고 있었다.

물론 서부극의 〈래러미 목장〉과 〈아빠는 뭐든 알고 있어〉 같은 홈드라마를 동일시할 수는 없다. 그러나 "〈래러미 목장〉은 일견 서부극 홈드라마라고 불릴 정도로 젊은 샤먼 일가의 애정 가득한 생활이 무대"[9]였던 것처럼, 미국제 인기 프로그램에는 공통적인 가족 이미지가 내포되어 있었다. 다른 한편으로 최초의 시리어스 드라마로 인기를 모은 〈벤 케이시〉 같은 프로그램을 보더라도 "서부극의 무대를 병원 안에 옮겨놓았을 뿐"이며, 악역이라는 "가상의 적(敵)이 병으로 바뀐 데 지나지 않는다"는 지적도 있었다.[10] 다시 말해 대부분의 미국제 프로그램에는 행복한 가정적 공간이 한편에 있고 '악'으로서의 타자가 다른 한편에 있다는 이항대립적인 세계상이 명백하게 표명되어 있었다. 이는 냉전체제에 대한 대중적 상상력과 호응하는 것이며, 미국제 프로그램에 대한 일본인들의 열광은 당시 이 냉전체제의 한쪽에 사람들이 자발적으로 스스로를 자리매김하고 있었다는 것과도 공명하고 있었다.

텔레비전이 집에 들어왔다

길거리 텔레비전과 역도산의 프로레슬링

그러나 전후 일본에서 텔레비전이 데뷔한 첫 무대는 미국식 생활양식을 동경하는 가정이 아니라 역전이나 사찰 경내, 백화점, 가전제품 상점의 점두 등 길거리였다. 1953년 NHK가 방송을 시작했을 무렵 텔레비전 수신계약은 불과 866세대였고, 1955년에는 5만 세대를 돌파하지만 적어도 1950년대 말이 될 때까지 가정에서 텔레비전을 본다는 스타일은 결코 텔레비전 시청의 지배적인 형태가 아니었다. 대졸 초임이 8천 엔 정도인 시절에 한 대 가격이 20만 엔 전후였던 텔레비전을 가정에 두기에는 너무 고급품이었다.

이러한 상황 속에서 일본의 텔레비전 방송망은 텔레비전을 살 수 없더라도 텔레비전 방송에 열렬히 관심을 기울이는 대중들에게 텔레비전을 시청하게 하고 프로그램의 광고수입에도 도움이 되도록 수도권의 역전이나 사람들이 많이 모이는 장소 등 55곳에 220대의 대형 텔레비전을 설치했다. 그들은 이윽고 니가타의 가시와자키, 후쿠시마의 아이즈와카마쓰, 시즈오카의 야이즈 등을 포함한 278군데에 길거리 텔레비전을 설치한다. 길거리 텔레비전은 큰 인기를 끌어 매일같이 그 주위에 인산인해를 이루었다.

길거리 텔레비전은 텔레비전 보급의 기폭제였을 뿐만 아니라 텔레비전과 대중적 상상력의 고유한 관련을 보여주고 있었다. 길거리 텔레비전 특유의 영역은 결코 드라마나 다큐멘터리가 아니라 스포츠 중계였다. 그중에서도 역도산이 활약하는 프로레슬링은 길거리 텔레비전의 최대 소재였다. 좁은 링 안에서 박진감 넘치는 방식으로 싸우는 프로레슬링은 당시 촬영기술로서는 텔레비전 화면에 담는 데 최적의 장르였다.

그리고 이런 특성, 즉 텔레비전 카메라의 의미를 숙지하고 있던 역도산은 텔레비전을 최대한 이용했다. 이노세 나오키(猪瀬直樹)가 요약한 바와 같이 "텔레비전은 프로레슬링에 의해, 프로레슬링은 텔레비전에 의해 인지됐다. 역도산은 텔레비전 덕분에 영웅이 됐고 텔레비전은 영웅을 탄생시킴으로써 시청자를 끌어들일 수 있었다."[11]

역도산은 텔레비전 카메라를 명료하게 의식한 미국적인 쇼맨십을 보여주는 동시에, 반칙 기술을 반복하는 거인 미국인에 대항하는 용기 있는 작은 체구의 일본인이라는 구도를 의식적으로 텔레비전 화면에서 연출했다. 전후 일본의 프로레슬링 붐은 이러한 역도산에 대한 전국적인 열광이었으며, 한반도에서 현해탄을 건너온 김신락(역도산의 본명)은 일본의 적국이자 점령자, 그리고 보호자이기도 했던 미국에 대한 굴절된 감정을 텔레비전 화면에 교묘하게 형상화해서 드러낸 것이다. 오사카나 규슈를 중심으로 활동하고 있던 전후의 다른 프로레슬러가 프로레슬링을 격투기 이상으로는 이해하지 못했던 데 반해, 역도산은 프로레슬링이 텔레비전 앞에 모인 수백만 명의 관중들을 향해 연출되는 내셔널한 상징극임을 감지하고 있었다. 그는 '미국'에 대한 당시 일본인들의 굴절된 감정에 자신의 연기를 반향시킴으로써 대성공을 거둔 것이다.

문화 퍼포먼스의 중층성과 미국

1950년대 중반 프로레슬링의 인기가 얼마나 압도적이었는지는 당시 아이들 사이에서 '프로레슬링 놀이'가 크게 유행하면서 사망자나 부상자가 발생해 사회적인 문제가 됐다는 데에서도 엿볼 수 있다. 예컨대 1955년 3월에는 요코하마시의 중학교 2학년생이 프로레슬링 놀이를 하다가 끝내 사망한 사건이 발생했다. 그 무렵 소년들 사이에서 '가라데 초크'나 '무릎차기' 등 프로레슬링 기술이 유행하면서 부상자가 속출하고 있다는 보도도 나오고 있었다. 이러한 사건들이 빈번히 일어나 프로레슬링에 대한 사회적 비난이 일어나려고 하자 역도산은 프로레슬링이 스포츠맨십을 존중하는 프로스포츠이며, 그 또한 "가급적 자신을 억제하고 스포츠맨십을 존중하고 있다"며 여러 차례 호소했다.[12]

하지만 그 후에도 목욕탕에서 프로레슬링 중계를 관전하고 있던 사람들 사이에서 좌석을 둘러싸고 싸움이 벌어져 부상자가 생겼다거나,

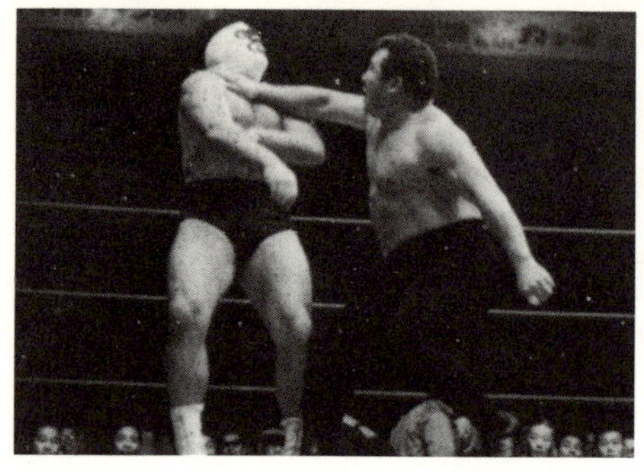

프로레슬링 경기에서 가라데 초크를 날리는 역도산(《일본역사 전망 제12권, 전쟁과 평화에 살다—다이쇼·쇼와》, 오분샤, 1982에서).

텔레비전이 있는 집에 프로레슬링 중계를 보려고 수십 명이 몰려와 마룻바닥이 내려앉아 부상자가 나왔다는 등 당시의 신문에는 프로레슬링 중계를 둘러싼 소동이 종종 보도됐다. 그런데 이러한 사건들의 발생에도 불구하고 1950년대 중반 프로레슬링은 일반 사회에서 후대와 같은 부정적인 이미지는 갖고 있지 않았다.

물론 역도산의 프로레슬링이 압도적으로 인기를 누린 것을 전후 일본인들의 심층에 있는 반미감정을 그가 체현하고 있었기 때문이라는 식으로만 이해할 수는 없다. 가와무라 다카시(川村卓)는 '일본인'을 연기한 역도산의 픽션성과 프로레슬링이라는 '스포츠' 그 자체의 픽션성을 중첩시키면서 "프로레슬링 관전이란 단순한 참(眞)에 의해서가 아니라 오히려 센세이셔널하게 구축된 허구에 의해서야말로 보다 참일 수 있었던 시공간 체험"이라고 논하고 있다.[13] 역도산이 '일본인'이 아니었다는 사실은 프로레슬링이라는 픽션의 장에서 그가 영웅적인 '일본인'을 연기하는 데 한층 더 리얼리티를 부여하기도 했다.

물론 역도산의 출생이 밝혀지는 것은 1970년대 말 이후 후시지마 히데히코(牛島秀彦)의 상세한 르포타주가 출판되어 《주간 플레이보이》

가 모국 북한에서의 역도산 붐을 소개하면서인데, 1950년대 당시부터 그의 출생은 재일한국인 커뮤니티 등에서 소문으로 나돌고 있었다. 그리고 "알고 있으면서도 모른 척 한다"는 양가적인 대중의식 속에서 프로레슬링은 일본인 자신들이 '일본인'을 연기하는 드라마로서도 기능하고 있었다. 결국 "한반도 출신인 김신락이 모모타 미쓰히로(百田 光浩)가 되어 '일본인의 영웅으로서의 역도산'을 뜨겁게 연기하는 한편으로 관객 또한 '패전의 충격과 외국인 콤플렉스로 울적해 있는 일본인'을 뜨겁게 연기"한 것이다.[14]

여기서 주목할 것은 이와 같이 '반미'를 연기하는 역도산 자신이 '일본인'을 연기하는 식민지 출신의 신체였다는 것뿐만 아니라, 이처럼 연기된 프로레슬링이라는 장르는 그야말로 미국적인 스포츠이며 역도산 자신의 링 밖의 생활상도 전후 아메리카니즘의 체현자 그 자체였다는 점이다. 다시 말해 전후 일본의 역도산 붐에는 '미국'을 가라데 초크로 때려눕히는 '일본'이라는 퍼포먼스, 한반도 출신자가 연기하는 '일본인'이라는 퍼포먼스, 이러한 신체에 의해 점령기 아메리카니즘이 체현되어가는 퍼포먼스 등 여러 겹의 문화적 상연이 중층적으로 겹쳐져 있었다.

역도산 신화의 종언과 텔레비전의 탈프로레슬링화

1950년대 후반 길거리 텔레비전과 가정 텔레비전의 비중은 역전된다. 길거리 텔레비전의 성공으로 텔레비전이 고객을 끌어들이는 데 큰 효과가 있다는 것을 알게 된 음식점 주인이나 가게 주인들이 점포 안이나 점두에 텔레비전을 설치하면서 서서히 텔레비전은 길거리에서 상점으로, 가정으로 침투하기 시작한다. 그리고 이 '텔레비전을 보는 장소'의 이행이 이윽고 텔레비전이라는 미디어의 의미를 전환시킨다. 이미 1955년 10월 9일 《아사히신문》 석간은 길거리 텔레비전의 인기가 절정기를 지나 텔레비전의 장소가 '길거리에서 가정으로' 이동하기 시작했음을 전하고 있다.

서민들에게 '길거리 텔레비전' 시대는 여전히 계속되겠지만 전성기는 이미 지났다고 할 수 있다. 찻집이나 음식점이 경쟁하듯이 텔레비전을 갖추었기 때문이며, 10만 대 돌파는 이런 장소들에 텔레비전이 보급됨으로써 달성된 셈이다. 관객층도 조금씩 변하기 시작했다. 민영방송국이 길거리 텔레비전을 대량으로 설치했을 무렵, 스폰서(광고주)는 거기에 모이는 사람들 대부분을 좋은 구매층으로 간주하지는 않았지만, 새로운 텔레비전 관객층은 충분히 상품의 판매 대상이 될 수 있으리라 생각하고 있다. 시간별 판매가 늘어난 것은 그 때문인데, 이윽고 텔레비전의 중심은 가정으로 옮겨갈 것이다.[15]

아울러 기사는 텔레비전이 놓이는 장소가 변하면 프로그램 내용도 바뀔 것으로 예측하고 있다. "스포츠 중계가 텔레비전 프로그램의 왕좌를 차지한 것은 길거리 텔레비전 시대였기에 가능했던 것이며, 이 시기는 아직 지나가지는 않았지만 한편으로 가정에서 편안하게 보기 위한 스튜디오 프로그램도 점차 인기를 얻고 있다.……민영방송국에서도 그동안 스폰서가 거들떠보지도 않던 레귤러 프로그램이 팔리기 시작하고" 있다. 이런 흐름이 진행됨으로써 가정을 노린 프로그램이 텔레비전의 주류가 되어 새로운 스폰서가 방송국에 쇄도했다.

이러한 새로운 텔레비전 문화 속에서 프로레슬링은 이질적인 존재였다. 물론 가정에 텔레비전이 보급되어가는 단계에서도 프로레슬링은 다른 프로그램을 압도하는 시청률을 자랑하고 있었다. 예를 들면 1960년 10월에는 프로레슬링의 시청률이 50.3퍼센트로, 2위의 〈명견 레시〉의 36.7퍼센트를 크게 앞서 있었다. 이듬해 5월이 되면 프로레슬링이 57.4퍼센트에 달하고 있다.[16] 하지만 그 무렵 대부분의 텔레비전 시청자 조사에서 "시시하다", "가정에서 보기에는 어울리지 않는다"는 프로그램의 필두로 거론된 것은 프로레슬링이었다. 다시 말해서 프로레슬링은 여전히 시청률에서는 압도적인 인기를 누리고 있었지만 가정의 텔레비전에는 어울리지 않는 일탈적인 것으로 간주됐다.

이 무렵이 되면 중계를 둘러싸고 일어나는 사건도 이전처럼 아이들의 프로레슬링 놀이나 집단적인 열광 등 사람들이 능동적으로 관여함으로써 발생하는 것보다도, 프로레슬링이 시청자들에게 악영향을 주는 데 중점이 놓인 방식으로 언급되기 시작한다. 전형적인 것은 1962년 4월 텔레비전에서 역도산의 시합을 보고 있던 노인이 "잔혹함에 쇼크사"했다며 대대적으로 보도한 사건이었다. 노인은 천식 등 지병이 있었고, 역도산이 나오는 프로그램의 압도적으로 높은 시청률을 감안해보더라도 프로그램 내용과 발작의 고유한 인과관계는 입증할 수 없었다. 그러나 신문지상 등에서는 프로레슬링의 '잔혹함'이 강조되고 있었다.

이리하여 사건 다음달에는 오사카 경찰이 프로레슬링 중계를 중지하도록 방송국에 요청하고 프로레슬러들의 폭력사건이 종종 보도되고 있었던 것과 맞물려 프로레슬링에는 어둡고 일탈적인 이미지가 따라다니게 됐다. 마침내 1963년 12월 역도산이 폭력단에게 찔려 사망했을 때, 이 전후 '영웅'의 죽음에 대한 일반 전국지는 예전 그의 국민적인 인기에서 본다면 대단히 자연스럽지 못할 정도로 냉담한 반응이었다. 이 나라의 사람들은 이미 역도산의 신체가 표상하는 '전후'와 결별하고 있었던 셈이다.

미치 스마일과 거실의 시청자

프로레슬링 중계와 역도산의 활약을 대신해 1960년대 이후 텔레비전의 방향성을 상징적으로 보여주는 것은 1959년 황태자의 결혼 퍼레이드와 그 속에서 웃고 있는 황태자비의 '미소'이다. 실제로 1958년 말에 공표된 황태자 아키히토(明仁)와 쇼다 미치코(正田美智子)의 약혼은 이른바 미치 붐(1958~59년에 걸쳐 아키히토와 쇼다 미치코가 약혼과 결혼을 하면서 발생한 사회현상. 민간인이었던 미치코와 황태자가 테니스코트에서 자유연애를 했다는 점, 그리고 미치코가 가톨릭계 대학 출신이라는 점을 매스미디어가 대대적으로 보도하면서 큰 화제가 됐다—옮긴이)을 불러일으켜 텔레비전의 폭발적인 보급을 가속화시켰다. 일본의 텔레비전 수신 계약 수는 1958년 5월 100만 세대를 돌파해, 약혼이 발표된 그해 말부터 이듬해에 걸쳐 격증해 1959년 4월에는 200만, 10월에는 300만을 넘어선다. 이 시기에는 전국 각지에서 잇따라 민영방송국이 개국하면서 민영방송국계 전국 네트워크도 정비됐다. 이러한 송신자와 수신자 양쪽에서의 대폭발을 배경으로 1959년 4월 결혼 퍼레이드는 무수한 텔레비전들에 의한 공전의 미디어 이벤트가 됐다.

길거리 텔레비전의 프로레슬링 중계를 보며 역도산의 가라데 초크에 환호하는 군중에서 거실의 텔레비전으로 황태자비의 미소를 주시하는 국민으로 전환한 것은 1960년대에 일반화되는 홈드라마와 시청자의 관계를 보여주는 선구였다. 예컨대 1961년에는 버라이어티 프로그램으로 인기를 모은 〈비눗방울 홀리데이〉나 〈꿈에서 만나요〉가 시작된다. 에리 지에미가 서민적인 며느리 역할을 한 홈드라마 〈사키코 씨 잠깐만〉의 방송도 1961년으로, 이 계보는 이윽고 대가족에 초점을 맞춘 1964년 〈7명의 손자〉나 〈지금 11명〉에서부터 1968년 〈배짱 있는 엄마〉, 1970년 〈시간 다 됐어요〉 등에 이르기까지 TBS의 홈드라마로 계승된다. 한편 NHK의 대하드라마 〈꽃의 생애〉가 시작된 것은 1963년으로 그 무렵부터 민영방송국에서도 대형 시대극이 편성됐고, 1960년대 말에는 〈미토코몬〉, 〈오오카에치젠〉 같은 시대극도 등장했다.

이러한 새로운 프로그램 편성 속에서 그동안 전성을 누려온 미국 프로그램은 축소될 수밖에 없었다. 마침내 서부극은 심야 시간대로 옮겨가면서 골든타임은 일본제 홈드라마와 시대극이 차지했다.

이러한 일련의 미디어문화의 변용에 어떤 사람들은 적절히 적응하고 어떤 사람들은 적응하지 못하고 사라져갔다. 야스다 쓰네오(安田常雄)는 이에 관한 예로 미소라 히바리와 도니 다니를 비교하고 있다. 한

편으로 "흉내 내는 아메리카니즘으로서 시작된 히바리의 노래는 점령기 서민들의 애환을 적절하게 표현하면서 일약 스타 자리를 구축"했지만, 1952년 〈사과 갈림길〉을 노래한 것을 전환점으로 "일본적인 것"으로 회귀해간다. 다른 한편으로 도니 다니는 패전 후 사회자 겸 보드빌 배우로 점령군 클럽에서 인기를 얻어 "새빨간 상의에 하얀 바지, 뿔테 안경에 꼴사나운 수염을 붙여,…… '토니 잉글리시'라는 요상한 영어를 구사하면서 '사이잔스(さいざんす. 의미로는 매우 공손한 표현인 '左様でございます(그렇습니다)'와 같은데 이를 조롱하는 비속어이다. 1950년 무렵 도니 다니가 사용하면서 유행된 말이다—옮긴이)', '오콘방와(저녁에 나누는 인사말 '곤방와'에 '오'를 붙여 도니가 사용하면서 유행된 말이다—옮긴이)' 등 수많은 유행어를 만들어 일본을 '파칭코 컨추리'라고 비평"하면서 1950년대 중반에 인기가 절정에 달했으나 그 후에는 사람들의 시야에서 사라져갔다.

야스다는 도니 다니를 "점령기의 음란함과 아나키의 상징으로서, 그리고 서민들의 '피점령 심리'의 굴절된 자학성에 의해 뒷받침되면서 고도경제성장과 더불어 내버려진 연예인"으로 파악하고 있다.[17] 식민지성을 의도적으로 과장한 도니 다니의 연기는 역도산의 포즈로서의 '반미'와 표리일체를 이루고 있는 것으로 보인다. 이에 반해 미소라 히바리는 마찬가지로 굴절된 피점령 심리를 배경으로 하면서도 그 후 내셔널한 것의 재구축이라는 흐름에 자신의 노랫소리를 적절하게 적응시켜 스타의 지위를 확고하게 구축해나갔다.

가전화는 '사모님'이 주역

가정 공간 속의 '삼종의 신기'

1950년대 말 이후 텔레비전이 길거리에서 가정으로 이동하는 과정에서 발생한 것은 브라운관 안의 변화만이 아니었다. 오히려 가정이라는 공간, 거기서 생활의 의미적인 자장이 구조적으로 변화하고 있었던 것이다. 이를 이해하기 위해서는 텔레비전이나 새로이 도입된 가전과 가구, 그리고 주택을 전후 일본인들이 어떻게 의미를 부여했는지를 살펴볼 필요가 있다.

이런 점에서 흥미로운 것은 대부분의 일본인들에게 텔레비전은 '구매한다'는 것보다 '다가온다'는 것으로 느끼고 있었다는 점이다. 1982년 일본 민간방송연맹이 〈나와 텔레비전, 추억의 만남〉에 대해 일반 시청자들에게 454통 정도의 투서를 받았는데, 거기에는 텔레비전이 가정에 "어떻게 다가왔는가"에 대해 생생한 기록이 담겨 있다. 어떤 여성은 그녀가 10살 때쯤 아버지가 중고 텔레비전을 구입했을 당시의 일을 다음과 같이 말하고 있다.

그 무렵 아이들 사이에서 가장 큰 자랑거리는 "오늘 우리 집에 텔레비전이 오는데"였어요. 아무리 싸움을 하고 있더라도 그 말을 이길 수 있는 말은 찾을 수 없었죠. 그리고 무슨 까닭인지 텔레비전은 사는 물건이 아니라 오는 물건이었고, 스위치를 틀면 그 영상을 다른 누군가가 보여주고 있다는 의식이 아이들 마음에 자연스레 심어진 것 같습니다.[18]

또 다른 투서에 따르면 "그 마법상자는 현관 옆 거실에 운반되어 가족들과 동네 사람들이 지켜보는 가운데 마치 신단이라도 다루듯 조심조심 설치되고" 있었다. 이들 가족들에게 텔레비전은 의인화되어 있고 상품으로 구매하기보다 "고마운 것"으로서 가정에 찾아오는 것이었다. 이러한 의인화는 사람들의 일상의식에서, 전후 얼마 지나지 않아 '인간선언'을 하면서도 여전히 얼마간은 '신'으로 계속 남아 있던 천황이 전국의 마을에 "찾아온" 것을 마중했을 때의 감각과도 다소 중첩되는 것은 아니었을까.

이러한 텔레비전에 대한 신화적 이미지는 특히 이 시대의 '삼종의 신기(三種神器. 본디 삼종의 신기란 천황의 황위를 증명하는 구슬, 검, 거울을 일컫는 말―옮긴이)'라는 표현에 집약되어 있었다. 말할 것도 없이 '삼종의 신기'란 전기세탁기와 전기냉장고, 흑백텔레비전을 가리킨다. 이러한 것들은 모두 일반가정의 생활수준에서 본다면 고가의 상품이었음에도 불구하고 1950년대 말부터 1960년대에 걸쳐 폭발적으로 보급

됐다. 1955년에는 세탁기가 약 4퍼센트, 텔레비전과 냉장고는 1퍼센트도 채 되지 않았지만, 1960년대에는 세탁기 45퍼센트, 텔레비전 54퍼센트, 냉장고 15퍼센트로 급증했고 1970년대까지 모두 90퍼센트를 웃돈다. 그리고 이들 상품시장이 포화상태에 이르는 1960년대 후반에는 제2의 '삼종의 신기'를 노리고 자동차, 에어컨, 컬러텔레비전도 '3C'라는 표어를 내걸게 됐다.

'삼종의 신기'라는 말의 유래에 대해서는 여러 학설이 있지만, 기본적으로는 1956년 전후 일찍이 없었던 호황이 '진무 경기', 이어지는 호황이 '이와토 경기', 그리고 '이자나기 경기(伊奘景氣. 1965~70년의 경기 호황. 진무 경기와 이와토 경기를 웃도는 호황으로, 일본신화에서 일본열도를 만들었다고 하는 남신(男神) 이나자기노미코토(伊奘諾尊)의 이름을 따온 것―옮긴이)'라 불린 것처럼, 내셔널한 신화의 이미지를 빌려 경제를 언급하는 분위기가 강했던 것과 깊은 관련이 있다. '삼종의 신기'는 본디 천황가의 열도 지배자로서의 정통을 뒷받침해주는 상징이었다. 그런데 1950년대 이후 이 용어가 사적 영역으로 넘어가 개개의 가정이 모던한 가족으로서의 자신을 도출하는 기호로 작용하기 시작한 것이다. 1950년대 이후 일본 사회에서는 가정이야말로 내셔널한 신화가 재구성뇌고 국민의 정체성이 끊임없이 보증되는 이데올로기 장치가 됐다. 그리고 이러한 가정에서 네이션의 심벌리즘을 중심적으로 담당한 것이 '삼종의 신기'로서의 가전, 특히 거실에 놓인 텔레비전이었다.

누가 언제 텔레비전을 구매했는가

대체 누가 언제쯤부터 이러한 상징성을 띤 사물들을 자택에 도입하기 시작했을까. 여론과학협회는 1959년 도쿄 세타가야에 있는 주택단지에서 텔레비전 구입에 대한 흥미로운 조사를 실시했다. 이에 따르면 가족들 중에서 누가 가장 텔레비전을 구입하고 싶어했는지는 가정의 수입에 따라 변화한다. 일인당 한 달 생활비가 7천 엔대 이하의 세대에서는 자녀들이 가장 텔레비전을 구입하고 싶어했으나 남편은 소극적이었고 부인은 완전히 부정적이었다. 이 경우 아이들이 조르면 아버지가 열심히 설득하거나 회유한다. 그러나 생활비가 8천 엔대부터 12,400엔대 정도가 되면, 이번에는 남편이 구입에 가장 적극적이다. 이렇게 되면 부인 혼자서 남편의 요청에 저항할 수밖에 없다. 생활비가 12,500엔 이상이 되면 남편과 부인 모두 구입을 희망하게 된다.[19]

이와 같이 텔레비전 구입에 적극적인 계층과 그들의 수입 사이에는 명확한 상관관계가 있었다. 그리고 이 상관관계는 1950년대 말 이후 매년 변하고 있었다. 예컨대 도시 노동자를 수입에 따라 5단계로 나누었을 때, 가장 낮은 소득계층의 내구소비재에 대한 지출은 1959년에는 전년대비 16.3퍼센트 증가하는 데 그쳤지만, 1961년과 1962년부터는 급증했다. 1961년에는 28.3퍼센트 증가, 1962년에는 64.5퍼센트 증가했다. 이러한 급증의 주된 요인은 텔레비전 구입의 활발화에 따른 것으로 보이는데, 《국민생활백서》 등에서도 1962년에는 비교적 저소득층에서도 텔레비전 구입이 급증하고 있음을 지적하고 있다.[20] 다른 조사에서도 텔레비전의 보급은 1962년까지 노동자세대와 젊은 세대까지 침투했음을 보여주고 있으며, '자택에서 텔레비전을 본다'는 시청 형태가 이 무렵이 되면 일반화되어 있음을 알 수 있다. 1960년대 초반 일정한 수입의 확대를 전제로 텔레비전은 서서히 일반 가정 부모들의 구매계획에 포함되기에 이르렀다.

이들 조사 결과에서 흥미로운 점은 훗날 텔레비전과 깊은 관련을 맺게 되는 몇몇 계층이 초기에는 그다지 텔레비전 구입에 적극적이지 않았다는 것이다. 적어도 1950년대 말까지 대부분의 주부들이 실생활에서는 텔레비전 구입에 소극적이었다. 그 이유 중 하나는 당시의 텔레비전 프로그램에서는 홈드라마라는 장르가 아직 발달하지 못했고, 그보다는 야구나 프로레슬링 같은 '남성적'인 장르와 결부되어 있었다는 사실과 무관하지 않을지도 모르겠다.

나아가 1960년대 전후, 독신 젊은이들 사이에서 텔레비전은 내구소비재의 구입 희망 리스트에서 상위를 차지하지 않았다. 국민생활연구소가 1961년 도쿄, 교토, 센다이, 오사카 등지의 대학생을 대상으로 실시한 조사에서는 젊은이들이 구입을 희망한 것은 텔레비전보다 스테레오나 자동차, 냉장고였다. 하지만 당시 일반 가정에서는 이러한 품목들 이상으로 텔레비전을 가장 희망하고 있었다.[21]

'모던걸'에서 '사모님'으로

앞에서 실제 구매행동에 대해 살펴보았는데, 그렇다면 텔레비전 등

1932년 잡지에 실린 마쓰시타의 라디오 광고(《마쓰시타전기 선전 70년사》, 마쓰시타전기산업, 1988에서).

가전제품은 어떠한 표상 전략과 결부되면서 수용됐을까. 이 점을 이해하기 위해서는 라디오를 비롯해 세탁기, 냉장고, 텔레비전 등 전자제품의 광고 이미지의 변화를 살펴볼 필요가 있다. 예컨대 전전(戰前) 라디오 광고의 경우 대부분이 모던걸을 연상케 하는 젊은 여성 이미지를 정면에 내세워, 이 시대를 풍미하고 있던 도회적 모더니즘의 상징으로 라디오를 그리고 있었다. 적어도 이 시기의 라디오는 도시생활과 강하게 결부됐지만 '가전화(家電化)'라는 이미지와는 결부되어 있지 않았다. 오히려 광고 속에 등장하는 모던한 여성들은 판매되려고 하는 상품과 '여성의 모더니티＝상품의 모더니티'라는 기호적인 연합관계를 맺고 있었다. 전자제품의 광고에 여성이 등장하더라도 그녀들은 가전화의 담지자로서의 '주부'가 아니라 어디까지나 판매되는 제품의 모더니티를 은유적으로 표상하는 기호였다.

이러한 경향은 전후에도 지속된다. 1950년대 초반까지 전자제품 광고에서는 전전부터 이어져온 연속성이 대단히 강하고, 여성들은 여전히 모던걸적인 '여성＝상품'이라는 묘사방식으로 표상되고 있었다. 유일하게 명확한 변화로 들 수 있는 것은 전후의 광고에는 '풍요로움'의 상징으로서 '미국'이 짙게 투영된다는 점이다. 1949년 콜롬비아의 광고에서는 가수이자 배우인 가사기 시즈코가 등장해서 아메리

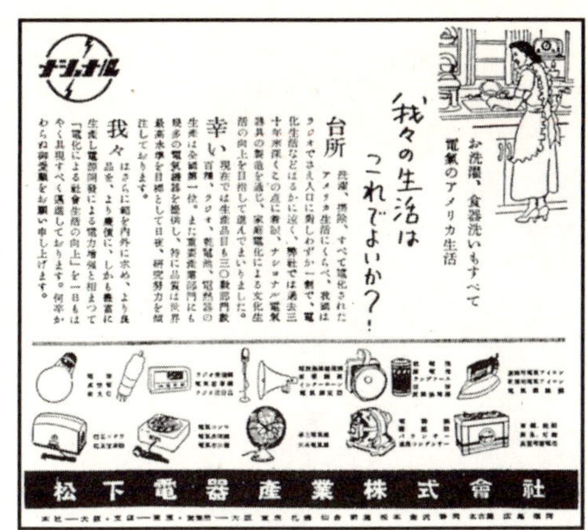

1951년 마쓰시타의 신문광고(《마쓰시타전기 선전 70년사》, 마쓰시타전기산업, 1988에서).

카니즘을 밝게 노래했고, 마쓰시타에서도 1951년에 "지령·연락사무의 미국식 스피드화"를 촉진하는 인터폰의 광고나 "한 가정에 2대 시대!"를 선언하는 라디오 광고에 앞으로 추구해야 할 모델로서의 '미국'이 명확하게 표현된다. 특히 가전화를 외치는 그 시기의 광고에서는 "부엌, 세탁, 청소 모두 가전화된 미국 생활에 비해 우리나라는 라디오조차 인구 대비 기껏 10퍼센트로, 가전화 생활과는 거리가 먼" 미·일간의 낙차를 강조하고 있다.

　1950년대 광고의 여성 이미지는 모던한 도시생활의 상징에서 미국식 가전화를 추진하는 주체상으로 전환한다. 당연한 것이겠지만, 여성과 더불어 광고에서 묘사되는 상품의 모습도 크게 변화했다. 예를 들면 1951년에 처음으로 냉장고가 판매되기 시작했을 때 히타치의 광고에서는 "식품위생의 강화!"를 외치며 내부가 텅 빈 냉장고가 묘사되어 있었다. 냉장고가 여기서는 아직 생활개선과 결부되어 순수하게 기능적인 것으로 파악되고 있을 뿐, '풍요로움'이나 새로운 라이프스

고구레 미치요를 기용한 산요전기의 상징 캐릭터 '산요 부인'의 포스터(야마가와 고지 편, 《쇼와 광고 60년사》, 고단샤, 1987에서).

타일과 결합되지는 않았다. 1952년 마쓰시타에서 판매된 전기세탁기 광고도 신제품을 소개하는 여성 모델이 등장하고는 있지만, "세탁하는 수고에서 사모님을 해방!"한다는 카피가 보여주는 것은 가사노동의 경감이라는 기능이다.

이에 반해 1953, 54년 무렵이 되면 모든 업체들이 광고에서 '미국적인 생활'의 담지자로서 '주부＝사모님'의 모습을 분명히 드러낸다. 예컨대 1953년 "일어나서 잠들 때까지—당신의 생활을 풍요롭고 즐겁게 하는 가전화!"라는 카피를 내건 마쓰시타의 광고에서는 가전화된 가정의 일상이 표현되어 있다. 여기에 상정되어 있는 것은 확실히 미국적인 라이프스타일이다.

가전화된 가정에서는 가족들의 상쾌한 기상과 더불어 즐거운 하루가 시작됩니다. 토스트, 퍼컬레이터, 믹서를 사용해 간단히 아침식사를 마치면, 남편도 아이들도 깨끗하게 다림질한 복장으로 상쾌하게 그날을 시작할 수 있습니다. 사모님은 전기세탁기로 세탁. 저녁식사를 마친 후에는 가족들 모두 모여 텔레비전과 전축을 즐기는 편안한 한때……가전화는 우리 생활을 한없이 밝고 풍요롭게 합니다.[22]

　　그 무렵 산요전기는 '산요 부인'으
로 배우 고구레 미치요(木暮實千代)를
기용해 가전제품의 구입과 미국적인
생활양식의 결합을 전면에 내세우고
있었다. 1954년 전기세탁기 광고에서
는 자사 제품이 "서구에서 가장 인기
있는 분류식"임을 자랑스레 강조하고
있고, 역시 고구레를 전면에 내세운 이
듬해 광고에서는 당시 일본인이 상상
하는 미국식 가정의 주부상을 유감없
이 표현하고 있었다. 한편 1957년 마쓰
시타의 광고에서도 배우 다카미네 히

다카미네 히데코를 기용한 마쓰시타의
전자제품 포스터(야마가와 고지 편,
《쇼와 광고 60년사》, 고단샤, 1987
에서).

데코(高峰秀子)의 미소를 냉장고, 세탁기, 믹서, 라디오, 텔레비전, 선
풍기, 전기밥솥, 다리미 등의 가전제품이 감싸고 있다. "하나씩 마련
해……사모님의 미소!"라는 카피에서 드러나는 것은 분명 '주부＝사
모님'을 중심으로 각종 가전제품에 둘러싸여 보내는 새로운 가정생활
의 이상향이라고 할 수 있다. 이러한 이미지는 1959년 산요전기의 광
고에서도 확인할 수 있는데, "소비자는 왕"이라는 카피 옆에, 상단에
는 가족들의 미소, 하단에는 모델의 미소가 있다. 그리고 중간에는 가
전제품들이 나열되어 있고 냉장고는 식료품으로 가득 채워져 있다.

1959년 마쓰시타의 신문광고(《마쓰시타전기 선전 70년사》, 마쓰시타전기산업, 1988에서).

가전화＝민주화의 '주체'인 '주부'

중요한 것은 1950년대 이후의 이미지에서는 '주부'가 단순한 가전화 생활의 향유자라기보다 가전화 생활을 추진하고 경영해나가는 주체로 묘사됐다는 점이다. 여기에는 '가전화＝민주화'라는 이미지가 중첩되어 있고 이러한 광고 표상의 이미지 편성 속에서 '주부'는 '가정'의 주체＝국민화로 구성되어갔다.

이는 예컨대 1959년 마쓰시타의 광고에 명쾌하게 드러나 있다. 이 광고는 "일본의 헌법, 제25조에는 '국민은 건강하고 문화적인 생활을 영위할 권리가 있다'라고 되어 있습니다. 우리 모든 국민들의 소망이 충족되어가는 것—그 하나로 가정의 가전화가 있습니다"라며 '민주화'의 테제에 가전화를 결부시키고 있다. 다시 말해 바로 가전화를 통해서 전후 일본이 표방하는 '민주화'도 달성할 수 있다는 점이다. 그리고 이어서 "당신 주위를 둘러보고 보다 편리하고 보다 즐거운 생활의 설계—주방 플랜을 세우시는 게 어때요"라며 독자인 주부들에게 가전화＝민주화의 주체가 되도록 유혹한다.

특히 주목할 만한 것은 여기서 인용한 헌법의 문장을 미묘하게 수정했다는 것이다. 원래 일본국 헌법 제25조에 적혀 있는 것은 "모든 국민은 건강하고 문화적인 최저한도의 생활을 영위할 권리를 지닌다"는 문장이다. 여기에서 광고주는 "최저한도의"라는 중요한 표현을 (아마 의도적으로) 생략했다. 원래는 최저한의 생존권 보장이었던 것을 생략함으로써 신시대의 문화적＝미국적인 생활에 대한 욕망을 국가적으로 보장하는 메시지로 전환한 것이다. 이만큼 현저하지는 않더라도 전년도 1958년 광고에서는 서구의 "보통생활"에서는 "적어도 일주일에 한번은 남편의 비스니스상의 거래처, 회사 관계자들을 자택에 초대했을 때 주부가 대접하는 방식에 따라 남편의 사회적인 신용이 결정된다며, 부인의 중대한 책임이 되고" 있다는 주장을 펼치면서, 주부가 가정을 사교의 장으로서 주체적으로 경영해나가도록 재촉하고 있다. 이들 광고에서는 바로 주부들을 가전화된 가정을 경영하는 '주체'로 지목하고 있다.

이런 움직임을 보다 상세하게 살펴본다면, 1950년대 말을 경계로 가전제품의 이미지가 '생활 합리화의 수단'에서 '사모님의 좋은 파트너'로 미묘하게 변화했음을 확인할 수 있다. 예컨대 당대의 잡지《슈호노 도모(主婦の友)》에 실린 광고 몇 개를 살펴보도록 하자. 1956년까지 이 잡지의 광고에서는 주부로 보이는 여성의 이미지가 등장하더라도 "쇼핑을 하고 있는 동안에 세탁을 할 수 있다"는 것을 강조한 마쓰시타의 광고나 "합리적인 세탁을 새로운 생활의 플랜으로!"라며 외치는 히타치의 광고에서 보듯이, 가정의 경영 주체로서 주부의 모습은

그리 명료하게 드러나 있지 않았다. 그중에는 "엄마보다 능숙하게 세탁!"을 할 수 있음을 강조한 덴소의 광고나 "가정도 오토메이션 시대"임을 강조하는 도시바의 광고와 같이, 가전화를 주부들의 역할 그 자체를 불필요하게 하는 '합리화 = 자동화' 과정으로 묘사하는 것도 있었다.

하지만 1957년 이후 도시바의 세탁기는 "사모님의 최고 조수"이고, 마쓰시타의 냉장고는 "사모님 입장에서 모든 것을 살피도록" 설계되어 있으며, 후지쓰 제네럴의 세탁기는 "사모님을 도와 눈부신 활약"을 한다는 것이다. 1959년 도시바의 광고는 "사모님은 가사의 감독님"이라며 세탁기에 명령하는 주부의 모습을 그린다. 물론 이 무렵에도 '합리화 = 자동화' 이미지가 사라진 것은 아니지만, 이와 병행해서 가전제품에는 주부들의 '주체화'를 돕는 역할이 주어지게 된다.

이윽고 이 주부상은 신문이나 대중잡지, 텔레비전을 통해 전국 각지에 공유된다. 아마노 마사코(天野正子) 등은 전후 일본의 사물과 여성들의 관계를 파악하는 가운데 "세탁기를 돌파구로 한 전자제품의 보급은 '주부'상의 획일화를, 바꾸어 말하자면 사람들의 라이프스타일의 획일화를 진행시켰다"고 지적하고 있다. "같은 도시라도 서민들의 동네나 상점가의 '아줌마', 야마노테의 '사모님'의 차이처럼 지역이나 수입과 계층 등에서 다양했던 주부상은 이 시기부터 급속하게 같은 색을 띠게" 됐다.[23]

자랑스러운 메이드 인 저팬

미국의 시선을 받는 '일본'의 기술

텔레비전을 비롯한 가전제품은 1950년대 이후 가전화의 주체인 '사모님' 이미지의 매개체가 된 것만은 아니다. 그것은 또한 미국적인 생활의 이미지와 결합되면서 '삼종의 신기'가 됐고 전후 가정의 내셔널한 의식의 중추가 되기도 했다. 실제로 1960년 전후의 광고를 살펴보면 가전제품은 주거공간 속에 장전된 네이션의 상징이라는 성격을 강하게 띠고 있었음을 알 수 있다.

예컨대 1960년 소니는 "일렉트로닉스 일본을 대표하는 세계의 마크"를 전면에 내세우면서 휴대용 텔레비전 광고에서는 "닛폰의 자랑이 또 하나!"라며 기술을 축으로 한 전후 일본의 새로운 내셔널 아이덴티티를 화려하게 표명해나갔다. '니혼(日本)'이 아니라 '닛폰(ニッポン)'이라는 가타카나 표기를 하고 있는 것은 세계 특히 미국의 시선을 의식하고 있기 때문이며, 이 광고는 이러한 '세계＝미국'의 시선에

'닛폰'의 기술이 평가되고 있다는 주장을 펼치고 있었다. 이와 마찬가지로 산요전기는 1961년에 "세계의 닥터를 놀라게 한 이 작은 금속체"를 자랑하고 있었고, 빅터는 1962년에 "그 기술로 세계의 '소리'를 리드한다"는 광고를 등장시켰다. 그리고 마쓰시타를 보면 1962년에 등장하는 "자랑스러운 메이드 인 저팬"이 일련의 광고 상징을 집약하고 있다.

1962년 마쓰시타의 신문광고(《마쓰시타전기 선전 70년사》, 마쓰시타전기산업, 1988에서).

주목할 만한 것은 이들 광고가 실제로 일본제품이 해외에서 높은 평가를 받아 브랜드 가치를 인정받기 훨씬 이전에 나왔다는 점이다. 당시에는 아직 일본기업이 해외에서 자사 제품을 판매할 경우 '일본의 기술력'을 전면에 내세우지 않았다. 훗날 소니의 모리타 아키오(盛田昭夫)는 1950년대에 해외에서 소니 제품을 판매하고 있었을 때를 돌이켜보면서 "일본제 고급품은 외국에서는 거의 알려지지 않았다. 아니, 오히려 '일본제(메이드 인 저팬)'라는 꼬리표를 단 상품은 품질이 나쁘다는 이미지가 정착되어 있었다.……우리 회사 사명을 결정할 때 일본 이미지에서 벗어나기 위해 마치 일본의 회사가 아닌 듯한 이름을 선택한 것은 아니다―어차피 제품은 모두 생산국명을 명시해야 한다. 하지만 굳이 일본을 강조해서 조잡한 물건으로 비치는 것은 피하고 싶다는 생각을 한 것은 분명하다. 사실 초창기에는 '일본제'라는 글자를 가능한 한 작게 하려고 했다"고 한다.[24] 당시 '메이드 인 저팬'의 자랑스러움을 내세울 수 있었던 것은 어디까지나 일본 국내를 향한 것이었다. 일본의 가전업체들은 이러한 불균형을 자각하면서 자사 제품이 해외에서도 높은 평가를 받고 있다며 반복해서 외치고 있었던 셈이다.

이리하여 1950년대 말부터 일본인들의 가정에 보급되는 가전제품은 전후의 기술주의적인 내셔널 아이덴티티를 가정 안에서 매일 실감케 하는 매개체로 기능하게 된다. 이러한 일련의 광고들의 배경이 되는 이데올로기는 1961년 마쓰시타에 의한 "일본인은 뛰어난 손재주를 자랑스러워하자"라는 제목으로 실린 광고의 다음과 같은 문장에 명료하게 설명되어 있다.

일본인은 뛰어난 손재주로 유명한 민족입니다. 그리고 미에 대한 감각도 다른 민족보다 뛰어나다고 일컬어지고 있으며, 현재 일본의 미술 공예와 건축 등 간소하고 섬세한 미는 서구인들이 동경하는 대상으로, 일본의 전통 속에서 탄생한 디자인이 서구인들의 생활에 받아들여지기 시작했음을 여러분도 잘 알고 계시리라 믿습니다.…… '뛰어난 손재주'야말로 일본인이 선조에게 물려받은 위대한 유산이며, 이 뛰어난 손재주와 과학성이 양립됐을 때 일본에는 서구인들이 이루지 못하는 독특한 제품이 탄생한다는 것을 우리는 분명히 자각해야 합니다.[25]

여기서는 자포니즘(Japonisme)과 기술주의가 '뛰어난 손재주'라는 개념을 중심으로 하나의 언명으로 결합되어 있다. 그리고 이러한 일본이 다른 나라보다 우월하기 위해서는 '아이디어' 면에서도 탁월성을 획득해야 한다는 것이다. 이런 관점은 마쓰시타의 다른 광고에서 "일본은 이미 구미에게서 배울 것은 남김없이 배워서, 독창성에 의해 세계의 산업계를 리드하기에 충분한 기술의 기초를 쌓아올렸다고 생각합니다.……우리 일본인은 안이한 모방정신을 버리고 독창성의 중요함을 느끼면서 '아이디어'에서도 역시 세계 제1급 민족이 되도록 합시다"라는 주장에도 명료하게 드러나 있다.[26]

가전제품에서 '일본풍'의 성립

1960년대 가전광고를 특징짓는 것은 이러한 담론의 변주들이다. 여기에 일관되게 드러나는 것은 한편으로는 '세계'가 '일본의 기술'을 주시하고 있다는 사실의 강조이며, 다른 한편으로 '세계'가 바라보는 시선 속에서 일본의 기술은 독자성을 발휘한다는 주장이었다. 1960년대의 광고는 반복해서 '엄격하고 진지한 세계의 눈'이 일본을 주시하고 있고 그러한 '세계의 눈'으로부터 일본은 '기술의 훈장'을 받고 있다는 주장을 펼쳐나갔다.

한편, 이윽고 이러한 기술은 이 나라의 '개성'의 표현으로 간주되기도 한다. 예컨대 1966년 마쓰시타의 텔레비전 광고는 "닛폰의 색채"를 찾아냈다고 주장했다. 거기서는 "나는 예술 세계에서 서구에는 뛰어난 메커니즘을, 일본에는 섬세한 정서를 느낀다. 또한 일본 민족은 서구의 메커니즘을 받아들이고 소화해서 독자적인 섬세한 정서로 탈바꿈시킨 뒤 발달시키는 성질을 지니고 있다고 생각한다. 서구의 차

가운 메커니즘이 일본에 와서 따뜻한 인간 피부에 밀착하는 것으로 진보한 하나의 사례가 이 내셔널 컬러텔레비전이라고 생각한다"라고 하는 화가의 발언이 인용되고 있다.

이와 같이 일본의 가전기술을 전통적인 장인기술이나 자연관과 결부시켜 그 가전의 모습이 이 나라의 고유한 전통적 미의식의 표현이 됐다는 문화자본주의적인 기술론이야말로 1960년대 가전산업의 이미지 전

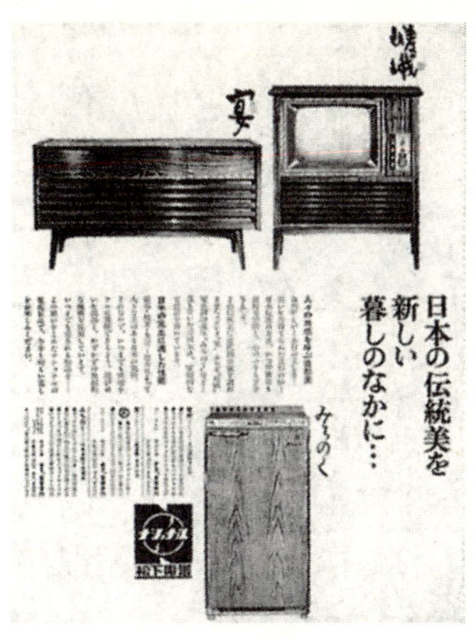

1966년 마쓰시타의 신문광고(《마쓰시타전기 선전 70년사》, 마쓰시타전기산업, 1988에서).

략에서 기축을 이루는 것이었다. 특히 이런 종류의 이미지는 1960년대 후반부터 빈번히 사용되는 '일본풍(和風)' 명칭이나 디자인에 명료하게 표명되어 있었다.

이런 종류의 '일본풍' 명칭이나 디자인을 전면에 내세운 최초의 제품은 마쓰시타가 1965년 4월에 출시한 스테레오 '엔(宴)'이다. "윤기나는 나뭇결의 아름다움"을 수평 라인으로 강조한 "이 조형이야말로 새로운 스테레오의 방향입니다"라는 마쓰시타의 광고는 "전통미를 근대 감각에 조화시킨" 새로운 가구라는 식으로 이 상품을 판매하기 시작했다. 아울러 마쓰시타는 그해 가을에는 같은 시리즈로 '아스카(飛鳥)', '우시오(潮)' 등 '일본의 전통미'를 전면에 내세운 스테레오를 신상품으로 판매하고 있다. 그리고 이와 동일한 발상을 텔레비전에 응용한 것으로서 그해 11월에는 1970년대까지 마쓰시타의 컬러텔레비

전을 대표하는 존재가 되는 '사가(嵯峨)'가 '황금 시리즈'의 일환으로 판매되기 시작한다.

1960년대 중반 다른 가전업체들도 이와 마찬가지로 '일본풍' 노선을 지향한다. 마쓰시타와 유사성이 현저한 것은 산요전기였는데, '니혼(日本)'을 신발매 컬러텔레비전으로서 판매하고 있다. 이 신상품은 디자인의 기조를 "일본 고대건축의 최고 걸작이라고 하는 '아제쿠라(校倉. 삼각형 또는 사각형의 목재를 井(정)자 모양으로 끼워 외벽을 쌓는 스타일—옮긴이)방식'을 찾기 위해 엄선된 목재를 사용해 손으로 직접 꼼꼼하게 조립하고 스카시 색칠이라는 일본의 독자적인 전통기법으로 마무리"했다고 한다. 뿐만 아니라 도시바는 '오자(王座)'나 '메이몬(名門)'을, 미쓰비시는 '다카오(高尾)'를 발매했고, 얼마 지나지 않아 이 붐은 다른 가전제품에도 영향을 주면서 세탁기, 냉장고, 에어컨, 청소기까지도 일본의 '전통'이나 '자연'을 연상케 하는 상품명을 붙였다. 실제로 마쓰시타의 냉장고는 가구나 방 색조에 맞추어 목재 외장을 꾸미고 티크 풍의 '키소', 로즈우드 풍의 '요시노', 월넛 풍의 '미치노쿠'라는 세 종류가 있었다. 동시대의 자동차에 '블루버드', '스카이라인', '크라운' 등 외국풍 이름이 붙여진 것과는 대조적으로 1960년대 가전은 급속하게 '일본풍' 이미지를 띠게 됐다.

인테리어 · 주거에서 '일본풍'의 창출

1960년대 가전이 마치 '가구처럼' 되어가는 것과 병행해서 가구 자

체의 대중적인 이미지에도 커다란 변화가 일어나고 있었다. 백화점에
서 오래 전부터 실시되어온 일본풍 가구의 특매가 아니라 특정 스타
일의 가구에 대중적 관심이 쏟아지기 시작하는 것은 1960년대 중반의
일이었다. 이런 흐름을 리드한 것은 북유럽 가구의 디자인이었다.
1960년대를 통해 실로 많은 백화점이 북유럽 가구의 전람회나 페어를
개최하고 있었다.

예컨대 1958년 다이마루에서 개최된 '덴마크 가구 공예전'은 매우
이른 사례인데, 1960년대 중반이 되면 '한스 웨그너 작품전', '덴마크
인테리어전', '핀란드 가구전', '북유럽 가구전', '핀란드 건축전' 등
이 잇따라 개최된다. 이 시절 북유럽 가구가 주목을 받은 이유는 디자
이너 입장에서 보자면 "일본적인 동시에 인터내셔널하고 모던한 인상
을 주는 디자인을 실현하려는 기분"에 모던한 형태를 강조하면서 북유
럽 고유의 이미지를 띤 디자인이 일치했기 때문이다.27) 그러나 이것이
단순히 디자이너의 흥미에 그치지 않고 각지의 백화점 행사에서 다루
면서 대중적으로 수용됐다는 데 이 시대의 특징이 있다.

더군다나 1960년대 가전광고에는 종종 북유럽 가구풍의 조도가 사
용됐다. 이리하여 1965년 마쓰시타 덴코의 부엌세트 광고에서는 "모
던한 부엌을 원하는 사모님들에게", "그동안 개수대에서는 생각할 수
없었던 신선한 '선'과 '색채'로 디자인한 밝기, 청결함"을 어필하고
있다. 그 경우 개수대 옆에 놓여 있던 것은 덴마크 건축가·디자이너
인 아르네 야콥슨(Arne Jacobsen)이 1950년대 초기에 디자인한 앤트 체
어이다. 이와 마찬가지로 1950년대 말에 도시바의 텔레비전 광고에도
북유럽의 모던한 의자가 등장했다. 이러한 북유럽 가구의 이미지를

촉매로 하면서 1960년대 중반 이후 대중적인 일상의식 속에서도 인테리어 디자인이라는 관점이 부상한다.

이리하여 전후 일본인들의 주거를 둘러싼 의식이 1960년대 후반에 크게 변용하기 시작하는데 이는 주택 생산 그 자체의 변화에서도 방증할 수 있다. 마쓰무라 슈이치(松村秀一)는 그동안 거의 실험적인 단계였던 조립식(prefab) 주택생산이 1960년대 후반부터는 본격화하면서 판매전략이나 이미지전략에서 불꽃 튀기는 경쟁을 벌이기 시작했음을 지적하고 있다. 당시 업계에서는 최대였던 다이와 하우스가 1969년에 연간 1만 채를 생산한 데 이어 세키스이 하우스가 1971년, 내셔널 주택이 1972년에 각각 1만 채를 돌파했다.[28]

이러한 상품화 주택의 대중화라는 물결 속에서 가전에서 시도되고 있던 것과 동일한 '일본풍' 명칭이나 의장이 주택에도 사용되기 시작한다. 예컨대 1959년 패널 조립식 공부방 '미젯 하우스(midget house)'의 성공으로 초기 조립식 주택산업을 선도하게 되는 다이와 하우스는 1962년에 최초의 본격적인 조립식 주택으로 '다이와 하우스 A형'을 발매하고 이듬해부터 'B형', 'C형', 'D형' 등 주택을 잇달아 판매한다. 다이와 하우스는 1968년 기존의 주택상품 명칭을 완전히 바꾸어 놓으면서 '와카쿠사(若草)', '하쿠호(白鳳)', '아스카(飛鳥)', '가스가(春日)' 등 일본풍 명칭을 전면에 내세운다. 다이와의 30년사에 따르면 이와 같이 조립식 주택에 일본풍 명칭을 붙이게 되는 것은 동시대의 가전제품을 모방한 것으로, "이젠 주택(조립식 주택)은 가전제품과 마찬가지로 공장에서 대량으로 생산되고 판매되는 대중 상품"이라는 생각에 따른 것이라고 한다.[29]

이윽고 1970년대 말에는 단순한 일본풍 명칭은 자취를 감추고 오히려 '휴게실(foyer)이 있는 집', '굴뚝(chimney)이 있는 집', '안뜰(patio)이 있는 집' 등 서구풍 판타지를 가미한 상품에 중점을 두게 된다. 대체로 조립식 주택의 이미지 전략은 단순한 기능주의에서 일본풍 전통주의로, 그리고 테마파크적인 차이화의 논리로 옮겨가게 된다. 명칭의 이러한 변화는 주택의 설계 자체가 1970년대 말에는 소비자들의 입맛에 맞추어 서로 다른 형태의 주거를 제공하는 '기획형'으로 발전하는 움직임과 대응하고 있었다. 이리하여 조립식 주택은 품질과 가격 합리성, 디자인 노력과 더불어 소비자의 입맛을 선취하여 적절하게 이미지 마케팅을 전개하는 문화상품으로 되어갔다.

지금까지 이 장에서는 점령기의 디펜던트 하우스를 시작으로 1960년대 조립식 주택까지 전후 일본인 가정 안에 미국적인 생활양식의 이미지가 어떻게 침투했고, 또 '미국'이라는 타자의 시선에 매개되면서 어떠한 주체가 성립됐는가를 고찰했다. 이미 논한 바와 같이 전후 일본의 가정공간에서 아메리칸＝내셔널적인 시선이 교차하는 초점이 된 것은 '삼종의 신기'로 대표되는 가전, 특히 텔레비전이었다. 텔레비전은 화면(프로그램)에 나타나는 가정상(像)에서도, 또한 가정의 거실에 놓인 가전제품(사물)으로서의 모습에서도 미국적인 것을 내셔널한 것으로 매개했다.

다시 말해서 한편으로 1960년대 초기까지 전성기를 누린 외제 텔레비전 드라마는 점령기에 〈블론디〉가 그렸던 가정상을 이어받으면서 침투시키고 있었다. 그러나 다른 한편으로 텔레비전이라는 장치는 그 자체가 '삼종의 신기'의 하나로서, 전후 주거의 중심에 들어오는 과정에서 아메리카니즘의 강력한 촉매가 되기도 했다. 비단 텔레비전뿐만 아니라 '가전'을 둘러싼 대중적인 이미지에는 미국적인 생활의 추구라는 내셔널한 주체의 구축이 표리일체를 이루면서 드러나 있었다. 여기서는 '미국'을 추구하는 것이 '주부＝사모님'으로서의, 혹은 '기술자'로서의 내셔널한 전후적(戰後的)인 주체를 성립시키는 것이기도 하다는 등식이 성립되어 있었다.

이 장에서는 이런 점을 주로 가전제품을 둘러싼 광고 이미지에 초점을 맞추면서 지적했다. 비록 대략적으로만 언급했을 뿐이지만, 이와 동일한 것을 인테리어나 주택 그 자체에 대해서 살펴볼 수도 있다. 중요한 것은 전후 일본의 가정에서 미국적인 시선에 보증받음으로써 네이션의 실현이라는 새로운 국민적 주체화와 아메리카니즘의 관계가 그야말로 대중적인 확산으로 성립됐다는 사실이다. 이런 관계는 전후의 반기지운동이 점령자로서의 '미국'에 저항하는 주체로서 '국민＝민족'을 성립시킨 관계와도 다르고, 역도산의 가라데 초크에 환희한 군중들이 '악역'으로서의 미국에 저항하는 주체로서 '일본인'다운 것을 상상한 관계와도 다르다. 오히려 점령기의 천황과 맥아더의 '포옹'이 예감케 한 두 제국의 담합적인 관계가 1960년대까지는 광범위한 국민의 일상의식에 의해 적극적으로 뒷받침되고 있었다는 것을 보여주고 있었다.

'친미'를 뛰어넘는 방식

—전후 내셔널리즘의 무의식

냉전과 반미 내셔널리즘

● 한국전쟁에서 반기지투쟁으로

한국전쟁과 전투적 반미주의

앞서 세 장에서 논한 바와 같이 전후 일본 대중의식의 주류를 형성해온 것은 '반미'가 아니라 '친미'였다. 그렇다고는 하지만 '반미'는 이러한 주류 대중의식의 주변부에서 '친미'와 표리일체를 이루면서 몇 차례 대중의식의 전면에 부상하기도 했다. 여기서 특징적인 것은 전후 일본 안의 '반미'가 전쟁시기까지의 천황제 내셔널리즘을 이어받는 것은 아니었다는 사실이다. 오히려 '반미'는 공산당이나 재일한국인, 기지 주변의 농민 등 미국의 아시아 지배에 저항하는 사람들에 의해 강력하게 주장되고 있었다.

전후 일본에서 우익적인 '반미'가 오랫동안 주변적인 것에 머물렀던 이유는, 말할 것도 없이 천황과 맥아더가 '포옹'한 효과였다. 전후 천황제를 신봉하는 내셔널리스트가 '반미'를 주장하려고 하면 논리적으로는 '천황'을 신봉하면서도 '천황'을 비난하는 셈이 된다는 자기

모순에 직면할 수밖에 없었다. 혹은 이 명백한 모순을 은폐하기 위해서는 기만적인 자기은폐를 거듭할 수밖에 없었다. 그리고 이는 일부 우익들이 걸어온 길이었는데, 적어도 1980년대까지 그들은 주변적인 존재에 지나지 않았다.

우파의 '반미'가 논리적인 봉착에 직면할 수밖에 없었던 것에 반해 1940년 말부터 1950년대에 걸쳐 전투적인 '반미' 노선으로 치달은 것은 공산당이었다. 당시 공산당은 소비에트와의 결합을 배경으로 '반미'를 전면에 내세운 투쟁을 강화하고 있었기 때문에 맥아더는 그들에 대한 경계를 강화하고 있었다. 이러한 긴장의 정점에 1950년 5월 30일 황거 앞의 광장, 곧 '인민광장'이라 불린 곳에서 공산당을 중심으로 한 민주민족전선이 개최한 집회에 1만 2천여 명의 군중과 경찰·미군들이 충돌하면서 미군 병사가 군중들에게 구타를 당해 부상당하는 사건이 발생했다. 이 사건이 있고 며칠 후 맥아더는 도쿠다 규이치(德田球一), 노사카 산조(野坂參三) 등 공산당 간부 24명을 공직에서 추방하기로 결정하면서 전후의 공산주의자 숙청(red purge)을 시작한다. 그리고 때마침 6월 25일에 한국전쟁이 발발한다. 공산당의 시점에서 본다면 한국전쟁은 중화인민공화국의 성립에 이은 동아시아에서의 혁명의 전개로 받아들여졌다. 이런 흐름 속에서 '소감파(所感派. 일본공산당이 1950년 이후 내부 분열했을 때 주류파. 대립 파벌은 국제파라 불렸다—옮긴이)'를 중심으로 한 공산당 간부들은 지하활동을 강화하면서 반미무장투쟁이라는 급진적인 노선을 명확하게 표방하게 된다.

한국전쟁이 발발하자 이러한 공산당의 움직임과도 연동하면서 재일한국인 단체들이 '반미' 움직임을 강화하고 있었다. 재일 공산주의자들은 전쟁이 발발하자 조국방위위원회나 조국방위대를 조직하고 일본에서 한국으로 무기·탄약의 수송 저지, 한반도에서 미군의 철수 요구, 일본 정부의 전쟁협력에 대한 항의 등을 추진해나갔다. 이 경우 '조국＝한국'을 침략한 것은 미국 제국주의와 그 첨병인 유엔군에 다름 아니었기 때문에 그들에게 조국을 방어하는 것은 일본 국내의 미군시설이나 미군협력자에 대한 공격을 의미하게 됐다.

이리하여 그들은 서명운동이나 반전 유인물의 배포, 미군 특수공장 노동자들에 대한 파업 공작, 무기수송 선로에서의 연좌농성, 미군 하청 중소기업에 대한 습격 등을 도모했다. 이런 활동이 과격화하면서 급기야 무력충돌이 일어난 것이 1952년 히라카타(枚方)·스이타(吹田) 사건이다. 공산당계 재일한국인그룹은 고마쓰 제작소를 유치해 한국전쟁을 위한 포탄을 제조하려고 한 구 육군 오사카 공창 히라카타 제조소 폭파 미수, 스이타 조차장 돌입, 미군과 경찰 차량에 대한 공격 그리고 미군에 협력하려는 일본 요인들에 대한 습격 등의 사건들을 잇따라 일으켰다.

이러한 사건들의 맥락에 대해서는 양영후(梁永厚)가 다음과 같이 흥미롭게 언급했다. 양영후에 따르면 "오사카의 동부, 이쿠노, 히가시나리, 후세에는 중소 공장이 많았는데, 그중 하나로 아시아공업이라는 집속탄 제조공장이 생겼죠. 사장은 전 육군 중장으로 주변 중소공장에 하청을 주고 있었습니다. 조방대(조국방위대)는 그 하청공장의 기계를 멈추거나 하면서 제조를 방해했습니다"라고 한다.[1] 이 구 육군 중장의 무기제조공장 운영 사례에는 한국전쟁 당시 구 일본의 제국주의와 미국의 군사체제의 결합이 어떻게 이루어지고 있었는지, 이 결합에 대해 재일한국인들이 어떻게 싸워야만 하는지가 상징적으로 드러나 있다.

하지만 이 좌담에 대해 언급하면서 미치바 지카노부(道場親信)가 논하고 있는 바와 같이, 공산당이 주도한 이 반미투쟁의 결정적인 약점은 군사생산을 행하는 세력들을 단순히 "미국 제국주의와 결탁한 '매판'", 즉 "'저쪽'에 선 '적'으로 자리매김함으로써 전쟁에 가담하는 '일본(인)' 자신의 문제로 심화시키지 못했다"는 것이다.[2] 다시 말해 '미 제국주의' 대 '소비에트＝민주세력'이라는 냉전구도가 전제되면서 한국인 동포나 일본의 '인민'은 민주세력 쪽에, 일본의 기업가는 적으로 간주됐다. 이러한 이항대립적인 도식으로 인해 그들 자신이 냉전체제를 답습ㆍ강화하는 꼴이 되면서 일본 사회 자체에 대한 물음을 심화시키지 못하고 끝나고 만 것이다. 적과 아군이라는 이항대립적인 자세를 취하는 한 대중은 오히려 미국과 함께 한 셈이었으니 공산세력의 고립과 피폐는 피할 수 없었다.

반기지로서의 '반미'

한편 1950년대 초기 '반미'가 대중적인 분위기에 강하게 뒷받침되어 있었다는 사실은 〈'반미 일색'의 전야제〉라는 제목이 붙은 다음과 같은 1953년 메이데이에 대한 기사에서도 엿볼 수 있다. 가와사키의 다마가와 강변에서 열린 그해의 메이데이 전야제에는 80개의 노조, 좌익극단, 시민단체 등 약 3만 명이 참가해서 "2천여 명의 코러스, 일본, 오키나와, 한국 등 민족무용,……히지카타 요시(土方與志) 씨가 지도한 대형 야외극이 조명과 불꽃놀이 아래에서 펼쳐졌는데, 작년 소요사태를 풍자해 데모대가 경찰들을 몰아내는 모습이나 '미제 앞잡이 꺼져라'는 목소리가 여기저기서 튀어나오는 반미 일색의 내용"이라고 한다.[3]

다른 한편으로 한국전쟁을 계기로 공산당과 재일 공산주의자들에 의한 '반미' 투쟁은 급진화하면 할수록 전후 일본인의 대중의식에서 고립될 수밖에 없었다. 특히 1953년 7월에 한국전쟁이 휴전협정을 체결하자 동아시아에서는 현상 유지를 전제로 한 동서 양 진영에서 사회질서 재구축이 진행된다. 급진노선으로 치닫고 있던 공산당은 더욱더 고립되어 마침내 무장투쟁 방침을 포기하고 사람들의 '반미' 의식을 선도하는 위치에서도 물러났다.

공산당이 주도한 1950년대 초반의 '반미'가 한국전쟁을 비롯한 동시대의 국제정세에 의해 직접적으로 좌우되고 있었던 데 반해, 국내의 몇몇 지역에서 보다 지속적으로 대중적인 '반미' 의식의 기조가 된 것은 '반기지'라는 맥락이었다. 바로 이 '반기지'라는 슬로건이야말로 1950년대 일본에서 '반미'가 다른 어떤 시대보다 격렬하게 표명될 수 있었던 대중적 기반이었다. 당시 강화조약 발효 후에도 대규모로 잔존하고 있는 미군 기지에 대한 솔직하면서도 광범위한 불만과 반발이 일본 전국에 퍼지고 있었다. 대중적인 차원에서 이러한 불만이 있었기에 1950년대 반기지투쟁은 당파적인 틀을 뛰어넘는 대중성과 지속성을 지닐 수 있었다.

예컨대 1953년 6월 《요미우리신문》에는 〈반미와 기지〉라는 제목의 좌담회가 여러 차례 연재됐다. 거기서 오오야 소이치(大宅壯一)는 근래 반미의식이 급속히 확산되고 있는 원인으로 기지 네 곳의 피해, 즉 원래 농지였어야 할 토지가 기지에 대규모로 점유되어 있다는 점, 소음 등으로 학교 수업에 지장이 생기고 있다는 점, 미군들의 난폭한 운전에 따른 교통피해가 발생하고 있다는 점, 기지 주변의 매춘으로 풍기가 문란해지고 있다는 점을 들고 있다.[4] 이 좌담회에서는 어느 정도 중도, 보수적인 입장이 기조를 이루면서 논의가 펼쳐지고 있었다. 이러한 분위기 속에서조차 기지 문제가 반미의식의 커다란 기반이라는 점이 공통된 인식이었다.

이리하여 전후 일본의 1950년대는 반기지의 시대가 됐다. 반기지투쟁의 최대 고비는 제3장에서 논한 스나가와투쟁이었는데, 이시카와현 우치나다, 이바라기현 햐큐리, 야마나시현 기타후지 등을 비롯해 전국에서 미군 기지의 잔존·강화에 대한 반대투쟁이 기세를 올리고 있었다. 1950년대 중반 이타즈케, 고마키, 니가타, 기타후지, 묘기, 오타카네, 아사마, 니혼바라 등 전국에서 반기지투쟁이 일어났고 여기에 오키나와에서는 '섬 전체'가 기지 반대투쟁에 호응하고 있었다. 이러한 투쟁들에서 가장 적극적이었던 이들은 토지를 지키려는 농민들이었다. 그들의 연대를 기초로 1950년대 '반미＝반기지'는 광범위한 대중운동의 양상을 띠기도 했다.

1950년대 일본에서 '반미' 움직임의 확산은 미국의 언론에도 보도되면서 미국과 일본 정부를 비롯한 많은 지배층의 우려를 낳았다. 거기서 채용된 담론상의 전략은 '반기지'와 '반미'의 분리, 즉 '반기지'가 반드시 '반미'가 아니라는 주장이었다. '반기지'는 명백한 피해에

대한 사람들의 솔직한 감정에서 생겨나는 것이지 딱히 '반미'를 의미
하는 것은 아니다. 하물며 일본인 대부분이 공산주의화하는 것은 더
더욱 아니다. 이와 같이 주장함으로써 기지 문제만 해결된다면 언젠
가 반미 분위기는 수습되리라고 생각할 수 있었다. 그리고 실제로 어
느 정도는 그 생각대로 됐다.

베트남 반전운동에서 제기된 물음

내셔널리즘으로서의 '반미'

한국전쟁 전후로 고양된 공산당을 중심으로 한 반미투쟁과 1950년 대 농민의 연대를 기초로 한 전국적인 반기지투쟁, 그리고 1950년대 말의 반(反)안보투쟁에는 명백한 공통항이 있었다. 즉 '반미＝민족 내 셔널리즘'이라는 틀이다. 오구마 에이지(小態英二)는 전후 일본 지식인 들의 사고를 강하게 지배하고 있던 내셔널리즘을 논하면서, 1950년대 반미투쟁이 얼마나 강하게 사람들의 내셔널리즘 감정과 결부되어 있 었는가를 폭로했다.

오구마에 따르면 1950년대 초반 반미무장투쟁은 "극단적일 정도로 '민족'을 강조"한다는 특징이 있었다. 활동가들은 "일본의 현 상황은 미국 제국주의와 미국자본에 의한 '식민지화' 및 '군사기지화'에 휩 싸여 '민족의 독립'이 위협받고 있다"고 외쳤다. 그들의 입장에서 본 다면 미국이 주도하는 강화조약은 "'우리 민족을 외국자본에 팔아 자신의 이익과 지위를 지키려는 민족의 배신자'인 보수 정권이나 독점 자본의 책략에 다름 아니고, 이들 '외세'와 싸우기 위해서 '적어도 일본인이라면', '우리나라 인구의 95퍼센트는 이 강령을 지지할 수 있다'"고 생각한 것이다.[5]

문화적인 차원에 대해서 살펴본다면 이들 운동에서는 "미국문화의 침투로 '건전하고 민주적인 일본민족의 문화는 압박을 받고, 이를 대신해 외국의 퇴폐적·식민지적 문화가 넘쳐나'고 있다"며 비판하고 있으며, "다도·꽃꽂이·대불(大佛) 등이 '민족문화'로 칭송받으며 야마토 다케루(日本武尊. 일본신화에 등장하는 영웅으로, 《고사기》와 《일본서기》에 따르면 2세기 무렵에 존재한 것으로 나오지만 실제로는 4~7세기 무렵의 여러 영웅들을 구현화한 가공의 인물이다―옮긴이)가 '민족의 영웅'으로 형용됐다"고 한다.[6] 이리하여 공산주의운동은 코스모폴리타니즘이나 '매국적' 아메리카니즘을 비판하는 진정한 '애국자'를 위한 국민주의적 운동이라는 외양을 띠게 되면서, 전후의 혼란 속에서 갈 곳을 잃은 천황제 내셔널리즘의 심정에 기묘하게도 가장 직접적인 안식처를 제공하게 됐다.

이러한 '반미'와 내셔널리즘의 뿌리 깊은 결합은 반기지운동에서도 공통된 것이었다. 이미 여러 차례 언급한 바와 같이, 반기지운동의 고양을 뒷받침한 것은 농민들의 토지를 빼앗은 데 대한 분노였는데, 이 분노가 그야말로 '국민적'인 규모의 공감을 불러일으킨 것은 토지라는 구체성에서 '일본'이 다른 나라에 '겁탈당했다'는 감각을 공유하고 있었기 때문이다. 그리고 여기에는 기지 주변의 매춘부들에 대한 주민감정, 혹은 '일본의 정조'라는 담론을 생산하는 것 자체에 의

한 내셔널한 남성성의 재구축 등 이미 논한 사례에서 볼 수 있듯이, 전전부터 가부장제적 감정을 이어받고 있었다.

이러한 내셔널리즘 감정은 반기지투쟁에서 1960년 반안보투쟁으로 나아가는 흐름을 관통하고 있기도 했다. 이런 흐름을 대표한 가장 의식적인 논자로는 물론 시미즈 이쿠타로(淸水幾太郞)이다. 시미즈는 1950년대 중반 기지 문제를 둘러싼 아이들의 작문집 《기지의 아이들》[7]이나 교사들의 르포 《기지 일본》[8]을 편집했다. 시미즈의 사고 밑바닥에는 '민족'으로서의 일본이라는 감정이 있었고, 기지의 현실은 그러한 '민족'이 식민지화되는 상황에 놓여져 있다는 표현으로 받아들이고 있었다.

> 일본의 어른들은 다소 정색을 한 어투로 이렇게 말합니다. "일본은 미국을 비롯해 많은 국가들과 강화조약을 체결해 당당한 독립국이 됐고, 더군다나 미군에 의해 안전을 보장받고 있다." 우리도 그렇게 생각하고 싶은 마음은 굴뚝 같지만, 실은 이는 체제의 표면적인 좋은 점일 뿐, 거기에는 또 하나의 이면이 있습니다.……《기지의 아이들》의 문장은 강화조약-안전보장조약-행정협정이라는, 일견 **축복으로 가득한** 무대 이면을, 진실을, 실체를 온몸으로 알리고 있는 것입니다.[9]

"무대의 이면"이란 "식민지로서의 일본"의 현실이다. 따라서 그들은 "오랫동안 아시아 민족들은 식민지 민족으로서 이 복잡하고 뒤엉킨, 자신을 망치는 관계에 내몰려 있었습니다. 그 아시아 민족들이 지금 오랜 오욕의 역사를 내던지고 아름다운 독립의 길을 걸어가고 있습니다. 바로 그때, 오랫동안 아시아 민족들을 무시해온 일본국민이 새로이 식민지적 상태로 빠져들고 있다"라며 단언하게 됐다.

이윽고 시미즈는 1960년 안보개정 당시 독자들의 마음을 강하게 흔드는 문제로 국회청원 데모를 호소한다. 월간지 《세카이(世界)》 1960년 5월호에 실린 〈이제야말로 국회로—청원의 권유〉에서, 10년 전 강화조약이 체결됐을 때 "안보조약은 강화조약과 하나로 묶어 미국에게서 강요받았다는 측면이 있었다. 이에 반해 군사적으로 깊이 관여한 새 조약은 일본국민의 자발성과 책임에 있어서 체결되는"데 문제의 핵심이 있다고 했다. 안보조약을 체결해도 세계의 대세는 군축과 평화공존으로 향하고 있으므로 우려할 일이 없다고 하는 낙관론에 대해 시미즈는 다음과 같이 주장했다.

일본국민은 이처럼 뻔뻔하게 남의 힘을 빌려 소망을 이루려는 사상을 받아들일 만큼 타락하지는 않았을 것이다. 세계의 대세는 거기에 기여하지 않는 국민이 편승하기 위해 존재하는 것이 아니다. "하늘은 스스로 돕는 자를 돕는다." 일본국민에게 부여된 문제는 일본국민만이 해결할 수 있는 것이지, 세계의 대세가 친절하게 대신해주는 것이 아니다.……

하지만 그렇다면 이미 레일 위에서 비준을 향해 달려가고 있는 신안보조약에 대해 우리는 무엇을 할 수 있을까. 우리 손에 무엇이 남겨져 있을까. 그것은 청원이라고 생각한다.……우리가 지금 당장이라도 할 수 있는 것은 중의원과 참의원 의장에게 청원하는 것이라고 생각한다.

이미 전전부터 시미즈에게는 시대상황 속에서 꿈틀거리는 대중들의 감정에 대한 민감한 감수성이 있었다. 그것은 가령 명저《유언비어》(1937)에서 결실을 맺게 되는데, 다른 한편으로 이 감각은 '민족＝네이션'에 대한 그의 집착과도 결부되어 있었다. 1960년 미ㆍ일 안보에서 시미즈는 대미종속에 대한 내셔널한 반발을 간파하고 정당 차원의 전형적인 코스에 대해 풀뿌리 차원에서 분출하는 대중운동으로 대항하려 한 것이다.

시미즈의 제안은 사람들에게 강한 호소력을 불러일으키면서 1960년대 안보투쟁이 무당파(無黨派)적인 국민적인 운동으로 전개되는 하나의 계기가 됐다. 민족으로서의 자립을 풀뿌리적인 대중운동으로 실현하려는 그의 구상은 1960년 전후의 국민적 심정에 대한 신뢰로 충만해 있었다. 하지만 가꾸로 말하자면 여기에 이미 커다란 함정이 있었다고도 할 수 있다. 즉 만일 이 나라의 국민 자체가 "뻔뻔하게 남의 힘을 빌려 소망을 이루려는 사상을 받아들일 만큼 타락"해 있었다고 한다면, 시미즈처럼 "민족으로서의 일본"에 집착하는 사상은 어디로 향하게 될까. 그 대답은 이미 나와 있다. 시미즈는 1980년 잡지《쇼쿤!(諸君!)》에 〈이제야말로 국가답게 행하라, 핵의 선택〉을 발표해 일본의 핵무장을 주장하면서 1990년대 이후 네오내셔널리즘의 선구적인 역할을 했다. 당시까지 시미즈는 우익으로의 선회를 선명하게 표명하고 있었는데, 이러한 궤적은 결코 갑작스러운 변절이 아니라 그가 일본의 대중적 심정에 절망했을 때 어떤 구조적인 필연으로 발생한 것은 아닐까.

베헤이렌이라는 전환

미국 비판이 대중적인 차원에서 내셔널리즘과 결별하게 되는 것은 1960년대 후반 베트남 반전운동을 통해서 일어났다. 일본에서 이 명확하고도 새로운 가능성을 추구한 것은 1965년에 활동을 시작하는 베헤이렌(베트남에 평화를! 시민연합)이었다. 베헤이렌은 원래 1960년 안보조약 체결의 강행에 항의하며 결집한 '소리 없는 목소리 모임'의 주도로 다른 운동단체들과 함께 베트남 반전 연합조직을 만들려고 한 것이 계기가 되어 탄생했다. 초기의 활동을 보면《뉴욕 타임스》에 실은 의견광고나 철야토론 집회 텔레비전 중계를 보더라도 전후 지식인들의 주도권이 비교적 분명히 드러나 있다. 그러나 이윽고 베헤이렌은 이러한 전후 지식인들의 의도를 뛰어넘어 젊은이들의 풀뿌리적인 운동으로 확대하기 시작한다. 1960년대 말까지 베헤이렌은 오다 마코토(小田實)의 리더십과 젊은이들의 에너지가 공명하면서 1950년대 반미투쟁과는 물론이거니와 1960년 안보투쟁과도 다른 성격의 운동체로 진화해갔다.

형성사적인 연속성이 있으면서도 베헤이렌이 종래의 정치운동과는 다른 가능성을 내포하고 있음을 재빨리 간파한 이는 쓰루미 슌스케(鶴見俊輔)였다. 1968년 그는 오다 마코토가 편집한 논집에 서문을 실어 베헤이렌이 다음과 같은 두 가지 점에서 새롭다고 했다. 첫째로, 풀뿌리적인 비조직성이다. 베헤이렌의 운동에는 "매번 땅에서 솟아나오는 것같이 새로운 사람들이 가담하고 있다." 이 운동체는 안팎의 경계선이 매우 느슨하고 언제라도 "운동의 상황을 이루고 있는 부분"

에서 운동의 중심으로 새로운 사람들이 들어올 수 있다는, 다시 말해 운동의 중심 부분이 비어 있었다.

쓰루미가 지적한 베헤이렌의 또 하나의 특징은 탈내셔널리즘이라는 경향이다. 그는 이를 '인터내셔널리즘'이라 불렀는데, '인터내셔널리즘'은 "전전의 시데하라 기주로(幣原喜重郎), 요시다 시게루(吉田茂) 등과 같은 정치인들의 영미 중심의 인터내셔널리즘과도 다르고, 현재 일본 지배층의 미국 추종의 인터내셔널리즘과도 다르다." 오히려 그 것은 미국 국내의 반전세력들과도 공감하면서 압도적으로 우세한 미국의 군사력과 싸워온 베트남인을 훌륭하다고 느끼는 감정이며, 아시아 각지의 민중운동과 일상적인 차원에서 손을 마주잡으려고 하는 심정이다.[10]

쓰루미 슌스케는 또한 "어째서 우리가 서로를 돕는 일이 그동안 국가의 틀 안에서만 주로 이루어져왔는가. 그 틀을 뛰어넘을 필요성을 베트남전쟁 반대운동이 우리들에게 가르쳐주고 있다"며 베헤이렌의 운동이 국가를 내부에서 돌파해나가는 성격을 지니고 있음을 강조하고 있다. 이라크 반전운동이 인터넷을 통해 글로벌한 시민들의 연대를 가시적으로 드러내고 있는 지금으로부터 약 40년 전에 베트남 반전운동은 시민 차원에서의 미국과 일본의 반전운동, 그리고 아시아인들이 횡적 연대의 가능성을 분명하게 표방하고 있었던 셈이다.

미국인과 일본인이 이러한 초월적인 '인터내셔널리즘'을 획득해나가는 데 중요한 것은 자신의 가해자성에 대한 자각이다. 베트남전쟁의 탈영병들은 탈영했다는 그 사실만으로 반전행동에 나서진 않는다. 하지만 그들이 미국은 "자신들이 침략당할 위험이 없는데도, 왜 바다를 건너 그런 곳에 가서 베트남인을 죽이는가. 그 점에 대해서 자신의 책임이라는 것을 생각하게 되면 미국 사회 안에 있는 권력구조"에 대한 인식에 도달하게 된다. 다시 말해 자신을 "가해자로 자리매김하여 자신을 추궁하고 또 자신을 추궁하는 것을 통해 미국의 사회구조 안에서 미국인의 전쟁책임을 추궁"하기 시작한다.

쓰루미 슌스케는 이런 종류의 반전행동이 미국과 마찬가지로 일본에도 유효하다고 생각했다. 일본의 경우 '대동아전쟁'의 추진자들이 그대로 '전후민주주의'의 중추를 담당해왔다는 지배권력의 연속성이 있다. 1945년 이후 미국과 일본은 "서로 어깨를 기대어 서로의 전쟁범죄를 숨기기 위해 노력"해왔다. 그렇기 때문에 베트남전쟁과 동일한 형태의 구조적 이유로 아시아·태평양전쟁을 일으킨 일본의 가해자성이 널리 자각되지 못했다. 이러한 자신의 가해자성에 대한 진지한 자각이 없는 한 전후 일본인이 진정으로 '인터내셔널'하게 되기는 어렵다.[11]

쓰루미 요시유키의 실천

쓰루미 슌스케의 사촌인 쓰루미 요시유키(鶴見良行)는 베헤이렌을 통해 이러한 '인터내셔널리즘'을 몸소 실천하는 구체적인 방법을 발견한 것으로 보인다. 쓰루미 요시유키는 베헤이렌에 관여하기 시작한 지 얼마 지나지 않은 시점에 〈일본국민으로서의 단념〉이라는 제목의 소논문에서 "주권국가라는 기구에 대해 국민이라는 성원이 있는 이상, 평화운동은 당연히 국민으로서의 입장을 부정하는 것을 다소간 내포할 수밖에 없다”는 점, 다시 말해 “일본의 평화운동은 동원 데모나 각 집단의 헤게모니 싸움으로서의 투쟁과는 완전히 이질적인 원리적 지점으로까지 하강할 필요가 있다. 그리고 이 원리적 지점인 ‘국민으로서의 입장을 단념한다’는 것을 발상”한다고 했다.[12]

이와 같이 생각하는 쓰루미가 어째서 베트남전쟁에 집착하고 미국에 집착할 수밖에 없었을까. 1968년 그는 이에 관해 다음과 같이 말하고 있다.

그것을 접했을 때 내 피를 끓어오르게 하는 무언가가 미국 안에 있었다. 그와 동시에 저 나라가 때로는 내 피를 얼어붙게 하는 경우가 있다는 것 또한 사실이다. 다른 그 어떤 나라들보다 저 나라가 나를 촉발하는 까닭은 무엇일까. 일그러진 샴쌍둥이처럼, 일본이 미국과 끈끈하게 연결되어 운명을 함께 하고 있기 때문일까. 아니면 전쟁중의 군부와는 비교할 수 없을 정도로 불투명한 방식으로 미국이 나 자신의 생활을 지배하고 있기 때문일까. 그게 아니라면 또 내가 저 나라에서 태어나 자랐기 때문에 혈연만이 느끼는 애정 탓일까.[13]

쓰루미는 그 이후에도 이 비유를 언급하면서 사이공의 광장에서 공개 총살당한 민족해방전선의 게릴라 병사들의 외침이 ‘또 하나의 미국’, 흑인을 차별하고 아시아인을 죽이고 있는 미국으로 이끌었다고 회고하고 있다. 일본은 그 미국과 안보조약으로 연결됐고 기업은 베트남전쟁으로 배를 불렸으며 시민들은 미국의 비호 아래 아시아에 대한 가해자성을 망각하고 있었다. 나아가 쓰루미는 "미·일의 문화교류에 종사하는 민간단체에서 일하고 있던 나" 자신, '미국'과 '일본'이라는 불균등한 두 개의 신체 사이를 순환하는 혈액의 일부라며 자신을 되돌아보았다.[14] 이러한 쓰루미의 물음에는 "미국의 권력과 자본의 의향에서 벗어나 자유롭게 살 수 없었던 전후의 일본"과 그 '미국'과의 관계를 유년기에도 현재도 계속 유지하고 있는 자기 자신이라는 두 가지 차원의 '일본 안의 미국'에 대한 물음이 중첩되어 있었다.

당연한 것이겠지만, 이러한 문제의식은 전후 일본을 베트남전쟁과의 관계에서 되묻는 작업을 내포하고 있다. 이미 1966년 시점에서 쓰루미는 "정권도 관료도 자본도 언론도 조합도 시민도, 즉 일본 사회를 움직이는 그 어떤 세력도 일본이 베트남전쟁에 관여하는 문제를 둘러싸고 사실에 입각한 방식으로 대략적인 전망을 세우는 일조차 하지 않았다"며 비판하고 있다. 사실 "우리는 너무나도 세분화된 무수한 파이프로 베트남전쟁과 연결되어 있기 때문에 그 누구도 이 무수한 파이프의 전체 구도를 파악하지 못하고 있다."[15] 쓰루미가 이 시점에서 논한 것은 주로 베트남 특수나 일본의 재군비와의 관계 등이었지만, 이윽고 베트남전쟁은 쓰루미의 물음에 이러한 직접적인 관계 이상으로 커다란 물음의 시점을 부상시키게 된다.

1970년 쓰루미는 베헤이렌의 활동을 중간 총괄하면서 이렇게 논하고 있다.

베헤이렌은 베트남전쟁을 반대하는 운동이었을 터이다. 그런데 어째서 일본의 전후체제에 큰 균열을 일으키고 있는 정치적·사회적 현상의 보편적 질을 대변할 수 있게 됐단 말인가. 그 한 가지 해석은 베트남 인민에 대한 인간적 동정에서 출발해, 그런 의미에서는 전후민주주의나 기본적 인권의 옹호 측면에서 싸운 60년 안보투쟁의 연장선상에 있는 베트남 반전운동이 오키나와 문제, 베트남 특수, 각지의 기지투쟁, 일본 안의 탈영병과 운동을 심화시켜나가는 과정에서 베트남-오키나와-안보-미국이라는, 미·일을 기축으로 한 아시아의 기본적 정치구조에 다다르게 되어 이른바 '내 안의 베트남'이라는 인식이 발생했다는 것이다. 베트남전쟁은 더이상 먼 바다 저편에서 일어나는 전쟁이 아니라 이 일본에서 모든 일본인을 어떤 형태에서든 거기에 관여케 하는 전쟁이었다. 1960년 당시에는 마땅히 지켜야만 했던 일상적인 시민생활이 이제는 부정되어야만 하는 것이 됐다.[16]

다시 말해 1960년대 말 미·일의 사회의식의 변화 속에서 쓰루미가 도출한 것은 당사자성=가해자성의 자각이었다. 베트남전쟁은 미국 밖에서 일어난 것이 아니었을 뿐더러 일본 밖에서 일어난 것도 아니다. 그야말로 전쟁은 일본을 불가결한 관여자로 하면서 "미·일을 기축으로 한 아시아의 기본적 정치구조" 속에서 일어나고 있었다. 따라서 우리가 베트남전쟁을 외부에서 언급하는 것은 가능할 리 없을 터이고, 그야말로 전후 일본이 동남아시아에 대한 경제적 패권을 노리는 구조 속에서 '베트남'과 마주앉아야 마땅하다. 베트남전쟁에 반대하는 일은 '평화'의 나라가 '전장'의 나라에 도움의 손길을 뻗치는 것을 의미하는 것이 아니라 오히려 그 '평화' 구조를 의심하는 것,

‘평화’와 ‘번영’을 구가하고 있는 것처럼 보이는 일본 사회의 위치를
베트남에서 바라보는 시선을 통해 되묻는 것을 내포하는 것이어야
했다.

외부의 미국, 내부의 미국

내부의 미국의 두 가지 차원

앞에서 살펴본 바와 같이 이 책에서는 점령기에서부터 고도경제성장기까지에 초점을 맞추면서 막말에서부터 1970년대까지 일본에서 '미국'의 수용과 반발에 대하여 고찰해왔다. 개략적으로 말하자면, 1910년대까지 '미국'은 근대일본의 입장에서는 외부에 있는 특별한 존재였다. 그것은 종종 '자유의 성지'로 이해됐고, 때로는 태평양을 사이에 두고 일본과 대치하는 열강으로 간주됐다. 하긴 우치무라 간조나 아리사마 다케오 등 몇몇은 이미 '미국'을 자기 자신의 내부 문제로 내면화하고 있었다. 그러나 전체적으로 본다면 '미국'은 다이쇼 초기까지 일본 사회 내부의 존재라기보다는 어디까지나 바다를 사이에 두고 외부에 있는 타자였으며, 사회의 모델은 될 수 있어도 사람들의 일상의식 속에서 작동하는 존재는 아니었다.

제1장에서 논한 바와 같이, 1920년대 이후 이러한 상황에 변화가

생기게 된다. 할리우드나 재즈, 모던보이, 모던걸의 패션, 야구 같은 스포츠가 도시의 일상에 침투하는 가운데 '미국'을 더이상 외부라기보다는 내부의 존재로 느끼는 계층이 대량으로 출현하기 시작한다. 이때 무로후세 고신은 더이상 "미국적이지 않은 일본이 어디에 있는가. 미국을 떠나서 일본이 존재하는가. 미국적이지 않은 생활이 우리들 어디에 남아 있는가"라고 했다. 그 무렵 논단에는 일거에 다수의 미국론이 등장하게 되는데, 그 대부분은 이국으로서의 미국에 대해 논하기보다는 일본 국내에 증식하고 있는 내부의 '미국'에 대해 언급하고 있었다.

그렇다고는 하지만 내부의 '미국'이 국토 구석구석까지 침투해 압도적인 위력으로 사람들의 일상의식에 자리 잡는 것은 말할 것도 없이 전후, 특히 맥아더의 아쓰기 비행장 도착과 함께 시작된 점령기 이후의 일이다. 앞서 제2장과 제3장에서 논한 바와 같이, 이때 내부의 타자로서의 '미국'은 다음과 같은 대략 두 가지 차원을 내포하고 있었다.

하나는 내부의 폭력으로서의 '미국'이다. 이 '미국'은 무엇보다 미군 기지의 존재로 눈에 보이는 형태로 존재했다. 점령군은 그동안 일본군이 본토와 오키나와, 혹은 한반도와 아시아 각지에서 건설·사용해온 군사시설 대부분을 물려받았다. 그 결과 동아시아 일본제국의 군사기구는 그 대부분이 세계적 규모의 미국의 군사 헤게모니의 일부로 포섭됐다. 이는 매우 연속적인 과정이었는데, 몇몇 현저한 단층도 존재했다. 그 하나가 기지 주변의 매춘 문제이다.

실제로 '팡팡'이라 불린 그녀들의 존재만큼 점령기 일본인들에게

'점령'이 부정할 수 없는 현실임을 실감케 한 것은 없었다. '팡팡'들이 체현하는 미국적인 첨단성은 특히 대부분의 일본 남성들에게 "일본이 겁탈당하고 있다"는 감정을 불러일으켰고, 또 그러한 담론이 의도적으로 생산되고 소비됨으로써 전후의 새로운 내셔널리즘이 구축되는 기초를 제공하기도 했다. 마지막 장에서 언급한 포스트 점령기의 '좌익의' 반미운동은 그 근저에 내셔널리스틱한 무의식을 내포하고 있었으며, 이는 다소간 이러한 점령기의 '여성들'에 대한 인상이나 "일본이 겁탈당하고 있다"는 식의 담론에 의해 뒷받침되고 있었다.

하지만 폭력으로서의 '미국'은 기지 안팎에 젊은이들을 흡수해 새로운 문화 담지자로 만들어가는 유혹성도 지니고 있었다. 제3장에서 상세히 논한 바와 같이 전후 일본의 대중문화는 분명 미군 기지와 뮤지션, 연예인, 젊은이들의 교섭 속에서 육성되어왔다. 오키나와나 한국에서도 현저했던 이러한 교섭은 1950년대까지 일본 본토에도 확실하게 있었다.

그렇지만 일본 본토에서 특히 중요한 것은 이러한 교섭이 이윽고 방송국의 스튜디오나 미디어체제에 수렴될 때, 기지의 존재나 폭력으로서의 '미국'에 관한 기억은 주변화되면서 적극적으로 망각됐다는 점이다. 이때 '팡팡'들은 점령기 특유의 풍속 또는 미군 성폭력의 피해자라는 의미 이상으로는 거론되지 않게 됐고, 도쿄의 록본기나 하라주쿠 등 가장 첨단적인 도시문화의 거리가 일찍이 '기지의 거리'였다는 사실도 망각되어간다. 1950년대부터 1960년대에 걸쳐 오키나와의 기지 강화와 표리일체를 이루면서 진행하는 일본의 탈군사화, 즉 본토의 주요한 지역에서 미군이 철수한 일은 이러한 기억의 소거를

용이하게 했다.

그리고 점령기 이후 일본 사회에 침투하는 또 하나의 차원은 보이지 않는 시선으로서의 '미국'이라고 할 수 있다. 제2장에서는 점령기에 절대적인 권력을 유지한 맥아더가 자신의 자기현시적 성격과는 달리 가능한 한 자신을 일본의 미디어에 노출시키지 않으려고 했다는 점, 맥아더라는 인물의 노출도가 그의 영향력에서 본다면 이상하리만큼 적었다는 점에 주목했다. 여기에서 결정적으로 중요한 것이 표상으로서의 '미국'과 표상으로서의 '천황'의 뒤엉킨 관계이다. 1945년 9월 27일에 촬영된 유명한 회견 사진은 일부 일본인들에게는 '굴욕적'인 것으로 받아들여졌을지도 모르겠지만, 아마 맥아더의 의도는 점령을 과시하려는 것이 아니라 자신은 천황을 보호할 의지가 있다는 사실, 점령자는 전후 일본에서 여전히 '천황'이야말로 사람들의 시선에서 중심에 있어야 한다고 생각하고 있음을 시각화한 것으로 보인다.

점령군의 검열에서 볼 수 있는 바와 같이 '미국'은 자신을 가능한 한 '점령자'로서 표상하지 않도록 주의를 기울이고 있었다. 점령체제 속에서 여전히 시선의 초점에 있었던 것은 맥아더가 아니라 '인간 천황'이었다. 여기서 미국의 시선이 '인간 천황'이나 황실 '일가'에 의해 체현된다는 전후 일본의 독특한 시각체세가 형성된다.

예컨대 그것은 제4장에서 논한 바와 같이 바로 미국식 생활양식의 표징인 사물들이 '삼종의 신기'로서 거실이나 부엌에 침투하게 된다는 흐름 속에서 전개됐다. 가정에서 '삼종의 신기'의 구매는 여성들의 '주부'로서의 주체화, 즉 가정 공간에 대한 여성들의 포위를 통해 이루어져야 하는 것으로 간주됐다. 1960년 가전회사들의 광고는 이러한

'주부=주체'에 따른 가전화야말로 헌법에 보장된 민주화('건강하고 문화적인 생활'의 실현!)를 가능케 하는 것이라며 역설했다. 다시 말해 여기에서 '가정에서 소비하는 것=민주주의를 실현하는 것=전후 일본을 건설하는 것'이라는 등식이 바로 '주부=주체'의 구축을 통해 달성되는 것으로 간주됐다.

이리하여 '주부'는 그야말로 미국적인 동시에 내셔널한 주체가 된 셈인데, 1960년대 남성들도 아메리칸=내셔널한 존재로서 새로운 주체화를 이루고 있었다. 그 구체적인 표현이 "자랑스러운 메이드 인 저팬"으로 대표되는 기술주의적 내셔널 아이덴티티의 재구축이다. 이 경우 기술의 우수성을 보장하는 것은 미국적인 시선이어야 한다. 즉 1960년대 일본의 남성들은 비로소 폭력으로서 '미국'의 그림자를 불식시키고 "일본이 겁탈당하고 있다"는 불안을 망각하면서 기술력으로 승부하는 새로운 내셔널한 남성성을 발견해나간다. 그리고 이 발견은 바로 초월적인 시선으로서의 '미국'에 의해서 보장받는 것이었다.

'친미'와 '반미'가 사라지는 곳

근대일본의 '친미'와 '반미'는 글로벌한 패권 시스템과 이 나라에 거주하고 있는 사람들이 지닌 감정의 여러 굴절 속에서 형성되어왔다. 막말 유신기에 미국은 '자유의 성지'로서 이상화되어 있었기 때문에 일본 지식인들의 감정은 명백하게 '친미'적이었다. 이윽고 천황제 국가체제가 확립하자 미국은 일차적인 관심 대상에서 멀어졌고,

더 나아가 일본의 제국주의나 미국의 이민배척이라는 움직임 속에서 태평양을 사이에 두고 대치하는 ‘적국’으로 의식되기에 이르렀다. 한편 20세기 초반 다이쇼 데모크라시에서는 다시금 ‘자유의 나라’로서 미국이 부각되면서 할리우드 영화나 재즈, 각종 대중문화가 유입되는 가운데 지식인들의 미국 비판과 대중들의 미국 취향이 공존하게 됐다.

점령기에서부터 1950년대에 걸쳐 ‘미국’에 대한 두 가지 태도, 즉 ‘친미’와 ‘반미’는 그 대립을 첨예화시켜나갔다. 한편으로 점령기의 대중은 영화나 음악을 비롯해 음식과 가구와 주거에 이르기까지 미국적인 라이프스타일을 동경했다. 미국은 풍요의 상징이며 전후의 ‘민주화’란 대중들에게 종종 정치적 자유 이상으로 미국적인 풍요의 획득을 의미했다. 하지만 또 한편으로는 특히 전국에 퍼져 있는 기지의 현실을 앞에 두고 ‘폭력’으로서 일상에 침투해 들어오는 ‘미국’에 대해 대항적인 내셔널리즘이 부상하기도 했다.

1950년대 말 이후 고도경제성장을 향해 달려가고 있는 일본에 확산된 것은 이러한 ‘폭력’으로서의 미국의 후경화(後景化. 본토의 탈군사화와 오키나와의 요새화)이며 망각이었다. 오히려 당시 미국적인 시선이 국가적인 차원에서는 ‘인간 천황’이나 황실 ‘일가’에 의해, 각 가정 차원에서는 뛰어난 기술자나 주부들의 이미지에 의해 체현되는 소비사회형 아메리카니즘＝내셔널리즘이 확립되어간다. 점령기에 실현된 맥아더와 천황의 ‘포옹’은 이렇게 해서 1960년대에 이르러 더이상 ‘위로부터’가 아니라 ‘아래로부터’, 즉 우리 개개인의 일상적인 실천 속에서 재연된 것이다.

1970년대 중반 이후 이런 과정의 이를테면 임계면에서 '친미'와 '반미'라는 대항 자체가 사람들의 의식에 부상하게 되는 시절이 도래한다. '반미'라는 입장 자체가 리얼리티를 상실하는 시대라고 할 수도 있다. 이 시절 가토 노리히로(加藤典洋)는 《미국의 그림자》에서, 무라카미 류가 1976년에 쓴 《한없이 투명에 가까운 블루》와 다나카 야스오(田中康夫)가 1980년에 쓴 《어쩐지 크리스탈》이라는 화제작에 대해 에토 준이 전혀 다른 평가를 내리고 있다는 것에 주목했다. 대부분의 비평가들이 전자보다 후자에 반발하는 가운데 에토가 오히려 전자를 부정하고 후자를 평가한 까닭은 이 양자가 '미국'에 대해 드러내는 태도의 차이에서 유래하는 것이라고 한다.[17]

다시 말해 무라카미 류의 소설에 대해 에토가 불만을 드러내는 이유는 무라카미가 미국과 일본의 관계를 점령자와 피점령자의 관계로 제시하면서 노골적으로 '점령'을 문제 삼았기 때문이다. 이에 반해 에토가 다나카의 소설을 평가한 이유는 '미국'이라는 망망한 존재를 받아들여, 이 수용에서 유래하는 "마치 공기처럼 깨닫지 못하고 우리를 감싸고 있는 저 압도적인 나약함, 그 속에서 그것을 매일 호흡하면서 살아가는 생활감각"을 그렸기 때문이다. 전후 일본에서 '미국의 그림자'는 모든 담론의 가능성의 틀을 부여하고 있고 공기처럼 편재하는 미국에서 벗어날 수 없다는 것이 에토의 인식이었다.

1980년대 '크리스탈' 같은 일상을 살아가는 일본인은 더이상 '미국'을 명확한 한계나 윤곽을 지닌 타자로 규정할 수 없다. 이는 공기처럼 일상에 침투하여 자신을 구성하고 있다. "무라카미가 자신의 감각으로 '체제'를 가늠하려는 데 비해, 다나카는 어떤 감각도 믿지 않는다. 그는 오히려 '체제'에 의해 가늠되고 있다. 무라카미의 소설이 한없이 크리스탈(투명)에 다가서더라도 여전히 남아 있는 '블루(감각)' 위에 입각하는 것이라고 한다면, 다나카의 소설은 이젠 '어쩐지 투명(크리스탈)'"한 자신을 인정하고 있다.[18]

이리하여 1970년대 이후 일본에서 '미국'은 더이상 타자로 지명되는 존재가 아니었다. 이 시점까지 일본 사회는 '미국'을 자신의 내부에 끌어들이는 동시에 '일본' 자신을 타자화했다. 예컨대 1983년 도쿄 만안 매립지에 도쿄 디즈니랜드가 개장되면서 오늘날까지 이 나라의 젊은이들을 디즈니랜드 세대로 만들어가고 있지만, 젊은이들은 디즈니랜드에서 이제 더이상 '미국'이라는 타자를 연기하지 않는다. 일찍이 필자가 상세히 논한 바와 같이 그들은 외부에 대한 시야를 배제하고 판타지 속의 등장인물에 자신을 성형(成形)하면서 그런 자신을 연기하고 있는 것을 즐기고 있다.[19]

바로 이 시절 '미국'에 대한 일본인들의 호감도는 매우 안정적인 수치를 유지하게 된다. 서장에서 논한 바와 같이 1970년대 말 이후 일본인의 거의 70퍼센트가 '미국'에 호감을 갖고 있었다. 이는 분명 매우 안정적인 친미사회의 모습이었다. 이러한 안정성은 군사독재정권에서는 강제된 '친미' 사회였던 한국이나 대만, 필리핀에서 독재체제가 붕괴한 뒤에는 점차 반미적인 의식이 강화된 것과는 대조적이었다.

이 책에서 반복해서 언급한 바와 같이 이러한 전후 일본이 다다른 종착점에서의 친미감각의 정착은 전후 일본의 포스트 제국적 성격, 즉 미국에 의해 선도되는 글로벌한 제국적 체제 속에서 일본이 차지하게 된 위치와 상관관계에 있다. 1990년대 이후 일본에서 네오내셔널리스트들의 대두는 그들이 아시아인들과의 진지한 대화와 과거의 재심을 거절하며 자기정당화를 계속 강변하는 한 이러한 미국과의 관계를 조금도 바꿀 수 없을 것이다. 2000년대 부시 정권이 무리하게 전쟁을 진행시키는 가운데 고이즈미 준이치로(小泉純一郎) 전 총리는 한편으로는 야스쿠니 참배에 집착하면서 이라크에 자위대를 파병했고, 이윽고 주일미군의 재편에 보조를 맞추며 '미·일동맹'을 보다 강고하게 해나갔다. 심지어 글로벌하게 재편이 진행되는 군사체제 속에서 일본이라는 국가는 미국에 대한 군사적 종속의 정도를 강화하고 있다.

그러나 시대는 커다란 하나의 사이클이 끝나고 있는 것처럼 보인다. 오늘날 미국의 이라크전쟁은 실패가 명백하며 정책은 근본적인 전환이 필요하다. 하지만 그렇다 하더라도 근래 몇 년 간 전세계에서 확산되고 있는 반미 기운은 좀처럼 수그러들지 않고 있어서 반석으로 보였던 미국의 헤게모니도 쇠퇴의 길로 접어들지도 모른다. 다른 한편으로 아시아인들 사이에서는 반세기 이상에 걸친 미국과 일본의 '포옹'이 은폐해온 문제점들을 되묻기 시작하고 있다. 더 나아가 앞으로 포스트 냉전기의 세계정세 속에서 일체화한 미군과 자위대가 사회 전면에 부상하게 되면 그러한 움직임에 대한 사람들의 경계심도 높아질 것이다. 바로 그런 움직임 속에서 이를테면 '미국'으로서의 전후 일본, 일본이 구가해온 포스트 제국적 질서가 무엇을 자명하게 하고 무엇을 보이지 않게 해왔는가를 '친미'와 '반미'라는 이항대립을 내파(內破)하고 되물으며, 아시아와 역사 그리고 다양하고 복수적(復數的)인 자신과 진정으로 반성적인 재회를 이룰 필요가 있다.

지은이 주

서장 전후 일본은 친미사회인가

1) 《朝日新聞》, 2003년 3월 27일.

2) スーザン ソンタグ, 木幡和枝 譯, 《この時代に想うテロへの眼差し》, NTT出版, 2002.

3) チャルマーズ ジョンソン, 鈴木主税 譯, 《アメリカ帝國への報復》, 集英社, 2000 : 찰머스 존슨 지음, 이원태 · 김상우 옮김, 《블로우백》, 삼인, 2003.

4) ニコラス ガイアット, 增田惠里子 譯, 《21世紀まアメリカの世紀か?》, 明石書店, 2002.

5) 같은 책.

6) 《朝日新聞》, 2003년 1월 15일.

7) 《朝日新聞》, 2003년 1월 15일.

8) 《讀賣新聞》, 2006년 6월 15일.

9) 室谷克實, 〈日本人の '好きな國 · 嫌いな國'〉, 《中央調査報》, 제575호, 2005년 9월.

10) 李種元, 《東アジア冷戰と韓美日關係》, 東京大學出版會, 1996.

11) ジョン ダワー, 《敗北を抱きしめて》, 岩波書店, 2000.

12) チャルマーズ ジョンソン, 앞의 책.

13) ブルース カミングス, 中村政則 監譯, アンドルー ゴードン 編, 〈世界システムにおける日本の位置〉, 《歷史としての戰後日本》, 상권, みすず書房, 2001.

14) Richard F. Kuisel, *Seducing the French*, University of California Press, 1993.

15) カルロス ブロサン, 井田節子 譯, 《我が心のアメリカ》, 井村文化事業社, 1984.

16) フレドリック ジェイムソン, 大橋洋一 · 木村茂雄 · 太田耕人 譯, 《政治的無意識》, 平凡社, 1989.

제1장 미국이라는 모더니티

1) 石原俊, ダニエル ロング 編著, 〈海賊から帝國へ──小笠原諸島における占領經驗の歴史社會學・序說〉,《小笠原學ことはじめ》, 南方新社, 2002.

2) 龜井俊介,《メリケンからアメリカへ》, 東京大學出版會, 1979.

3) 石原俊, 西成彦・原毅彦 編,〈水兵たちと島人たち, あるいは 治外法權 の系譜學
   —琉球＝沖繩における蒸氣軍艦の衝擊をめぐって〉,《複數の沖繩》, 人文書院,
   2003.

4) 木下直之・吉見俊哉 編,《ニュースの誕生》, 東京大學出版會, 1999 참고.

5) 龜井俊介, 앞의 책.

6) 龜井俊介, 龜井俊介・加藤秀俊 編,〈自由の聖地〉,《日本とアメリカ》, 日本學術振
   興會, 1991.

7) 柄谷行人,《批評とポストモダン》, 福武書店, 1985.

8) ミシェル フーコー, 渡邊一民・佐夕木明 譯,《言葉と物》, 新潮社, 1974 : 미셸 푸코,
   이광래 옮김,《말과 사물》, 민음사, 1997.

9) 栗田廣美,《亡命・有島武郎のアメリカ》, 右文書院, 1998.

10) 澤田次郎,《近代日本人のアメリカ觀》, 慶應義塾大學出版會, 1999.

11) 大笹吉雄,《日本現代演劇史》, 大正・昭和初期編, 白水社, 1986.

12) 같은 책.

13) 新居格,〈アメリカニズムとルシアニズムの交流〉,《中央公論》, 1929년 6월호.

14) 大宅壯一,〈大阪は日本の美國だ〉,〈大阪文化の日本征服〉,《大宅壯一全集》, 제2
    권, 蒼洋社, 1981.

15) ジェフリー, E. ヘインズ, 吉見俊哉 編,〈大衆文化/下位文化/民衆文化〉,《都市の
    空間 都市の身體》, 勁草書房, 1996.

16) 五味渕典嗣,〈われわれの內なる 'アメリカ'〉,《日本近代文學》, 제68집, 近代日
    本文學會, 2003.

17) マサオ ミヨシ, 佐復秀樹 譯,《オフ センター》, 平凡社, 1996.

18) 佐伯彰一, 龜井俊介・加藤秀俊 編,〈假想敵としてのアメリカのイメージ〉, 앞의
    책.

19) 早瀨利雄,〈現代アメリカの實體〉,《中央公論》, 1940년 3월호.

20) 中村彌三次,〈アメリカ認識の基本問題〉,《文藝春秋》, 1941년 11월호.

21) 河上徹太郎 외,《近代の超克》, 富山房百科文庫, 1979, 초판 1943 : 이경훈 외 옮
    김,〈근대의 초극〉,《태평양전쟁의 사상》, 이매진, 2007.

22) タカシ フジタニ,〈ライシャワ―元美國大使の傀儡天皇制構想〉,《世界》, 2000년
    3월호.

제2장 점령군으로서의 '미국'

1) 《朝日新聞》, 1945년 8월 31일.

2) マイケル シャラ, 豊島哲 譯, 《マッカーサーの時代》, 恒文社, 1996.

3) 袖井林二郎, 《マッカーサーの二千日》, 中公文庫, 2004.

4) 有山輝雄, 《占領期メディア史研究》, 柏書房, 1996.

5) 坂本孝治郎, 《象徵天皇がやって來る》, 平凡社, 1988.

6) 佐藤卓己, 《八月十五日の神話》, ちくま新書, 2005.

7) 北原惠, 森茂起 編, 〈表象の'トラウマ'—天皇/マッカーサー會見寫眞の圖像學〉, 《トラウマの表象と主體》, 新曜社, 2003.

8) ジョン ダワー, 《敗者を抱きしめて》, 岩波書店, 2000.

9) 北原惠, 앞의 논문.

10) 栗屋憲太郎 編, 《資料日本現代史 2》, 大月書店, 1980.

11) 山本武利, 《占領期メディア分析》, 法政大學出版局, 1996.

12) 松浦總三, 《占領下の言論彈壓》, 現代ジャーナリズム出版會, 1969.

13) マーク ゲイン, 井本威夫 譯, 《ニッポン日記》, ちくま學藝文庫, 1998.

14) モニカ ブラウ, 立花誠逸 譯, 《檢閱 一九四五～一九四九》, 時事通信社, 1988.

15) 平野共余子, 《天皇と接吻》, 草思社, 1998.

16) 江藤淳, 《落葉の掃き寄せ》, 文藝春秋, 1981 ; 《閉された言語空間》, 文藝春秋, 1989.

17) 松浦總三, 앞의 책.

18) 平野共余子, 앞의 책.

19) 袖井林二郎, 《拜啓マッカーサー元帥樣》, 岩波現代文庫, 2002.

20) ジョン ダワー, 앞의 책.

21) 鈴木しづ子, 〈天皇行幸と象徵天皇制の確立〉, 《歷史評論》, 1975년 2월호.

22) 坂本孝治郎, 앞의 책.

23) ジョン ダワー, 앞의 책.

24) 保坂正康, 〈天皇, 天降る日〉, 《別冊文藝春秋》, 1989년 신춘 특별호.

25) ジョン ダワー, 앞의 책.

26) 平和博物館を創る會 編, 《銀座と戰爭》, 平和のアトリエ, 1993.

27) 같은 책.

28) ジョン ダワー, 앞의 책.

29) 같은 책.

30) 같은 책.

31) マイク モラスキ―, 鈴木直子 譯,《占領の記憶/記憶の占領》, 靑土社, 2006.

32) 水野浩 編,《日本の貞操―外國兵に犯された女性たちの手記》, 蒼樹社, 1953.

33) マイク モラスキ―, 앞의 책.

제3장 미군 기지와 쇼난 보이들

1) 古矢旬,《アメリカニズム》, 東京大學出版會, 2002.

2) 基地問題調査委員會 編,《軍事基地の實態と分析》, 三一書房, 1954.

3) 鶴見良行,〈基地周邊のひとびと〉,《鶴見良行著作集 1》, みすず書房, 1999.

4) 桑原稻敏,〈進駐軍と戰後藝能〉,《別冊新評 戰後日本藝能史》, 新評社, 1981.

5) 東谷護,《進駐軍クラブから歌謡曲へ》, みすず書房, 2005.

6) 沖繩國際大學文學部社會學科石原ゼミナール 編,《戰後コザにおける民衆生活と
   音樂文化》, 榕樹書林, 1994.

7) 平井玄, DeMusik Inter. 編,〈コザの長い影〉,《音の力 沖繩 コザ沸騰編》, インパク
   ト出版會, 1998.

8) 小林信彦,《私說東京繁昌記》, 中央公論社, 1984.

9) 原田弘,《MPのジープから見た占領下の東京》, 草思社, 1994.

10) 野坂昭如,〈六本木, 消えた坂道〉,《文藝春秋》, 1976년 7월호.

11)《週刊言論》, 1968년 4월 3일호.

12) 大澤在昌,《かくカク遊ブ, 書く遊ぶ》, 小學館文庫, 1998.

13) ロバート ホワイテイング, 松井みどり 譯,《東京アンダ―ワ―ルド》, 角川書店,
    2000.

14) 君塚太,《原宿セントラルアパートを歩く》, 河出書房新書, 2004.

15) 東谷護, 앞의 책.

16) 福島鑄郎 編,《GHQ東京占領地圖》, 雄松堂出版, 1987.

17) 江波戶昭 외,《鄕土誌 田園調布》, 田園調布會, 2000.

18) 栗田尙彌,〈茅ケ崎とアメリカ軍(3)〉,《茅ケ崎市史硏究》, 제24호, 2000.

19) 栗田尙彌,〈占領軍と藤澤市民〉,《藤澤市史硏究》, 제26호, 1993.

20) 栗田尙彌,〈茅ケ崎とアメリカ軍(3)〉, 같은 책.

21)〈キャンプチガサキの思い出―鈴木貞司氏に聞く〉,《茅ケ崎市史硏究》, 제24호,
    2000.

22) 慶應義塾大學社會事業硏究會, 앞의 조사보고서.

23) 藤原晃,《ヨコスカどぶ板物語》, 現代書館, 1991.

24) 太田稔,《ヨコスカ ジャズ物語》, 神奈川新聞社, 2003.

25) Dennis Washburn, Carole Cavanaugh(ed.), *Word and Image in Japanese Cinema*, Cambridge University Press, 2001.

26) 基地問題調査委員會 編, 앞의 책.

27) 福生市編纂委員會,《福生市史》, 하권, 1994.

28) 宮岡政雄,《砂川鬪爭の記錄》, 三一書房, 1970.

29) 같은 책.

30) 基地問題調査委員會 編, 앞의 책.

31) 立川市史編纂委員會 編,《立川市史》, 1969.

32) 新井智一,〈東京都福生市における在日美軍橫田基地をめぐる‘場所の政治’〉,《地學雜誌》, 제114권 제5호, 2005.

33) 小田光雄,《‘郊外’の誕生と死》, 靑弓社, 1997.

34) 新井智一, 앞의 논문.

35) 같은 논문.

제4장 마이 홈으로서의 ‘미국’

1) 小泉和子·高藪昭·內田靑藏,《占領軍住宅の記錄》, 住まいの圖書館出版局, 1999.

2) 같은 책.

3) 같은 책.

4) 岩本茂樹,《戰後アメリカニゼ-ションの原風景》, ハ-ベスト社, 2002.

5)《テレビドラマ》, 제5권 제3호, 1963.

6) 乾直明,《外國テレビフィルムの盛衰記》, 晶文社, 1990.

7)《テレビジョンエイジ》, 제2권 제4호, 1961.

8) 같은 잡지, 제2권 제7호, 1961.

9) 같은 잡지, 제2권 제3호, 1961.

10) 關根弘,〈ネコとネズミの對立共存〉,《テレビドラマ》, 제6권 제8호, 1964.

11) 猪瀬直樹,《慾望のメディア》, 小學館, 1990.

12)《朝日新聞》, 1955년 11월 30일.

13) 川村卓,〈演じられた‘力道山’, 演じられた‘日本人’〉,《力道山と日本人》, 靑弓社, 2002.

14) 같은 논문.

15)《朝日新聞》, 1955년 10월 9일.

16) 民放五社調査研究會 編,《日本の視聽者·續》, 誠文堂新光社, 1969.

17) 安田常雄, 中村政則 외 編,〈アメリカニゼーションの光と影〉,《戰後思想と社會意識》, 岩波書店, 1995.

18)〈私とテレビジョン 思い出の出會い〉,《人生讀本テレビ》, 河出書房新書, 1983.

19) 輿論科學協會,〈團地族とテレビの購入過程〉,《市場調査》, 제76호, 1959.

20) 瓜生忠夫,〈受け手側の生活分析〉,《調査情報》, 제51호, TBS, 1963.

21) 國民生活研究所,《大都市における消費者の意識および行動に關する調査》, 1962.

22) 松下電器産業株式會社宣傳事業部 외 企劃·編集,《松下電器 宣傳70年史》, 松下電器産業, 1988.

23) 天野正子·櫻井厚,《'モノと女'の戰後史》, 有信堂高文社, 1992.

24) 盛田昭夫 외,《メイド イン ジャパン》, 朝日新聞社, 1987.

25) 松下電器産業株式會社宣傳事業部 외 企劃·編集, 앞의 책.

26) 앞의 책. 그리고 이 결합에 대해서는 伊東章子, 中谷猛 외 編,〈戰後日本社會におけるナショナルアイデンティティの表象と科學技術〉,《ナショナルアイデンティティ論の現在》, 晃洋書房, 2003도 참고.

27) 柏木博,《家具のモダンデザイン》, 淡交社, 2002.

28) 松村秀一,《'住宅'という考え方》, 東京大學出版會, 1999.

29)《大和ハウス工業の30年》, 大和ハウス工業, 1985.

종장 '친미'를 뛰어넘는 방식

1) 姜在彦·朴慶植·梁永厚,〈連續座談會 2 '在日'50年を語る〉,《季刊 靑丘》 제22호, 靑丘文化社, 1995.

2) 道場親信,《占領と平和》, 靑土社, 2005.

3)《讀賣新聞》, 1953년 4월 29일.

4)《讀賣新聞》, 1953년 6월 6일.

5) 小熊英二,《'民主'と'愛國'》, 新曜社, 2002.

6) 같은 책.

7) 清水幾太郎·宮原誠一·上田庄三郎 共編,《基地の子》, 光文社, 1953.

8) 清水幾太郎·猪俣浩三·木村禧八郎 編,《基地日本》, 和光社, 1953.

9) 清水幾太郎 외,〈編者のことば〉, 앞의 책.

10) 鶴見俊輔, 市民連合 編,〈ベ平連とは何か?〉,《資料 'ベ平連' 運動》, 상권, 1974.

11) 鶴見俊輔,〈市民的不服従の國際的連帶〉, 같은 책.

12) 鶴見良行,〈日本國民としての斷念〉,《鶴見良行著作集 2》, みすず書房, 2002.

13) 鶴見良行, 〈美國ニュ−レフトとの對話〉, 같은 책,《著作集 2》.

14) 鶴見良行, 〈アジアを知るために〉, 같은 책,《著作集 4》.

15) 鶴見良行, 〈ベトナム戰爭と日本〉, 같은 책,《著作集 1》, 1999.

16) 鶴見良行, 〈一九七〇年とべ平連〉, 같은 책,《著作集 2》.

17) 加藤典洋,《アメリカの影》, 河出書房新書, 1985.

18) 같은 책.

19) 吉見俊哉, 多木浩二・內田隆三 編, 〈シミュラ−クルの樂園〉,《零の修辭學》, リブ
ロポ−ト, 1992.

SHINBEI TO HANBEI
by Shunya Yoshimi
ⓒ 2007 by Shunya Yoshimi
Originally published in Japanese by Iwanami Shoten, Publishers, Tokyo, 2007.
This Korean language edition published in 2008
by Sanchurum, Seoul
by arrangement with the proprietor c/o Iwanami Shoten, Publishers, Tokyo

왜 다시 친미냐 반미냐
전후 일본의 정치적 무의식

지은이 요시미 순야
옮긴이 오석철
펴낸이 윤양미
펴낸곳 도서출판 산처럼

등 록 2002년 1월 10일 제1 2979호
주 소 서울시 종로구 내수동 72번지 경희궁의 아침 3단지 오피스텔 412호
전 화 725-7414
팩 스 725-7404
E-mail sanbooks@paran.com

제1판 제1쇄 2008년 3월 15일

값 15,000원

ISBN 978-89-90062-24-6   03330

*잘못된 책은 서점에서 바꾸어 드립니다.